Saussure
e a Escola de Genebra

Conselho Acadêmico
Ataliba Teixeira de Castilho
Carlos Eduardo Lins da Silva
Carlos Fico
Jaime Cordeiro
José Luiz Fiorin
Tania Regina de Luca

Proibida a reprodução total ou parcial em qualquer mídia
sem a autorização escrita da editora.
Os infratores estão sujeitos às penas da lei.

A Editora não é responsável pelo conteúdo dos capítulos deste livro.
Os Organizadores e os Autores conhecem os fatos narrados, pelos quais são responsáveis, assim como se responsabilizam pelos juízos emitidos.

Consulte nosso catálogo completo e últimos lançamentos em **www.editoracontexto.com.br**.

SELEÇÃO, NOTAS E ORGANIZAÇÃO
Valdir do Nascimento Flores
Gabriel Othero

Saussure e a Escola de Genebra

Tradução
Alena Ciulla
Daniel Costa da Silva
Gabriel Othero
Lorenzo Brusco Bernal
Patrícia Reuillard
Valdir do Nascimento Flores

Revisão técnica da tradução
Alena Ciulla
Daniel Costa da Silva
Gabriel Othero
Sara Luiza Hoff
Valdir do Nascimento Flores

Copyright © 2023 dos Organizadores

Todos os direitos desta edição reservados à
Editora Contexto (Editora Pinsky Ltda.)

Montagem de capa e diagramação
Gustavo S. Vilas Boas

Preparação de textos
Dos organizadores

Revisão
Daniela Marini Iwamoto

Dados Internacionais de Catalogação na Publicação (CIP)

Saussure e a Escola de Genebra /
Albert Sechehaye...[et al] ; tradução de Alena Ciulla... [et al] ;
organizado por Valdir do Nascimento Flores, Gabriel Othero. –
São Paulo : Contexto, 2023.
208 p.

Bibliografia
ISBN 978-65-5541-275-8

1. Linguística 2. Saussure, Ferdinand – 1857-1913
I. Sechehaye, Albert II. Ciulla, Alena
III. Flores, Valdir do Nascimento IV. Othero, Gabriel

23-2276   CDD 410

Angélica Ilacqua – Bibliotecária – CRB-8/7057

Índice para catálogo sistemático:
1. Linguística

2023

EDITORA CONTEXTO
Diretor editorial: *Jaime Pinsky*

Rua Dr. José Elias, 520 – Alto da Lapa
05083-030 – São Paulo – SP
PABX: (11) 3832 5838
contato@editoracontexto.com.br
www.editoracontexto.com.br

Sumário

Sobre a noção de "Escola linguística": o caso da Escola de Genebra 7
Valdir do Nascimento Flores e Gabriel Othero

PARTE 1
LEITURAS DE SAUSSURE: A FIGURA DE ALBERT SECHEHAYE

Os problemas da língua à luz de uma nova teoria 23
Albert Sechehaye

A Escola de linguística geral de Genebra 49
Albert Sechehaye

As três linguísticas saussurianas 69
Albert Sechehaye

Notas de leitura a "Em favor do arbitrário do signo"
de Albert Sechehaye, Charles Bally e Henri Frei 105
Valdir do Nascimento Flores e Gabriel Othero

PARTE 2
A ESCOLA LINGUÍSTICA DE GENEBRA EM EXAME

O arbitrário do signo como problemática na linguística de Genebra:
Charles Bally, Albert Sechehaye e Henri Frei 115
Anamaria Curea

A Escola de Genebra vista pela Sociedade linguística de Paris 137
Pierre-Yves Testenoire

PARTE 3
CORRESPONDÊNCIA SOBRE A EDIÇÃO DO CLG

Cem anos de filologia saussuriana I:
cartas trocadas por Albert Sechehaye e Charles Bally
para a edição do *Curso de linguística geral* (1916) 157
Estanislao Sofía

Cem anos de filologia saussuriana II:
complemento à correspondência entre Charles Bally e Albert Sechehaye
durante a elaboração do *Curso de linguística geral* (1913) 173
Estanislao Sofía

Cem anos de filologia saussuriana III:
Albert Riedlinger (1883-1978) e sua "colaboração" com os editores 181
Anne-Marguerite Fryba e *Estanislao Sofía*

Os autores 203

Sobre a noção de "Escola linguística": o caso da Escola de Genebra

Valdir do Nascimento Flores
Gabriel Othero

PRIMEIRAS QUESTÕES

A ideia de organizar uma obra que aborda a linguística do ponto de vista das "Escolas linguísticas" – no caso específico deste livro, da "Escola de Genebra" – se nos apresentou a partir da tradução que fizemos da obra seminal de Jean-Claude Milner, *Introdução a uma ciência da linguagem*. No livro, Milner (2021: 6) produz uma análise epistemológica da linguística, ao examiná-la de um prisma que busca ver em que medida ela resiste à "hipótese segundo a qual a linguística é uma ciência, no mesmo sentido em que uma ciência da natureza pode ser uma ciência". Para tanto, Milner opera um profundo exame da linguística, em especial daquela produzida no interior da chamada "Escola de Cambridge" e por um de seus maiores representantes, Noam Chomsky.

Milner parte da constatação de que o programa de pesquisa gerativista, formulado desde a metade do século XX, mantém-se uma referência praticamente inabalável quando o assunto é a cientificidade da linguística. Sem dúvida, muitos são os modelos da análise linguística que visaram à ciência (como os modelos de Harris, Montague, Saumjam, Culioli, Labov, entre outros); no entanto, segundo Milner (2021: 17), "não é exagero considerar que, pela extensão e profundidade de suas análises empíricas e pela atenção dada aos problemas de teorização, o programa gerativista dominou os estudos linguísticos de tal maneira que mesmo aqueles que nele não se inscreviam diretamente foram por ele afetados – seja para dele se diferenciar ou até mesmo para a ele se opor".

A partir disso, o autor passa a avaliar a "Escola de Cambridge", cuja denominação *puramente descritiva* identifica, de um ponto de vista sociológico, segundo ele, "a continuidade institucional, a constituição progressiva das redes de poder, a presença contínua de certos indivíduos" (Milner, 2021: 19), o que indica que a "Escola de linguística constituída a partir do fim dos anos 1950 em torno do MIT continua a existir e a funcionar" (Milner, 2021: 19). No entanto, Milner é claro em dizer que apenas essa, digamos, "permanência institucional" não é suficiente para dar subsistência a um programa de pesquisa; é preciso que este seja especificado em hipóteses, conceitos e conclusões. Apenas *se visamos ao movimento sociológico originado por um programa de pesquisa* assim delineado é que podemos utilizar a expressão "Escola linguística".

Além disso, Milner – ainda falando no contexto da "Escola de Cambridge" – afirma que a continuidade de uma "Escola" como esta é sociologicamente atestada por *provas sólidas*: "(nomes de pessoas e instituições, redes de poder acadêmico, disputas internas com perdas de uns e vitórias de outros, submissões, ódios, grunhidos e mesquinhez, etc.); ela perdura até hoje e não está de modo algum terminada" (Milner, 2021: 19). Essa continuidade intelectual, porém, não implica, necessariamente, continuidade do programa de pesquisa. Essa continuidade é objeto de análise detalhada no conjunto de livro.

A obra *Introdução a uma ciência da linguagem* é bem mais complexa do que deixa entrever essa pequena referência que a ela fazemos. No entanto, o que dissemos é suficiente para colocar à mostra o raciocínio segundo o qual a *ideia* de "Escola linguística", aos olhos de Milner, pode ser pensada, de um lado, como um movimento sociológico; de outro, como um programa de pesquisa.

Em outra obra capital, *Le périple structural*, originalmente de 2002, Milner volta a apresentar uma perspectiva de entendimento da noção de "Escola" que não está muito longe do que propõe a respeito da "Escola de Cambridge". Porém, desta vez, é a "Escola linguística de Paris" que é alvo de análise. Segundo Milner (2002: 61-2), a "Escola linguística de Paris" é

> um movimento intelectual excepcional. Excepcional por sua longevidade: durou quase um século; por sua coerência: é possível desenhar seu programa característico em uma algumas proposições articuladas; por sua amplitude: abarca o conjunto das línguas indo-europeias, consideradas sob múltiplos aspectos; por sua fecundidade: dele procede direta e indiretamente o que existiu de mais interessante em matéria de formação simbólica; por sua unidade de lugar: colocado à parte o exílio genebrino, tudo se passa entre a École des Hautes Études, a Sorbonne e o Collège de France.

Ora, se lemos corretamente Milner, uma "Escola", além de ser um movimento sociológico e um programa de pesquisa, precisa ser marcada por características importantes, tais como: longevidade, amplitude, fecundidade e localização.

Essas ideias de Milner nos incentivaram a dar início a um estudo da teoria linguística do suíço Ferdinand de Saussure, em sua articulação com a noção de "Escola". Foi assim que chegamos a este *Saussure e a Escola de Genebra*. Aliás, é justo que se diga, o próprio Milner refere-se a Saussure e ao *Curso de linguística geral* (CLG) como partes da "importante e dinâmica escola genebrina de linguística" (Milner, 2002: 15)[1].

No entanto, se Milner nos serviu de ponto de partida, ele não pode ser visto como o nosso ponto de chegada, e isso ao menos por um motivo: como não há larga tradição nos estudos linguísticos brasileiros em operar explicitamente com a noção de "Escola", esse caminho precisa ser percorrido, tendo em vista a linguística geral no contexto brasileiro. É o que quisemos fazer com esta organização de textos que disponibilizamos, neste livro, ao público brasileiro de linguistas.

Com esta reunião, queremos, por um lado, avaliar em que medida o "rótulo" "Escola de Genebra" designa um programa unitário de pesquisas e quais efeitos ele produziu; por outro lado, gostaríamos de contribuir, mesmo que minimamente, com a configuração epistemológica da linguística geral no Brasil, ao explicitar os termos pelos quais pode se dar um estudo que evoque a noção de "Escola".

ESCOLA LINGUÍSTICA E ESCOLA DO PENSAMENTO

Não é nada fácil delimitar e definir o sentido da expressão "Escola linguística". Não raras vezes, nós a encontramos utilizada – em conjunção ou em disjunção – junto a outras expressões, também muito presentes na linguística, com as quais, em alguma medida, se confunde: são os "círculos linguísticos", as "sociedades linguísticas", as "correntes do pensamento linguístico" etc. Com razão, Puech (2015) destaca que, no interior desse quadro já naturalmente eclético de *denominação*, encontramos um ecletismo de *determinação*.

Nesse sentido, conhecemos a "Escola dos formalistas russos" (cuja determinação se dá em função da teoria), a "Escola francesa de análise do discurso" (em função da nacionalidade e da teoria), a "Escola de Genebra", "de Cambridge", "de Yale", "de Moscou", "de Chicago", "de Paris" (em função de um lugar), a "Escola de Tártu-Moscou" (em função de uma instituição e de um lugar). O mesmo pode ocorrer com as outras *denominações* e suas *determinações*: "Círculo linguístico de Praga", "de Moscou", "de Copenhague", "de Viena", "de Nova Iorque"; "Sociedade linguística de Paris" (cuja determinação se dá em função do lugar); "Sociedade de estudos da linguagem poética" (Opoiaz) (em função do objeto de estudo); "Sociedade linguística da América" (em função de um continente);

"Círculo de Bakhtin" (em função de um autor fundador). Enfim, a lista poderia ser consideravelmente maior.

As *denominações* e suas *determinações* facilmente colocam à mostra que narrar a história recente[2] das ciências da linguagem implica delinear as condições de instauração e de mudança do *pensamento* desenvolvido no interior dessas ciências, o que não pode ser feito sem que se identifique o papel que esses "grupos" – para usar uma expressão genérica – têm na configuração epistemológica e institucional do campo e no conjunto das ciências (sociais, humanas etc.) do qual fazem parte. Assim, uma "Escola linguística" também pode ser vista como uma "Escola de pensamento" – outra expressão genérica cuja delimitação de sentido está na dependência de vários aspectos.

Segundo Amsterdamska (1987: 4)[3],

> O termo "escolas de pensamento" tem sido informalmente aplicado aos mais diversos fenômenos, muitos aparentemente sequer relacionados. Às vezes, o termo é usado como um meio de classificar doutrinas cujos proponentes parecem compartilhar pouco além de sua adesão comum ao sistema de ideias em questão. [...] Em outras ocasiões, o termo tem sido usado para denotar uma semelhança de perspectiva vagamente atribuída a estudiosos de mesma nacionalidade, como, por exemplo, no estudo de Pierre Duhem sobre a "Escola inglesa de física". Finalmente, as escolas têm sido descritas como grupos de estudiosos que não apenas compartilham visões comuns, mas também estão envolvidos em relações sociais.

Nessa direção, podemos considerar que uma "Escola de pensamento" se define tanto em função dos membros que a integram (cientistas, estudantes etc.) como do programa de pesquisa endossado pela "equipe", em um dado contexto institucional e social. Isso coloca à mostra os tipos de relações que se dão entre "Escolas de pensamento" e campos do conhecimento (no caso, aqui, nos interessam as ciências da linguagem). Sobre isso, explica Amsterdamska (1987: 9):

> Podemos resumir essa relação entre uma escola de pensamento e o campo do qual ela faz parte definindo uma escola de pensamento como um grupo de estudiosos ou cientistas unidos em sua divergência comum, tanto cognitiva quanto social, de outras escolas em sua disciplina ou especialidade, ou da disciplina ou especialidade como um todo.

Dito de outro modo, há, de um lado, um agrupamento de intelectuais que, sob a mesma rubrica filosófica ou epistemológica, configuram uma determinada maneira de conceber o conhecimento; de outro lado, o desenvolvimento desse conhecimento no interior de um programa específico, o que, necessariamente, impõe diferenças em relação a outras "Escolas de pensamento".

Para que uma "Escola de pensamento" tenha existência, explica Curea (2015), é necessário reunir tanto condições *externas* como *internas*. As primeiras (*externas*) dizem respeito à certa forma de organização da comunidade científica, o que inclui fundadores, membros e programa comum de investigação. São condições concretas de existência exterior: "uma Escola é, portanto, uma forma institucionalizada de atividade científica, localizada, situada no tempo e, sobretudo, reconhecida como tal graças à sua visibilidade externa" (Curea, 2015: 20). As segundas (*internas*) acrescentam-se às anteriores e dizem respeito a uma lógica interna do grupo de pesquisadores, responsável por assegurar alguma coesão da produção científica, independentemente dos pontos de vista particulares assumidos. Essa lógica interna é acompanhada do convívio entre os pesquisadores – tanto de forma privada como de forma institucionalizada –, do conhecimento mútuo de seus trabalhos, da publicação de revistas, da organização de eventos etc.: "a lógica interna transparece na maneira de resolver determinados problemas que surgem na pesquisa e essa resolução é condicionada pela maneira de tratar a divergência de pontos de vista pelas várias personalidades que formam uma Escola" (Curea, 2015: 21).

Amsterdamska (1987: ix) explica que tal lógica não é imutável ou predeterminada: "tensões e contradições podem afetar (ou ser atribuídas a) vários elementos de sistemas de ideias compartilhadas; as resoluções propostas podem assumir diferentes formas", que dependem tanto de contextos intelectuais quanto institucionais, os quais proporcionam mudanças (e formas de continuidade) que não podem ser explicadas sem levá-los em conta. Isso significa que a lógica interna de uma "Escola" está baseada em um conjunto de ideias que, apesar de interligadas, não são nem totalmente coerentes nem completamente consistentes. Ela se constitui por contradições, avanços, rupturas, continuidades; quer dizer, por todo o tipo de movimento que permite evolução sem, no entanto, perder de vista o que faz com que permaneça com certa coerência.

Na verdade, a autora defende que o campo da ciência se estrutura segundo dois determinantes, que operam como restrições dessa lógica interna: cognitiva e institucional. É a partir de tais restrições que a autora examina, por exemplo, as escolas linguísticas de Bopp, dos neoidealistas e de Saussure, o que a faz percorrer um período que vai do século XIX ao século XX, passando por Saussure e pelo pós-saussurianismo (com ênfase para a Escola de Genebra). Diz Amsterdamska (1987: ix):

embora eu tente reconstruir uma certa "lógica" de desenvolvimento na história das ideias linguísticas, não trato essa lógica como imutável ou predeterminada: tensões e contradições podem afetar (ou ser atribuídas a) vários elementos de sistemas de ideias compartilhadas; as resoluções propostas podem assumir diferentes formas; e ainda que os contextos intelectuais e institucionais nos quais os cientistas trabalham imponham suas próprias restrições à direção do desenvolvimento cognitivo, os ambientes institucionais e intelectuais estão sujeitos a mudanças. Como resultado, o processo de mudança na ciência pode ser entendido tanto como algo limitado pela tradição como algo subdeterminado por ela, e tanto a mudança quanto a continuidade requerem explicações simétricas, sociais e cognitivas.

Em resumo (cf. Curea, 2015: 21), "a lógica interna é sustentada pela existência de um sistema de ideias interligadas. Esse sistema pode não ser [...] nem totalmente consistente e coerente, nem completo". Ele está, na verdade, integrado a uma dada estrutura social, e as ideias fornecem as condições estruturais tanto para as pesquisas que advêm sob a sua influência quanto para os critérios de avaliação de novas contribuições. Isso permite reduzir

> a possibilidade de inovação ou descontinuidade radical. Ao mesmo tempo, por estarem sujeitos a tensões e contradições, esses sistemas são abertos, permitindo mudança cognitiva e descontinuidade. Entre constrangimento e liberdade, a Escola de pensamento é uma forma suficientemente coerente para ser percebida como tal, e suficientemente aberta para aceitar descontinuidades e inovações, condições de sua evolução. (Curea, 2015: 21)

Nesse sentido – de certa forma geral –, uma "Escola de linguística" pode ser entendida como um *sistema de pensamento* (já que adscrita a uma "Escola de pensamento") e, por isso mesmo, como organização de princípios ou processos que se podem seguir. Nesse último caso, é possível falar que determinados sujeitos (professores, filósofos, intelectuais em geral), que assumem tais princípios e operam com a sua transmissão, "fazem escola".

Em suma, uma "Escola linguística" é também uma "Escola de pensamento", ou melhor, é uma *escola do pensamento linguístico*. Nesse sentido, o que estamos chamando aqui de a "Escola de Genebra" (ou a "Escola linguística de Genebra"[4]) nada mais é do que uma escola do pensamento linguístico cuja organização social, institucional e epistemológica exige ser mais bem compreendida porque disso, acreditamos, decorreria uma dada compreensão das ideias de Ferdinand de Saussure na relação com outros pesquisadores da mesma Escola, em especial Charles Bally, Albert Sechehaye e Henri Frei.

A ESCOLA LINGUÍSTICA DE GENEBRA

Amacker (2000: 205), em importante texto sobre a presença das ideias de Saussure nas obras de Charles Bally e Albert Sechehaye, explica que a expressão "Escola de Genebra" foi utilizada pela primeira vez em 1894, por Michel Bréal, em Paris, por ocasião do 10º Congresso Internacional de Orientalistas, com a intenção de agradar a Ferdinand de Saussure, por quem Bréal tinha profunda admiração intelectual[5]. O termo foi retomado por Charles Bally, em 14 de julho de 1908, no discurso feito durante a entrega de um conjunto de trabalhos (*Mélanges*[6]) publicados em homenagem a Saussure[7], desta vez com um significado mais amplo, que incluía a produção não apenas de Saussure, mas também de Bally e Sechehaye.

Savatovsky (2015) alerta para a falta de unanimidade historiográfica em torno da data efetiva de surgimento de uma "Escola linguística de Genebra". Há quem considere que o marco de início é mesmo a publicação do *Curso de linguística geral*, editado por Bally e Sechehaye, de autoria atribuída a Ferdinand de Saussure.

Conforme explica Amacker (2000: 206), em dezembro de 1940, em plena Segunda Guerra Mundial, é fundada a Sociedade linguística de Genebra, o que garante *status* institucional à Escola de Genebra, que se firma internacionalmente ao criar aquela que viria ser a mais prestigiada publicação nos estudos saussurianos, os *Cahiers Ferdinand de Saussure*, cujo primeiro número é publicado em 1941. A Sociedade dissolve-se em 8 de dezembro de 1956, marcando "o fim da Escola de Genebra em sentido estrito e o início do retorno crítico e interpretativo às fontes do *Curso*"[8] (Amacker, 2000: 206).

Para Amacker, a Escola de Genebra conta com três gerações de linguistas: a primeira é formada por Charles Bally (1856-1947) e Charles-Albert Sechehaye (1870-1946); a segunda, por Serge Karcevski (1884-1955), Henri Frei (1899-1980) e Robert Godel (1902-1984); a terceira, por Rudolf Engler (1930-2003) e Luis Jorge Prieto (1926-1996). Acrescenta ainda Amacker (2000: 207) que "a Escola de linguística de Genebra, apesar da comunidade de origem que reconhece em Saussure, é essencialmente múltipla por causa das personalidades científicas fundamentalmente diferentes que ela reuniu".

Grosso modo, podemos constatar que a dita "Escola de Genebra" designa, primeiramente, o movimento sociológico que reúne o programa de pesquisa construído em torno do nome de Ferdinand de Saussure, que teve lugar nas quatro primeiras décadas do século XX e que contou com o apoio institucional e de publicação de Bally e Sechehaye e, num segundo momento, de H. Frei.

Como tentamos deixar transparecer pela discussão até aqui, evocamos a existência da "Escola linguística de Genebra" sem desconhecer as dificuldades que isso implica. Quer dizer, concordamos com Puech (2019: 375), quando questiona a efetiva continuidade do saussurianismo em Genebra e indaga a respeito dos termos dessa continuidade, a partir do texto de Godel (1984), publicado no *Cahiers Ferdinand de Saussure* no qual Godel defende a existência de uma "Escola saussuriana de linguística" baseada em Saussure: em que medida o que foi delineado como programa de pesquisa próprio a essa "Escola" lhe é exclusivo? Quer dizer: realmente as figuras pertencentes à dita "Escola" delinearam um programa próprio? Ou esse programa poderia ser reivindicado por outros pesquisadores do mundo (saussurianos ou não)? Enfim: "Que relação há em linguística entre teorização(ões), enraizamento nacional e linguístico com a idade da ciência, no momento da internacionalização das normas que presidem à pesquisa?" (Puech, 2015: 376). Ora, acreditamos que manter essa indagação viva é, no mínimo, salutar em matéria de ciência.

COMO ESTE LIVRO ESTÁ ORGANIZADO

Este *Saussure e a Escola de Genebra* está constituído por três partes.

A primeira parte, intitulada "Leituras de Saussure: a figura de Albert Sechehaye", reúne textos de autoria de Sechehaye que explicitam o acolhimento que teve o *Curso de linguística geral* no âmbito da Escola de Genebra. Estão ali presentes os seguintes textos:

"Os problemas da língua à luz de uma nova teoria"[9]: publicado originalmente em 1917, trata-se de uma das primeiras resenhas do *Curso de linguística geral* de que se tem notícia. Nos termos de Puech (2019: 372), com essa resenha, "A. Sechehaye inaugura um tipo de referência a Saussure: ele 'reduz', segundo seus próprios termos, a doutrina de Saussure a certo número de 'teses' (língua/fala, arbitrário, ponto de vista semiológico, valor...), mostrando ao mesmo tempo seu caráter inaugural... e insuficiente". Sem dúvida, seu valor histórico é enorme: "não se trata de uma simples resenha, mas de um artigo de caráter histórico e reflexivo cujo autor foi aluno de Saussure e editor do CLG" (Chiss, 1978: 182). Isso é suficiente para torná-lo uma peça de grande valor para a compreensão da discussão em torno da obra saussuriana.

"A Escola de linguística geral de Genebra"[10]: publicado originalmente em 1927, trata-se de um artigo de Sechehaye que explicita claramente seu interesse pela linguística de Saussure: o artigo "tem o valor de um documento precioso para a história da Escola de Genebra. É um relato das circunstâncias históricas e ideológicas da criação desta escola, da qual Saussure é reconhecido como o iniciador e o mestre" (Curea, 2015: 291). Ao fazer esse reconhecimento, Sechehaye delineia o que considera ser a influência do ensino de Saussure de linguística geral para a consolidação da "Escola de Genebra".

"As três linguísticas saussurianas"[11]: publicado originalmente em 1940, segue a mesma linha argumentativa do anterior, explicitando a importância particular de Saussure para a linguística de Sechehaye. O artigo é dividido em duas grandes partes: a primeira, que apresenta uma defesa do pensamento saussuriano frente a críticas recebidas; e a segunda, que desenvolve um detalhado trabalho sobre as relações entre sincronia e diacronia, com vistas a um projeto próprio de linguística. Esse texto de Sechehaye é, sem dúvida, um momento teórico incontornável para todos os que desejam entender tanto a recepção das ideias de Saussure quanto a influência que tiveram no estabelecimento da linguística de Sechehaye.

A primeira parte do livro encerra com um roteiro de leitura, de autoria de Valdir do Nascimento Flores e Gabriel de Ávila Othero, do célebre artigo "Em favor do arbitrário do signo"[12], de autoria de Albert Sechehaye, Charles Bally e Henri Frei. Trata-se de um artigo (cf. Curea, 2015: 315) que se posiciona em relação às críticas feitas à noção de arbitrário tal como apresentada na edição do CLG, em especial as críticas feitas por Édouard Pichon (1890-1940) e Émile Benveniste[13] (1902-1976). Esse artigo é a base para se entender o debate em torno da arbitrariedade do signo linguístico durante o século XX[14]. Impossibilitados que estamos, circunstancialmente, de apresentar ao público brasileiro uma tradução integral do texto dos linguistas, optamos por trazer à luz algumas notas de leitura com traduções de partes que julgamos mais relevantes.

Esse último artigo que integra a primeira parte do livro estabelece a ponte para a segunda parte, intitulada "A Escola linguística de Genebra em exame". Nela, encontra-se o artigo "O arbitrário do signo como problemática na linguística de Genebra: Charles Bally, Albert Sechehaye e Henri Frei"[15], de Anamaria Curea, reconhecida especialista quando o assunto é a Escola de Genebra. Em seu texto, Anamaria Curea dedica-se a estudar a "primeira geração" de linguistas da "Escola de Genebra" com a intenção de ver como, nela, a arbitrariedade se apresenta como um problema a ser explorado, um tema de reflexão e debate, um tema a ser desenvolvido. Em seguida, encontra-se o artigo "A Escola de Genebra vista pela Sociedade linguística de Paris"[16], de Pierre-Yves Testenoire, que avalia a Escola de Genebra "de um ponto de vista externo", o da Sociedade linguística de Paris. São destacados os pontos de contato e os pontos de distanciamento entre as duas "organizações". O artigo é extremamente elucidativo da perspectiva histórica que assume. Agradecemos aos autores a autorização que deram para a publicação em português de seus trabalhos.

Finalmente, na terceira parte do livro, "Correspondência sobre a edição do CLG", apresentamos três conjuntos de cartas, relativas à redação do CLG e publicadas na prestigiada revista *Cahiers Ferdinand de Saussure* [Cadernos Ferdinand de Saussure], do Cercle Ferdinand de Saussure [Círculo Ferdinand de Saussure], instituição à qual agradecemos imensamente a autorização que nos foi dada para a presente tradução: o primeiro conjunto, "Cem anos de filologia saussuriana I: cartas trocadas por Albert Sechehaye e Charles Bally para a edição do *Curso de linguística geral* (1916)"[17]; o segundo, "Complemento à correspondência entre Charles Bally e Albert Sechehaye durante a elaboração do *Curso de linguística geral* (1913)"[18]; o terceiro, "Cem Anos de Filologia Saussuriana III – Albert Riedlinger (1883-1978) e sua 'colaboração' com os editores"[19].

Essa terceira parte reúne cartas organizadas e com alguns comentários e precisões feitos por Estanislao Sofía (nos dois primeiros conjuntos) e por este em colaboração com Anne-Marguerite Fryba (no terceiro conjunto). Juntas, as cartas constituem uma documentação inédita em língua portuguesa que deve, seguramente, impulsionar a pesquisa em torno do pensamento de Saussure. Agradecemos também aos autores a autorização dada para a tradução da correspondência e seus comentários.

Sobre a tradução dessa correspondência, gostaríamos de fazer alguns comentários de natureza editorial.

Mantivemos todas as marcas de transcrição das cartas (indicações de rasuras, sobrescritos, sublinhados etc.), tal como estão apresentadas na edição de Estanislao Sofía e na edição de Estanislao Sofía e Anne-Marguerite Fryba. No entanto, como não tivemos intenção de fornecer uma publicação com rigor genético – as edições originais podem ser consultadas diretamente nos *Cahiers Ferdinand de Saussure* –; fizemos alguns ajustes, tendo em vista o público brasileiro de leitores. São eles: a) a distribuição espacial das cartas é feita seguindo os mesmos critérios editoriais utilizados para o conjunto do livro; b) as correções e os ajustes – normalmente de ordem gramatical –, marcados por colchetes, [ ], ou por [sic], são incluídos na tradução (por exemplo: onde se lê "*deux premiers ensemble[s]*", traduzimos "dois primeiros conjuntos", já incluindo a marca de plural entre colchetes; onde se lê "*salutations à Madame Séchehaye [sic]*", traduzimos "saudações à senhora Sechehaye", já retirando o acento); c) os colchetes angulares (< >) foram mantidos apenas no conjunto 2 de cartas, pois, nele, os colchetes angulares cumprem a função de reconstruir, a partir do contexto, pedaços de palavras e de frases e restabelecer aquilo que poderia ser o texto original. Nos conjuntos 1 e 3, eles foram suprimidos, pois cumpriam apenas a função de marcar alguma inserção de palavra após rasura (por exemplo: onde se lê *"on pourra le cas échéant établir <arrêter> une méthode"* traduzimos "poderemos, se for o caso, estabelecer fixar um método"). Nesse caso, deixamos marcada a rasura, mas já fizemos aparecer normalmente a palavra incluída.

Uma última observação sobre a tradução em geral: sempre que possível, com a intenção de orientar o leitor, fornecemos uma tradução livre, colocada entre colchetes, de títulos de livros, associações e similares, em sua primeira ocorrência no corpo textual do livro. Os títulos de revistas foram conservados em sua língua original.

Enfim, este *Saussure e a Escola de Genebra* vem a público, no Brasil, no ano em que se registra o 110º ano de morte de Ferdinand de Saussure. Para além de um registro histórico, o nosso livro ambiciona contribuir para manter viva a discussão em torno do mestre genebrino entre nós, brasileiros, além de abrir caminhos de pesquisa ainda não completamente vislumbrados em nossa linguística. Boa leitura!

Notas

[1] É interessante, nesse aspecto, ver como Milner entende a influência de Saussure na formação da própria "Escola linguística de Paris". Para Milner, Saussure teve papel decisivo na instauração da Escola linguística de Paris; no entanto, é bom precisar: o Saussure que aí teve influência é anterior à publicação do CLG (Milner, 2002: 62).

[2] Limitamos nossas observações aqui ao século XX. Nosso divisor de águas, para tanto, é Saussure. Quer dizer, detemo-nos no que se convencionou chamar de a "linguística pós-saussuriana". Isso não significa que a ideia de "Escola" não seja anterior ao século XX. Nós a encontramos, também (cf. Camara Jr. 2019), por exemplo, em "Escola de Leipzig" ou "Escola dos neogramáticos" (séc. XIX), "Escola de Port-Royal" (séc. XVII), "Escola de Kazan" (séc. XIX) (cf. Jakobson, 1971).

[3] Olga Amsterdamska, em *Schools of Thought: the developement of linguistics from Bopp to Saussure* (1987), [Escolas de pensamento: o desenvolvimento da linguística de Bopp a Saussure] propõe uma original história da linguística, abordada do ponto de vista da sociologia da ciência, que enfoca "escolas do pensamento" linguístico, em especial a dos neogramáticos, a dos neoidealistas e a de Genebra.

[4] Essa denominação varia enormemente. Encontramos: "École linguistique de Genève" [Escola linguística de Genebra] (Curea, 2015); "École de Genève" [Escola de Genebra] (Puech, 2015); "École saussurienne de Genève" [Escola saussuriana de Genebra] (Godel, 1984); "École genevoise de linguistique général" [Escola genebrina de linguística geral] (Sechehaye, 1927, e Amacker, 2000).

[5] A admiração que Bréal tem por Saussure, que dá a este um excelente trânsito no meio intelectual parisiense, é bastante referida na fortuna crítica saussuriana. Bréal teve um papel definitivo relativamente à presença e à permanência de Saussure em Paris até 1891. Explica, por exemplo, Bouissac (2012: 87-8) que "o charme e o brilhantismo de Saussure seduziram Bréal, que estava obcecado em trazer sangue novo para a linguística francesa e ansioso para recrutar jovens e promissores estudiosos". Bréal, desde sempre, considerou Saussure um sucessor ideal, motivo pelo qual o indicou, em 1881, como *maître de conference* [professor] de gótico e alto alemão na École des Hautes Études. Saussure assumia a cadeira do então mais importante linguista da França. Ver, também, Benveniste (1964) e De Mauro (1976: 334-42).

[6] *Mélanges de linguistique offerts à M. Ferdinand de Saussure.* Paris: Champion, 1908.

[7] Isso é confirmado por Sechehaye no texto "A Escola de linguística geral de Genebra", neste volume, publicado originalmente em 1927. Explica Curea (2015: 20) que "a fórmula 'Escola de linguística geral de Genebra' foi então introduzida oficialmente por Sechehaye, em seu artigo de 1927, definindo a escola iniciada por Saussure e representada externamente pelas publicações de dois de seus alunos de Genebra, ele mesmo e Bally".

[8] Essas informações encontram-se também dispostas, quase num formato de relatório, em um artigo de Godel, originalmente de 1961, republicado em 1984 nos *Cahiers Ferdinand de Saussure* (cf. Godel, 1984).

[9] "Les problèmes de la langue à la lumière d'une théorie nouvelle", *Revue philosophique de la France et de l'étranger*, vol. 42, n. 7, 1917, p. 1-30 (compte rendu du *CLG* de Ferdinand de Saussure).

[10] "L'école genevoise de linguistique générale", *Indogermanische Forschungen*, n. 44, 1927, p. 217-41.

[11] "Les trois linguistiques saussuriennes", *Vox Romanica*, vol. 5, n° 1-2, 1940, p.1-48.

[12] "Pour l'arbitraire du signe", coauteurs Charles Bally et Henri Frei, *Acta linguistica*. n. 3, 1940-1941, p. 165-9.

[13] São os artigos: Édouard Pichon, "La linguistique en France". *Journal de psychologie*, n. 33, 1937. Émile Benveniste, "Nature du signe linguistique". *Acta linguistica*, 1939.

[14] A esse propósito, ver o excelente trabalho de Faria (2021). Ver também Flores (2017).

[15] Anamaria Curea, "L'arbitraire du signe comme problématique dans la linguistique genevoise: Ch. Bally, A. Sechehaye, H. Frei". Communication donnée dans l'atelier de Jean-Yves Beziau, The Arbitrariness of the Sign, au colloque Le Cours de linguistique générale, 1916-2016. L'émergence, Genève, 9-13 janvier 2017.

[16] Pierre-Yves Testenoire, "L'école de Genève vue de la Société de linguistique de Paris". *Histoire épistémologie langage*, tome 37, fascicule 2, 2015. "Faire école" en linguistique au XXe siècle: l'école de Genève, p. 53-70.

[17] Estanislao Sofía, "Lettres échangées par Albert Sechehaye et Charles Bally en vue de l'édition du Cours de linguistique générale (1916)". *Cahiers Ferdinand de Saussure*. Librairie Droz: Genebra. 2013, n. 66, p. 181-97

[18] Estanislao Sofía, "Cent ans de philologie saussurienne II: Complément à la correspondance entre Charles Bally et Albert Sechehaye au cours de l'élaboration du Cours de linguistique générale (1913)". *Cahiers Ferdinand de Saussure*. Librairie Droz: Genebra. 2016, n. 69, p. 245-52.

[19] Anne-Marguerite Fryba, Estanislao Sofía, "Albert Riedlinger (1883-1978) et sa 'collaboration' avec les éditeurs". *Cahiers Ferdinand de Saussure*. Librairie Droz: Genebra. 2016, n. 70, p. 175-95.

Bibliografia

AMACKER, René. "L'influence de F. de Saussure et la linguistique d'inspiration saussurienne en Suisse, 1940-1970". *Cahiers Ferdinand de Saussure*. Genebra, Librairie Droz, n. 30, 1976, p. 71-96.

AMACKER, René. "Le développement des idées saussuriennes chez Bally et Sechehaye". *Historiographia linguistica*. Amsterdam, John Benjamins BV, n. 27, 2000, p. 205-64.

AMSTERDAMSKA, Olga. *Schools of Thought*: the development of linguistics from Bopp to Saussure. La Haye: Mouton, 1987.

BENVENISTE, Émile. "Ferdinand de Saussure à l'École des Hautes Études". *École pratique des hautes études*. Paris, Sorbonne, 4e section – Sciences historiques et philologiques, *Annuaire* 1964-1965, 1964, p. 20-34.

BENVENISTE, Émile. "Lettres de Ferdinand de Saussure à Antoine Meillet". *Cahiers Ferdinand de Saussure*. Genebra, Librairie Droz, n. 21, 1964, p. 91-125.

BOUISSAC, Paul. *Saussure*. Um guia para os perplexos. Trad. Renata Gaspar Nascimento. Petrópolis, RJ: Vozes, 2012.

CAMARA JR. Joaquim Mattoso. *História da linguística*. Edição revista e comentada por Valdir do Nascimento Flores e Gabriel de Ávila Othero. Petrópolis, RJ: Vozes, 2019.

CHISS, Jean-Louis. "Les lectures du *Cours de linguistiqe générale*". In: NORMAND, Claudine. *Avant Saussure*. Choix des textes (1875-1924). Bruxelas: Éditions Complexes, 1978, p. 155-62.

CUREA, Anamaria. *Entre expression et expressivité:* l'école linguistique de Genève de 1900 à 1940: Charles Bally, Albert Sechehaye, Henri Frei. Lyon: ENS Éditions, 2015.

DE MAURO, T. "Notes biographiques et critiques sur F. de Saussure". In: SAUSSURE, F. *Cours de linguistique générale*. Éditions critique préparée par Tullio de Mauro. Paris: Payot, 1976. p. 405-77.

FARIA, Núbia Rabelo Bakker. "A significação em Benveniste: um problema abordado com sucesso". In: SILVA FILHO, J. T. (org.). *(Re)leituras em Ferdinand de Saussure e Émile Benveniste*. São Carlos: Pedro & João Editores, 2021, p. 169-92.

FLORES, V do N. "O que há para ultrapassar na noção saussuriana de signo? De Saussure a Benveniste". *Gragoatá*, Niteroi, n. 44, 2017, p. 1005-26.

GODEL, Robert. "L'école saussurienne de Genève". *Cahiers Ferdinand de Saussure.* Genebra, Librairie Droz, n. 38, 1984, p. 77-82.

JAKOBSON, Roman. "The Kazan's School of Polish Linguistics and Its Place in the International Development of Phonology". In: _____. *Selected Writings*, vol. II: Word and Language. Haia: Mouton, 1971, p. 394-428.

MILNER, Jean-Claude. *Introdução a uma ciência da linguagem*. Trad. Daniel Costa da Silva et al. Petrópolis, RJ: Vozes, 2021.

MILNER, Jean-Claude. *Le périple structural. Figures et paradigme*. Paris: Verdier, 2002.

PUECH, Christian. "O espírito de Saussure: recepção e herança (a herança linguística saussuriana: Paris contra Genebra)". Trad. Marcio Alexandre Cruz. *Leitura,* Maceió, n. 62, 2019, p. 364-80.

PUECH, Christian. "Présentation. La notion d' 'école linguistique': unité, singularité, pluralité. *Histoire épistémologie langage*: "Faire école" en linguistique au XXe siècle: l'école de Genève. Paris, tome 37, 2015, p. 5-15.

SAVATOVSKY, Dan. "Une école à Genève avant l'école de Genève: Saussure et le Xe Congrès des orientalistes (1894)". *Histoire épistémologie langage*: "Faire école" en linguistique au XXe siècle: l'école de Genève. Paris, tome 37, 2015, p. 17-31.

SECHEHAYE, Albert. "L'école genevoise de linguistique générale". *Indogermanische Forschungen*, Berlin, De Gruyter, n. 44, 1927, p. 217-41.

PARTE 1
LEITURAS DE SAUSSURE: A FIGURA DE ALBERT SECHEHAYE

Os problemas da língua à luz de uma nova teoria

Albert Sechehaye

I

A Antiguidade e o Renascimento só conheceram a *gramática*, isto é, a arte de reduzir certo uso a regras empíricas. A gramática exige erudição, um pouco de lógica, às vezes uma mente aguçada, mas seus fins são inteiramente práticos. Se favorece, por um lado, a manutenção de uma correção convencionada na fala e na escrita, por outro lado, a gramática não nos ensina nada de essencial sobre o fenômeno da linguagem e suas leis naturais.

No início do século XIX, o estudo do sânscrito e das doutrinas dos antigos gramáticos hindus forçou os estudiosos a saírem de sua antiga rotina, mostrando-lhes um aspecto do problema linguístico que, sabe-se lá por qual milagre de desatenção, até aquele momento tinha escapado ao seu olhar.

Ficou então evidente que essa língua estava ligada pelos laços de um estreito parentesco a nossas línguas clássicas – o grego e o latim –, às línguas germânicas e a todo um grupo de línguas que formam uma família entre si: a família indo-europeia. Franz Bopp foi o primeiro a estudar essas relações, numa obra publicada em 1816, com um método exato, assim demonstrando cientificamente esse parentesco linguístico, consequência e testemunho de uma origem comum de todos os povos que falam esses idiomas congêneres.

Foi esse o ponto de partida da linguística propriamente dita, da ciência moderna da linguagem. Essa ciência descobriu que as línguas existem no tempo, que têm um passado, uma história, e que suas formas e suas palavras são como medalhas antigas cujo testemunho fornece revelações inesperadas. Essa ciência está munida de um método comparativo, que depois se poderá aperfeiçoar, mas cujo rigor já é suficiente para garantir belos resultados. Pela primeira vez, a linguística é incorporada ao grande movimento de pesquisas que levava as mentes daquela época, arrebatadoramente, às reconstituições históricas.

Entretanto, não se deve perguntar a Bopp nem a seus discípulos o que pensam da língua em geral, de suas grandes leis, de suas origens. Eles ignoram, ou conhecem mal, esse objeto de que descobriram propriedades e aspectos inesperados. No domínio dos fatos particulares, suas investigações vão cumulando conquista após conquista; o campo da "gramática comparada", como se dizia então, vai crescendo a cada dia; seus métodos vão sendo aplicados sucessivamente às línguas germânicas, às línguas célticas, às línguas semíticas, às línguas turanianas etc. Porém, quando fazem teoria, abandonam-se, na maioria das vezes, a singulares divagações.

Era pleno período romântico, não esqueçamos, período no qual reinava certo deslumbramento um pouco ingênuo diante de tudo quanto se perde na noite dos tempos, e no qual a imaginação, enfim liberta, festejava sua nova liberdade com excessos. Nossos "comparatistas" foram românticos à sua maneira; ficaram hipnotizados pelo que havia de mais obscuro em sua ciência, pelas miragens de um passado misterioso, comprazendo-se em imaginar na origem uma idade de ouro, um período de criação como que num paraíso gramatical.

No princípio, pensavam eles, havia raízes, elementos do futuro organismo linguístico; essas raízes significativas aglomeraram-se em palavras, em formas flexionadas. Essa foi uma época de perfeição, uma juventude da língua, da qual o sânscrito nos dá ainda uma remota imagem. Depois veio – por quê? – a queda, a decadência. As palavras se desgastam com o tempo, mirram, se desfiguram; a língua se corrompe. Todo tipo de mal-entendido e de confusão perturbam a bela ordem primitiva. É a era da decrepitude.

Notemos como nesse pensamento – que Max Müller vulgarizou –, certo misticismo poético se mistura com um gosto marcado pelas analogias oriundas da história natural. August Schleicher, um gramático que também se ocupou da biologia vegetal, aceitou esta aposta, na introdução de sua obra sobre a língua alemã[1], de assimilar até o detalhe o nascimento, o aperfeiçoamento e o declínio de uma língua às transformações de um organismo vivo. Talvez ele visse no rigor desse paralelismo uma garantia segura do caráter científico de suas especulações. Na verdade, essas teorias, tão imaginativas, não estavam de modo algum relacionadas com os progressos da gramática comparada. A sua vaidade é traída por sua inutilidade. Eram puras extravagâncias que agradavam aos espíritos aventureiros, mas que encobriam a ciência sem proveito algum e levavam ao risco de falseá-la. Assim, essas doutrinas não tiveram autoridade verdadeira, e haveria de chegar o momento em que se sentiria a imperiosa necessidade de reagir contra elas.

Infelizmente, a escola que se encarregou dessa tarefa viu sobretudo seu lado negativo.

Por volta de 1875, formou-se na Alemanha, nas cidades de Leipzig e Jena, um grupo de jovens estudiosos de espírito inovador. Karl Brugmann, Berthold Delbrück, August Leskien, Wilhelm Braune estão entre seus nomes mais conhecidos. Denominaram-se os *Junggrammatiker* [neogramáticos], a jovem gramática, se quiserem, ou os "neogramáticos", como ficou traduzido.

Bastante instruídos, trabalhando ativamente pelo progresso graças a sua aspiração louvável de romper com todas as rotinas, eles proclamaram, no que tange à teoria, um princípio absolutamente justo, que teria sido fecundo se tivessem tirado dele todas as consequências. A língua, afirmavam, não pode ter sido, em períodos antigos, de uma natureza substancialmente diferente daquela que nós vemos hoje: cumpre, portanto, julgar o passado a partir do presente e buscar entender o que produziu outrora pela análise daquilo que se produziu atualmente.

Esse princípio leva em direção ao estudo direto dos fatos, tais como são observados imediatamente no falar em torno de nós e em nós. Todavia, os neogramáticos são os fiéis continuadores de Bopp. O grande fato ao qual se prendem é o que notamos ao compararmos as formas mais antigas de um idioma com suas formas mais recentes: é a transformação regular dos sons. A matéria da qual são feitas as palavras não é estável, ela vai se transmutando pouco a pouco. O *a* do latim *mare* se tornou *e* no francês *mer* [mar], assim como o *a* do latim *pater*, no francês, *père* [pai], e as mudanças desse tipo, ao se somarem, desfiguram imperceptivelmente as palavras e a língua, a ponto de torná-las irreconhecíveis (comparem-se, por exemplo, o latim *vitellum* e sua evolução para o francês *veau* [bezerro]). Bons positivistas que eram, os defensores dessa nova escola pensaram que esse fato, de ordem material e sob o respaldo da atestação empírica, fosse o fator essencial da transformação das línguas.

É verdade que os neogramáticos depois corrigiram o caráter excessivamente categórico dessa afirmação, dando um lugar, ao lado das transformações fonéticas, à *analogia*, ou seja, à intervenção do espírito, que pode construir formas inéditas segundo certos modelos, não obstante a tradição. Por exemplo, quando uma criança diz em francês *je suirai* para *je serai* [eu serei] ou *chevals* para *chevaux* [cavalos], ela está construindo uma forma analógica. Porém, essa correção não é suficiente, porque os neogramáticos se contentam em opor assim o espírito à matéria e a matéria ao espírito na transformação da linguagem; eles esquematizam essa oposição em dois fatos salientes sem levar a análise mais longe e sem se preocupar nem um pouco em resolver essa antinomia. Ora, essa antinomia é justamente o grande problema que encontraremos ao longo e até o fim de nossa exposição.

Essa escola fomenta tanto quanto possível a desconfiança quanto à especulação teórica; ela supõe que a observação esclarecida é suficiente para conhecer não só uma como todas as línguas e que as transformações que observamos nas línguas explicam seus estados sucessivos, assim como um desmoronamento explica a forma nova que uma montanha acaba de assumir. Esquecendo que o próprio desmoronamento precisa ser explicado, ela proclama, pela pena de Hermann Paul, seu principal teórico: "a ciência da língua é a história da língua". É assim, então, que o problema essencial fica, se é que podemos falar assim, escamoteado.

Felizmente, o pensamento científico não se deteve por muito tempo nesse positivismo tímido e um pouco rasteiro. Em nenhum momento a Escola neogramática, que se impôs aliás pelo valor científico de seus representantes, prevaleceu sem contestação no domínio da teoria.

Em 1897*, o brilhante *Essai de sémantique* [Ensaio de semântica], de Michel Bréal, era – numa forma talvez um pouco desorganizada, mas sem dúvida muito acessível à maioria dos leitores – uma viva reivindicação em favor da interpretação psicológica de todos os acidentes aos quais a língua está exposta.

Desde que Wilhelm Wundt publicou seus dois volumosos tomos sobre a linguagem[2], nos quais aproveita a imensa contribuição da linguística moderna como um vasto documento de psicologia coletiva, temos visto os especialistas do outro lado do Reno seguirem o caminho que ele abriu. O ceticismo positivista está a partir de então superado; deixou-se de temer as miragens românticas, que se tornaram inofensivas, e acredita-se na virtude da psicofisiologia moderna para resolver as questões primeiras que a linguagem põe diante de nós.

Noutro lado, uma escola bastante ativa, a do italiano Benedetto Croce, do alemão Karl Vossler e de alguns outros, sacode a poeira dos laboratórios e afasta os apetrechos enfadonhos de uma ciência árida demais para proclamar os direitos exclusivos do sentimento e dos critérios estéticos na interpretação dos fatos linguísticos. Tudo na língua, formas, construções, sons, contribui para revestir o pensamento individual ou coletivo de uma roupagem adequada a seu caráter próprio; a verdadeira gramática não passa de uma ciência ampliada do estilo. A gramática que busca sistematizar a complexidade viva do uso em pequenas regras não passa de uma gramática falsa, uma ciência artificial que serve, no máximo, para escolares.

Em Louvain, o padre jesuíta Jacobus van Ginneken expõe, em 1904 e 1906, seus princípios de linguística psicológica[3] e julga poder, através da observação e da classificação de uma porção de fatos tomados de vários idiomas, inferir da língua

---

* N. O.: No original, consta 1896.

o mecanismo do pensamento. Ele estabelece assim toda uma análise engenhosa e original das modalidades da vida psíquica que, segundo ele, entram em jogo na gênese e no exercício da linguagem.

Ao mesmo tempo, isto é, nessa mesma época, uma escola francesa, mais prudente e provavelmente mais perspicaz que as outras, empenha-se em vincular a psicologia da língua à psicologia social: essa escola vê no fenômeno que origina a fala articulada e organizada uma função da sociedade que pensa e que age, e inspira-se, em suas teorias, nas doutrinas de Émile Durkheim e de Émile Waxweiler. Antoine Meillet é seu representante mais autorizado.

Vê-se que um traço é comum a todos esses esforços recentes: o desejo de vincular o estudo da língua ao do espírito humano e de assim introduzir a linguística no vasto conjunto das ciências psicológicas.

Há nesse intento algo absolutamente justificado. O vasto conjunto das ciências humanas forma um todo bem ordenado em que cada ciência encontra o seu devido lugar numa conexão natural com todas as ciências vizinhas. O que seria, pois, mais apropriado do que procurar, no conjunto das ciências psicológicas, o lugar que cabe de direito à linguística? Seja qual for a relação entre a linguagem e o pensamento que ela exprime, parece realmente não haver relação mais direta que essa.

Sem dúvida. Porém, se a linguística faz parte da psicologia, é de estranhar que, numa época em que esta tem sido objeto de estudos tão constantes, tão amplos, tão fecundos, a ciência teórica da linguagem não se tenha constituído como que sob esse mesmo impulso. Devemos indagar-nos também como é possível que, no momento em que se tenta, por toda parte, explicar o fenômeno linguístico pelos princípios da psicologia, encontremos tantas divergências e tantas incertezas quanto à maneira mais apropriada de fazê-lo.

Não será porque a equação que se estabelece quando se assimila o objeto da linguística ao da psicologia – no fundo, uma equação verdadeira, estamos todos convencidos – talvez seja menos imediata, menos simples do que parecia no início?

Em suma, não será porque esse objeto da linguística ainda não foi suficientemente definido? Não haverá, entre a língua e o pensamento, um fator discrepante, que, enquanto não o tivermos determinado para separá-lo e situá-lo no seu devido lugar, perturba todas as relações que se pretenda estabelecer entre esses dois termos?

Eis que nos aparece um novo teórico da língua, cujo pensamento – muito bem-informado – amadureceu, no entanto, fora da grande vertente do pensamento atual. Eis uma teoria que parece se originar inteiramente de uma consideração obstinada e quase exclusiva desse elemento discrepante de que se falou há pouco.

O *Curso de linguística geral* de Ferdinand de Saussure talvez seja o esforço mais consciente, o esforço mais tenaz já feito para apreender o próprio objeto da linguística em sua natureza específica entre todos os objetos da ciência, e para prover, desse modo, o estudo da linguagem de uma melhor base teórica.

II

Sabemos que impacto Ferdinand de Saussure provocou ao inaugurar a sua carreira. Em 1878, ainda estudante, publicou seu célebre *Mémoire sur le système primitif des voyelles dans les langues indo-européennes*[4] [Memorial sobre o sistema primitivo das vogais nas línguas indo-europeias].

Os primeiros comparatistas, buscando reconstituir o sistema de sons de que se serviam os ancestrais comuns da família indo-europeia, estavam longe de sempre terem encontrado a verdade mais exata. Isso não poderia nos surpreender. No que toca às vogais, eles tinham sido particularmente infelizes. Enganados pelo exemplo do sânscrito, tinham achado que, de vogais abertas, o idioma primitivo só tinha o *a*, entre as duas vogais fechadas *i* e *u*. Esse erro já havia sido corrigido: sabia-se que o indo-europeu, semelhante nesse aspecto ao grego e ao latim, tinha uma gama mais rica de vogais e que *e* e *o* em particular desempenhavam um papel importante nessa língua. Havia pouco, descobertas tinham contribuído muito para iluminar essa questão e deixavam pressentir certas regras, de aplicação bastante ampla, segundo as quais uma mesma raiz poderia apresentar diversos estados vocálicos alternativamente (como no grego: *leíp-ō, lé-loip-a, é-lip-on*).

Em seu *Mémoire* [Memorial], Saussure esclarecia essa questão e desvelava de uma só vez a verdade que, sem ele, a ciência talvez tivesse demorado dez anos para discernir aos poucos. Ele demonstrava a existência, em indo-europeu, de certa vogal breve, cujo timbre não pode ser conhecido ao certo, mas que se distinguia de todas as outras e que até então ninguém havia reconhecido. Tal qual William Herschel descobrindo o planeta Urano e determinando, desse modo, o equilíbrio do sistema solar, Saussure, ao levar em conta essa nova vogal e suas combinações com os outros sons da língua, mostrava que todo o sistema vocálico do indo-europeu era regulado por alguns princípios fonéticos e gramaticais relativamente simples, aplicados rigorosamente. Todas as formas reconstituídas, mesmo as mais destoantes e as mais rebeldes, obedeciam a nova teoria.

A genialidade do jovem mestre se manifestava nessa necessidade imperiosa de sistematização lúcida, apoiada numa destreza incomparável na arte de arrancar dos fatos mais complexos o segredo das verdades gerais.

É nisso que está a marca característica de seu espírito, que encontraremos em toda a sua produção posterior. Se essa produção foi exígua demais, inclusive, decerto foi porque o erudito ficou paralisado, até certo ponto, por essa necessidade de sempre obter, em toda parte, conclusões essenciais. Há, contudo, um domínio, ao lado da gramática histórica, no qual ele pôde se entregar, com toda a liberdade, a essa busca apaixonada por uma solução que resolve todo um vasto problema. Saussure não era alguém que se contentasse, em matéria de língua, com a ciência dos fatos. Por trás do problema histórico, seu espírito enciclopédico, aberto a todas as curiosidades, realmente humano, discernia o problema filosófico, o da linguagem em geral, de sua natureza, de suas causas profundas, de sua vida. Essa questão, que deveria exercer, sobre esse pensamento sagaz e arrojado, uma atração tanto mais forte quanto mais obscura fosse ao seu exame, foi objeto de suas reflexões desde o início e por toda a sua vida.

Sem dúvida, ele não se deteve muito nas doutrinas professadas pela velha escola em matéria de teoria linguística. Tão logo pensou por si mesmo, julgou e condenou as doutrinas românticas de um Schleicher ou de um Max Müller.

No entanto, ele tampouco se deteve muito nas ideias que pensadores de mais autoridade – um Wilhelm von Humboldt, um Heymann Steinthal – tinham defendido em matéria de língua. Humboldt, por exemplo, lançando um desafio à antiga gramática, proclamou num aforismo célebre que a linguagem não é uma obra, *érgon*, uma coisa constituída, mas uma energia, *enérgeia*, uma função, algo vivo. Ora, isso é verdadeiro ou falso segundo o que se considere. Desde o início, sem dúvida, Saussure foi persuadido de que, em se tratando de linguística geral, o princípio da sabedoria consiste em entender que o problema não é simples, que a linguagem é um fenômeno complexo que reúne aspectos heterogêneos, às vezes antinômicos e contraditórios. Nisso há não um problema, mas um emaranhado de problemas que é necessário, antes de tudo, desenredar e ordenar. Em se tratando de estabelecer as bases da linguística, não poderíamos, portanto, nos contentar com um único ponto de vista, por mais interessante que ele possa ser.

Estando em Leipzig justamente quando a nova escola se insurgia contra a antiga e proclamava seus princípios com um fervor juvenil, Saussure não se entregou ao entusiasmo em seu entorno, mas manteve-se reservado, um pouco cético. Nessa época, um livro provavelmente já havia exercido uma influência profunda sobre seu pensamento e devia tê-lo orientado no sentido certo: estamos falando da obra do sanscritista americano William Dwight Whitney, *La vie du langage* [A vida da linguagem] (publicada em 1875). Sobre ela precisamos dizer algumas palavras.

Como os neogramáticos, de quem é contemporâneo, Whitney pretende romper de vez com as concepções que fazem da língua uma espécie de ser místico. Do domínio da ficção poética quer nos trazer de volta ao terreno da observação e da história. Todavia, faz isso de uma maneira mais completa do que a Escola neogramática. Esta dá destaque excessivo às transformações regulares dos sons, que parecem remodelar, a cada século, a matéria fônica da linguagem em virtude de uma necessidade interna e de um *processus* automático. Ao supor que essa necessidade interna é o grande fator da evolução, essa escola continua atribuindo vida própria à língua, fazendo-a conservar assim certo princípio inexplicável, irredutível às leis gerais da história.

Whitney, pelo contrário, declara abertamente que tudo na linguagem deve emanar, em última instância, da vontade humana. O homem quer comunicar seu pensamento. Seu esforço nesse sentido o levou, naturalmente, a criar signos, um conjunto de procedimentos convencionais, uma língua. Isso se fez por experimentação, sem deliberação, sem método definido, por um concurso de vontades individuais que contribuíram, cada uma, em algum momento, com algo para a criação coletiva. Negar que a língua seja obra de todos é querer crer que o formigueiro cresce sozinho ou que não cresce pela soma dos esforços de um batalhão de formiguinhas. Quando se batiza uma criança, sabe-se que uma pessoa propôs chamá-la Henri, Jacques ou César e que outras consentiram. Aqui a ação livre, ainda que determinada por certos motivos, é evidente. Contudo, se buscarmos entender por que hoje chamamos um gato de *gato*, um cavalo de *cavalo*, um soldado francês de *poilu* [peludo], em vez de dar-lhes outros nomes, isso se dará sempre, em última análise, pelo efeito de certa soma de iniciativas e de consentimentos livres, embora motivados, que será preciso explicar.

A língua é, portanto, uma *instituição humana*. Como todas as instituições humanas, varia de um país a outro e evolui com o passar do tempo. É um costume que não tem a ver nem com a moradia, nem com a alimentação, nem com a constituição da família, nem com o culto à divindade, mas sim com a comunicação dos pensamentos. Assim como o homem escolheu a madeira, a pedra ou o bronze para fabricar seus primeiros instrumentos, ele escolheu os procedimentos vocais, o som da glote e a articulação bucal como a melhor matéria da qual formar os signos de sua linguagem. Assim como a criança que nasce herda, pela educação, certos procedimentos técnicos, certos conhecimentos ou crenças tradicionais, certos costumes, ela herda também a linguagem de seus pais. Através de todas essas heranças, ela é beneficiada por aquilo que as gerações anteriores souberam e inventaram de útil. A criança, por sua vez, poderá alterar ou acrescentar algo a esse patrimônio coletivo, e então legá-lo a seus descendentes. Por fim, assim como os homens que criaram as primeiras ferramentas só visavam a fins práticos e imediatos, como defender-se, alimentar-se etc., as pessoas que primeiro se serviram de signos fônicos convencionais atendiam apenas a uma necessidade que se impunha no momento: tratava-se de dar uma ordem, fazer uma súplica, obter uma informação necessária. Entretanto, esses primeiros esforços humanos trazem, na origem, resultados bem mais vastos do que aqueles que foram alcançados diretamente. A técnica do selvagem, ao se aperfeiçoar, vai dar no automóvel e na telegrafia sem fio, em toda a ciência que permite ao homem moderno conhecer e dominar a natureza. O costume ou a crença mais primitiva é um primeiro balbucio de moral ou de religião. Alguns signos convencionais úteis já configuram a fala humana, esse instrumento magnífico pelo qual o homem se apossa de seu pensamento e dá curso à sua inteligência.

Veremos as objeções de Saussure contra essa assimilação excessiva da língua a todas as instituições humanas, mas ele compreendeu este princípio inicial: a linguagem é, antes de mais nada, um conjunto de costumes organizados. Essa foi para ele a ponta do nó que se tratava de desatar. Ele passa a empenhar todo o seu esforço nesta tarefa única: corrigir, completar, transformar Whitney, permanecendo sempre nesse princípio muito simples e muito evidente que este tinha estabelecido com tanta força e bom senso.

Saussure não se apressou, todavia, em comunicar a mais ninguém aquilo que vislumbrou ao longo desse trabalho. Foi somente nos últimos anos de sua vida que deu aulas regulares sobre esses assuntos, e o *Curso de linguística geral*, em que sua doutrina encontrou sua expressão, é uma obra póstuma publicada a partir das notas de seus alunos.

III

A doutrina de Ferdinand de Saussure pode ser reduzida a certo número de princípios ou teses; trata-se, melhor dizendo, de uma série de afirmações que se deduzem sucessivamente de um princípio comum.

A primeira dessas teses diz que, *no conjunto mal determinado dos fenômenos designados sob o nome de linguagem, é preciso distinguir duas coisas: a língua e a fala.*

Embora essa distinção não seja totalmente nova, Saussure tem o mérito de tê-la assumido com a insistência necessária e de tê-la tornado a pedra angular de todo o edifício da linguística.

A *fala* são todos os atos pelos quais comunicamos nosso pensamento. Quando eu falo, eu realizo um ato de fala. Quando eu entro numa sala em que está reunido um grupo animado, é a fala que, de todos os lados, chega aos meus ouvidos. Uma carta ou um livro é uma manifestação da fala fixada e, de certa forma, imobilizada pela escrita. A fala é sempre individual, ocasional, ato particular, mas todos os atos no campo da fala obedecem a certa lei convencional, que garante a sua inteligibilidade; essa lei, imposta a nós pelo meio onde vivemos, é a língua.

Definiremos, pois, a *língua* da seguinte forma: conjunto das convenções adotadas em dada coletividade para assegurar a compreensão da fala. Um dicionário do francês e uma gramática do francês, supondo-se que eles pudessem ser perfeitamente bem feitos, representariam a língua francesa, o código de todos aqueles que falam francês. Todavia, esse código, na verdade, está inscrito não no papel, mas nos hábitos, portanto na matéria cerebral dos sujeitos falantes. Todos os membros de uma mesma coletividade, de um mesmo povoado ou de uma mesma nação têm em comum um conjunto de hábitos idênticos, isto é, uma mesma língua, que é o bem de todos.

É a língua essa instituição social de que Whitney falava, ao passo que a fala é sempre um ato individual, é energia e função, segundo a definição de Humboldt. Foi no estudo da língua, considerada como fator específico da linguagem humana e objeto próprio da linguística, que se concentrou o pensamento de Saussure.

Das teses a seguir, três dizem respeito à natureza dessa instituição linguística, enquanto as seguintes tratam de suas evoluções, de suas transformações, de sua vida. Comecemos com as que discutem a natureza da língua.

A língua, separada da fala, da ação de falar, e considerada em si mesma, é, pois, um objeto de ciência de uma natureza totalmente particular, que exige ser conhecida de modo preciso. Instituição social que é, tal como as leis que nos regem, como nossos valores morais, como nossas crenças, a língua pertence à categoria muito distinta e muito especial das *instituições semiológicas*, os sistemas de signos admitidos dentro de uma coletividade.

As formas de polidez, alguns ritos religiosos, as insígnias militares, os sistemas convencionais de sinais, os sinais usuais dos surdos-mudos, os números, a escrita etc. são instituições semiológicas. *A língua não passa de um caso particular* – talvez o mais importante – *de um caso geral, e os problemas que lhe dizem respeito devem ser considerados, antes de mais nada, como problemas de semiologia.* Assim é que poderíamos formular a segunda tese, que tem um alcance considerável.

Através dela, a linguística é situada no seu devido lugar e nas suas conexões naturais dentro do conjunto das ciências. Essa tese tem também importantes consequências práticas.

De fato, ao mesmo tempo que Saussure, ao distinguir a língua da fala, evita uma confusão recorrente entre o que, na linguagem, é do domínio da psicologia individual (a fala) e o que é do domínio da psicologia coletiva e social (a língua), ele pretende, ao incorporar o problema linguístico à semiologia, evitar outra confusão não menos comum e não menos fatal. Há um problema das instituições sociais em geral que é resolvido pelo conhecimento e pela aplicação dos princípios da psicologia coletiva; mas, em meio a essas instituições, os sistemas de signos colocam um problema distinto, muito mais delicado, que exige princípios particulares. Tal foi justamente o erro de Whitney; tendo razão em dizer que a língua é uma instituição social, enganou-se ao não acrescentar que é uma instituição que não se assemelha a nossos valores morais ou a nossas leis, e que não se poderia julgar segundo uma analogia a estes. Onde o autor de *La vie du langage* [A vida da linguagem] traça um paralelo marcante, Saussure, pelo contrário, quer que distingamos os casos e que vejamos bem sua disparidade.

Em que consiste o caráter especial da *semiologia*? Em que aspecto ela é mais complicada do que a psicologia coletiva? Uma terceira tese responde dizendo que *toda semiologia é essencialmente uma ciência dos valores*.

Eis o cerne da questão. É nisso que devemos insistir, é esse ponto que devemos explicar.

O termo *valor* nos é familiar no domínio econômico. Tem um valor tudo o que nos é útil ou tudo o que pode ser trocado por algo útil. É fácil imaginarmos que haja valores convencionais, o de uma cédula de dinheiro, por exemplo, e que haja outros naturais e, por assim dizer, inerentes às coisas, como o de uma saca de trigo. No entanto, os economistas bem sabem que mesmo esses valores ditos naturais dependem da oferta e da procura e variam em função de condições externas aos objetos. Todos conseguem perceber isso nesta época em que grandes acontecimentos políticos são acompanhados de um encarecimento geral de todas as mercadorias. Porém, se certas circunstâncias podem encarecer o trigo, mesmo em níveis exorbitantes, outras podem desvalorizá-lo e mesmo fazê-lo perder todo valor. Para que nossa saca de trigo tenha algum valor, deve haver uma quantidade suficiente de homens, seres inteligentes e capazes de cálculo, que precisem de trigo para viver, e, mesmo que esses homens existam, se supusermos que, por algum capricho de saúde ou por algum escrúpulo supersticioso, eles teimem em jejuar ou em alimentar-se de outra coisa, a saca em questão não há de valer um centavo. A necessidade que vem da natureza não é nada sem o desejo e sem a vontade; em última análise, aquilo que é indispensável para determinar um valor é a vontade humana.

Sendo assim, deve-se concluir que um valor de pura estimativa ou de fantasia, portanto *arbitrário* (guardemos essa palavra!) – o valor, por exemplo, de um objeto curioso, de um selo raro ou um simples valor de jogo (um ás ou um rei em um jogo de cartas) –, representa bem melhor que o trigo ou que as batatas o tipo abstrato do valor puro, pois a vontade humana nele intervém sem o concurso de outros fatores.

Entretanto, uma vontade humana isolada não pode constituir valor algum. Não estamos aqui no domínio da psicologia individual, mas sim no da psicologia social. O preço que eu dou a uma coisa não é suficiente para conferir uma propriedade especial a ela enquanto ninguém mais compartilhar meu sentimento sobre isso. Pelo menos duas pessoas são necessárias para que um objeto passe a valer, e o valor que essas duas pessoas concordaram em dar a esse objeto só se torna estável caso seja confirmado pelo consenso geral. Os selos postais – que, em si mesmos, não passam de figurinhas mais ou menos artísticas, mais ou menos deterioradas pelo uso – são cotados no mercado pela vontade do conjunto de colecionadores. O ás de trunfo do jogador vale não apenas pelo consentimento do jogador adversário, mas também em virtude do julgamento idêntico de todos os que praticam as leis sagradas desse jogo. Esses valores nos são impostos, por assim dizer, por uma autoridade coletiva.

Ora, não está evidente que a situação é a mesma em se tratando de língua? Todo sistema de signos é composto de *termos significativos*. A língua pode ser resumida, digamos, para simplificar a demonstração, a uma coleção de palavras que têm, cada uma, seu sentido. Diremos *um cavalo, uma casa, um livro* para designar certos seres, certos objetos. Mas em virtude do que esses termos seriam significativos? Em si mesmos, eles não têm nenhuma qualidade expressiva. Tais como nós os encontramos atualmente na língua, são puramente arbitrários, isto é, devem seu sentido a uma convenção criada pela vontade humana, e essa vontade não é individual, mas coletiva. Formou-se, de algum modo, uma espécie de consenso geral em torno destes fatos: *cavalo* = x, *casa* = y. É esse consenso que confere a esses valores sua estabilidade, sua realidade – ou, melhor dizendo, é ele que os constitui.

Certamente, outros sistemas semiológicos contêm certos valores mais ou menos naturais – pensemos em nossos sinais de polidez, nos gestos que fazemos com a cabeça etc. –, mas a convenção permanece sempre o procedimento indispensável e suficiente de intercompreensão, e a língua, que lhe dá um lugar quase exclusivo, é não apenas o tipo mais importante, mas também um dos tipos mais puros da instituição semiológica. Mas vejamos outro aspecto da questão e passemos a uma quarta tese.

Um valor nunca existe sozinho. Quem diz valor diz troca e sistema de comparação. Quando se fixa o preço a pagar por uma obra de arte, por um braço quebrado, por uma injúria, é porque essas coisas são incluídas mal ou bem no quadro dos valores econômicos. A estimativa que constitui o valor incide menos sobre as coisas em si do que sobre suas relações, e, quando o valor é completamente puro e arbitrário, são só as relações que contam. Não se pode negar que, para um homem faminto, um pedaço de pão tem um valor em si mesmo (seja qual for o sentido especial que queiramos dar a essa palavra aqui); mas, retomando o exemplo dos jogos de carta, no que pode residir então o valor de determinada carta, de um valete de copas ou de um ás de ouros? Não é nem no material empregado nem na figura escolhida, pois, para o mesmo fim, serviria, da mesma forma (à parte a questão inteiramente prática do manuseio), uma ficha de metal ou de marfim ou o que quer que fosse, e a figura do valete poderia muito bem ser substituída pela de um animal, por uma forma geométrica ou por um número. Não, o que importa é apenas o fato de que essa carta é distinta das demais e que a regra do jogo estabelece certas relações entre as cartas.

Essa solidariedade é tão estreita entre todas as cartas de um baralho de um mesmo jogo que uma carta isolada fica desprovida de todo valor, de toda eficácia – o mesmo ocorre para um baralho desemparelhado, com uma carta a menos. Uma única peça que falte no sistema torna a regra do jogo absolutamente nula. Um sistema de valores é um equilíbrio de peças ou termos todos determinados uns com relação aos outros.

Isso é verdadeiro para a língua? Ou então os valores dos sistemas semiológicos escapariam a essa condição? À primeira vista, poderíamos achar que escapariam. O consenso geral força a associar a ideia de certo animal a esta sequência de sílabas: *ca-va-lo*. É uma regra de língua entre tantas outras, mas em que ela seria solidária da que faz associar outra ideia aos sons: *ca-sa* ou *a-mi-go*? Não estaríamos lidando com fatos distintos, independentes?

Errado, replica Ferdinand de Saussure; a língua não é, como facilmente se imagina, uma mera nomenclatura, uma coleção de etiquetas sobre uma coleção de coisas. A língua é um conjunto de signos tão solidários uns dos outros que cada um só é constituído por sua oposição com todos os seus vizinhos. E isso é verdadeiro para os dois elementos que compõem um termo de língua. Uma palavra como *cavalo* parece ter um som e um sentido por si mesma, mas Saussure declara que há certa ilusão nisso; a verdadeira razão de ser da palavra *cavalo* está fora dela, em todo o resto da língua, pois *tanto os signos fônicos da língua quanto as ideias que eles representam só existem pelas diferenças que verificamos entre todos esses signos fônicos, por um lado, e todas essas ideias, por outro.*

Eis a quarta tese, aquela que afirma o caráter solidário, ou seja, estritamente *diferencial*, dos valores linguísticos.

Essa quarta tese exige alguns desdobramentos.

Não é difícil notar, se estivermos dispostos a fazer um pequeno esforço de abstração, como nossas palavras se mantêm umas às outras em equilíbrio pelas diferenças fônicas que atestamos entre elas. Quando temos de estabelecer uma longa nomenclatura de signos convencionais, por exemplo, para um código telegráfico, buscamos termos que não se confundam uns com os outros; é a única propriedade exigida. Os elementos, sons ou letras, que combinamos para esse fim são indiferentes em si mesmos, contanto que carreguem em si as oposições necessárias. Em teoria, com a língua não é diferente. Se ela é por definição um conjunto de signos arbitrários, então seu papel como meio de expressão, em última análise, só poderia estar baseado neste mesmo princípio racional: para cada signo, uma ideia distinta, e, para cada ideia, um signo distinto. É verdade que essa concepção abstrata da instituição linguística parece ser refutada por certos fatos, como a presença de homônimos no vocabulário: *un ver* [um verme], *un vers* [um verso] e *un verre* [um vidro] são signos idênticos para ideias diferentes*. Porém, um idioma, produto da vida coletiva, não é, como o código telegráfico, um objeto simples, que possa ser resumido numa fórmula; não temos de explicar todos os seus aspectos, e nós nos colocamos aqui no terreno dos princípios primordiais, dessas verdades que nada podem invalidar, ainda que suas manifestações não sejam perceptíveis da mesma forma em toda parte.

Além disso, esse princípio fundamental do signo puramente diferencial também se verifica empiricamente em certos fatos de observação banal. Se nos perguntassem: "Você acha que uma dicção impecável é realmente necessária para que a linguagem seja entendida?", responderíamos: "Depende". De fato, nesse quesito fazemos dois tipos diametralmente opostos de constatação. Às vezes, uma nuance sutilíssima na articulação pode evitar um equívoco, como entre *vous oubliez* [você esquece] e *vous oubliiez* [você esquecia] ou, em certos dialetos, entre *la voie* [a via] e *la voix* [a voz], *l'aîné* [o parente mais velho] e *l'aînée* [a parente mais velha]. Outras vezes, toleramos quase todo tipo de pronúncia relaxada e até incorreta. Não seria essa a prova de que, em sua função de ouvir e entender, nossos ouvidos se interessam pelos sons só na medida em que eles são necessários para evitar confusões entre signos?

Se é assim, aparentemente é porque o caráter relativo desses signos, a propriedade que têm de ser outra coisa, é mais importante do que a qualidade intrínseca dos sons que os compõem.

Tudo isso, todavia, contempla somente um dos aspectos do termo de língua. Isso que acabamos de dizer desse termo em sua condição de som articulado que

---

* N. T.: Aqui, o autor chama a atenção para a homofonia entre as palavras.

nos chega aos ouvidos – podemos repeti-lo ao considerarmos a ideia, o valor conceitual associado a esse som? À primeira vista, pode parecer paradoxal dizer que a ideia de *cavalo* consista, em primeiro lugar, em não ser nem a de *ovelha*, nem a de *caracol*, nem a de *árvore* etc. Evidentemente, estamos aqui falando de linguística, não de história natural. Entretanto, para mostrar o que essa afirmação um pouco estranha tem de verdadeiro, poderá ser útil examinar essa questão sob seu aspecto genético e considerar por um instante a origem e a evolução de nossas ideias verbais.

A língua não é uma nomenclatura inventada por alguém que, como o nosso pai Adão vendo os animais desfilarem diante dele, teria dado nomes particulares a certo número de ideias definidas de antemão. A língua nasceu através da colaboração de todos. Seu início está na fala. Os signos naturalmente expressivos de uma linguagem de início espontânea, mas ainda ocasional, foram os primeiros elementos dos quais foram feitas as nossas palavras. Por adaptação recíproca, os indivíduos falantes acabaram combinando entre si certos signos, e dessa adaptação resultou que a linguagem espontânea da natureza foi suplantada pela linguagem convencional da instituição linguística.

Quando um indivíduo fala e emprega um signo (expressivo por si mesmo ou convencional), geralmente tem em vista uma ideia particular e bastante precisa. Portanto, podemos dizer que, na fala, a ideia preexiste à expressão, diferentemente do que acontece com a instituição linguística. Nela, os termos têm um valor que o indivíduo não controla e que transcende e abarca todos os possíveis empregos ocasionais desses termos. Esse valor não poderia corresponder a nenhuma ideia preexistente pela simples razão de que, como não tem cérebro, a coletividade nunca apreendeu ideia alguma antes de atribuir-lhe um signo.

Em outras palavras, a língua é um "produto" em todas as suas partes. À medida que as palavras vão nascendo, o pensamento de todos, submetido à lei coletiva, fixa-se e distribui-se nelas, e é só nesse momento que aparecem essas ideias delimitadas e distintas que são as ideias verbais da língua.

Talvez a situação fosse um pouco diferente se nosso pensamento só tivesse de lidar com ideias naturalmente claras. Com o auxílio dos olhos, podemos fazer representações bastante nítidas das diversas espécies de animais, e é provável que, nos pontos em que o pensamento de cada um está bem classificado em noções diferenciadas, o pensamento de todos também esteja, mesmo antes de qualquer linguagem. No entanto, as noções desse tipo só formam uma pequena parte daquilo que a língua tem a exprimir, pois é todo o espetáculo do mundo, são todas as circunstâncias da vida prática, todas as fantasmagorias da nossa imaginação, todos os modos da nossa sensibilidade que, quando falamos, passam por nossos lábios em combinações infinitamente variadas. É uma massa enorme, infinita e indefinida, de ideias possíveis que não se prestam *a priori* a nenhuma classificação estável.

É verdade que a reflexão tende a formar conceitos lógicos em toda parte; até certo ponto ela consegue, e a língua é prova disso. Negar todo valor de classificação objetiva a termos como *pai, mãe, criança, ovelha, cavalo, quadrado, redondo* etc. seria pôr em questão a própria evidência. A ciência se esforça para ir ainda mais além e para elevar-se acima da língua, para escapar de suas obscuridades a fim de penetrar no domínio dos conceitos puros. Contudo, essa própria constatação nos mostra que a lógica não é nem o ponto de partida, nem o ponto de chegada da língua. O ilogismo, o arbitrário são o caráter inicial de suas classificações de ideias, e ela nunca chega a desprender-se totalmente desse caráter, que lhe é inerente por natureza.

Busquemos, agora, verificar essa teoria pelo exame dos fatos de língua tais como se nos apresentam. Não pensemos mais em nomes que designam graus de parentesco, espécies de animais ou formas geométricas, ou seja, coisas relativamente fáceis de definir, mas entremos no domínio bem mais vasto dos conceitos indeterminados, que não têm fixidez natural e que confluem uns com os outros.

O que é *cabane* [cabana], *chalet* [chalé], *hutte* [palhoça], *chaumière* [choupana], *case* [casebre], *baraque* [barraco], *bicoque* [maloca], *masure* [choça] etc.? Todas as definições que se podem dar são gerais demais ou específicas demais. Uma antiga edição do dicionário *Larousse* nos oferece uma definição da palavra *chalet* que dá exemplo desses dois defeitos ao mesmo tempo: "*Chalet*", define, "casa suíça em que se fazem queijos". Na verdade, cada uma dessas palavras tem a virtude de evocar, por associação, um conjunto de ideias ou de imagens por vezes heteróclitas (por exemplo, a cabana de um africano e a cabana de um esquimó, a cabana de um pobre e a cabana de um clube de alpinismo suíço). Porém, em cada caso, para designar uma construção pequena, modesta ou simples, somos capazes de achar o termo mais apropriado em determinada ocasião e em determinado contexto.

Esse termo é a *palavra certa*, simplesmente porque é mais adequado do que todos os outros. Ele é que permitirá sugerir com a máxima precisão possível o que se tem a intenção de exprimir.

Cada termo da língua tem certa potência de expressão, e todos os termos partilham entre si o campo indefinido das ideias possíveis. O próprio Saussure não chegou a divulgar suas ideias sobre o estilo em lugar nenhum, mas cremos não atentar contra seu pensamento ao aplicarmos essa doutrina dos conceitos verbais diferenciais à estética da fala.

Uma expressão que é ao mesmo tempo nova e perfeitamente justa nos dá uma satisfação elevada, uma sensação de arte. Por quê? O que nos agrada quando ouvimos declamar "Essa *obscura* claridade que *cai* das estrelas", ou quando lemos, nas *Mémoires d'outre-tombe* [Memórias do além-túmulo], "Por toda parte vou *bocejando minha vida*"? Não é só uma correspondência mecânica da palavra com a ideia; nada mais frio que uma etiqueta exata. Aliás, o caráter inédito da expressão logo exclui essa correspondência. Não, o que nos agrada é o sentimento obscuro das relações postas em jogo. Consideradas, por um lado, todas as ideias e, por outro, todos os recursos da língua, não se podia dizer melhor. Somente um espírito muito aguçado e muito vivo é capaz dessa arte suprema de descobrir a expressão que carrega a ideia, que a investe de toda a sua força, mas todo mundo sente mais ou menos o quanto o achado é feliz e experimenta, por conseguinte, o sentimento estético de que acabamos de falar.

Além disso, há outra observação que corrobora diretamente a doutrina saussuriana dos valores diferenciais, e neste ponto retomamos a argumentação de nosso mestre: é a observação que se faz quando se compara o vocabulário de duas línguas. Nenhuma palavra em inglês, por assim dizer, se traduz exatamente por uma única palavra em francês. Várias palavras em francês ocupam o domínio de um vocábulo estrangeiro; inversamente, várias palavras em inglês partilham entre si o domínio de um só termo em francês. Em suma, a matéria mental, as ideias estão distribuídas de outro modo num outro sistema de unidades expressivas. Não são só os sons que mudam quando se passa de uma língua para a outra.

Suponha, diz Saussure, uma folha de papel cuja frente seria o domínio das ideias e o verso, o dos sons da voz. Corte um dos lados em vários pedaços, a esmo, mas de tal modo que esses pedaços se delimitem entre si como as peças de um jogo de paciência. Ao mesmo tempo, você terá cortado a outra face em uma mesma quantidade de subdivisões correspondentes. Tal é a imagem da língua. É como um casamento entre o pensamento e o som num sistema duplo de diferenciações paralelas. A cada idioma, a cada estado sucessivo de um mesmo idioma corresponde uma nova maneira de subdividir a folha de papel, e essa operação afeta tanto a sua frente quanto o seu verso; trata-se de um outro sistema de signos diferenciais que convocam outras ideias diferenciais que também formam sistema entre si.

Essa teoria dos valores opositivos coroa e arremata a teoria da língua considerada como sistema de valores semiológicos. Saussure prestou à ciência um admirável serviço ao ter ousado chamar a atenção para essa doutrina e tê-la colocado no centro de todas as especulações no que diz respeito à língua. De fato, essa doutrina tem consequências imensas, em todas as direções. Essas consequências dizem respeito não apenas à ciência dos estados de língua, ou seja, à lexicologia e à sintaxe, mas também à teoria da fala (como acreditamos ter demonstrado com as considerações sobre o estilo e sobre a propriedade dos termos) e à teoria das evoluções linguísticas.

É deste último assunto que nos falta tratar.

As línguas evoluem, e isso não contradiz a tese que as assimila às instituições humanas. Todas as nossas instituições – leis, regimes políticos, valores morais, crenças – também evoluem. Umas, como as leis, são submetidas a revisões periódicas; outras, como os valores morais, vão mudando imperceptivelmente e acham-se transformadas ao cabo de alguns séculos.

A língua parece ser deste último tipo. Assim pensava Whitney. Do mesmo modo que fomos mudando de indumentária e de valores morais, fomos modificando nossa linguagem. É neste ponto, porém, que o autor do *Curso de linguística geral* nos detém e nos adverte que, por trás de uma aparente conformidade, o caso dos valores morais e o caso das línguas apresentam uma diferença essencial.

Quando nossos valores morais ou nossas ideias mudam, isso é consequência de agentes que atuam diretamente sobre eles e que são da mesma ordem. Uma obra como *Origines de la France contemporaine* [Origens da França contemporânea] começa descrevendo o Antigo Regime e mostra, ao narrar a Revolução Francesa e o que veio depois, como os acontecimentos, as experiências vividas e as intervenções de dirigentes agiram sobre o estado de coisas vigente para modificá-lo. Nesse caso, a ação é direta, imediata. No caso das línguas, ocorre algo diferente.

Como acabamos de afirmar, a língua é, na sua natureza mais essencial, uma combinação arbitrária de sentidos e sons. Ora, a mente não tem poder sobre o que é irracional. Modifica-se um costume, uma lei, uma crença porque há motivos para fazê-lo e porque o espírito público pende para um lado mais do que para outro em cada ocasião. Os elementos arbitrários da língua, por sua vez, são impostos pelo uso com uma tirania cega. O espírito os aceita como indiferentes enquanto eles oferecerem diferenças de sentidos e de sons suficientes para que o pensamento possa se instalar neles.

Por aquilo que contém de arbitrário, a língua escapa ao domínio do espírito; não é uma organização que este possa modificar. Eis aí nossa quinta tese sob seu aspecto negativo, mas ela tem também um aspecto positivo, portanto acrescentamos: *em contrapartida, e pelo mesmo motivo, os elementos que entram na constituição da língua são bastante suscetíveis de ser afetados por quaisquer agentes, estranhos ao mecanismo da língua.*

Esta última parte da tese poderia ensejar longos desenvolvimentos se quiséssemos investigar quais são esses agentes que vêm modificar de fora os elementos constitutivos da língua e qual é seu modo de ação.

Contentemo-nos em lembrar a lenta transformação dos sons, essa sucessão de acontecimentos na ordem fônica que, somando-se uns aos outros, acabam por transfigurar completamente o aspecto das palavras e, por conseguinte, o aspecto da língua. Lembremos também que outros fatores agem sobre o valor significativo dos termos de língua. São circunstâncias exteriores, como as que concorreram para que hoje, graças à Guerra, a palavra francesa *marmite* [panela] se tenha enriquecido com um sentido novo e inesperado. São também fatos menos evidentes, menos fáceis de discernir ou até sutis demais para serem percebidos, mas que colaboram para transformar, mais ou menos, os valores dos diversos elementos significativos dos quais nos servimos ao falar.

Porém tudo isso se passa, diz Saussure, sem nenhuma intenção de modificar o sistema da língua. São acidentes que atingem os elementos, as peças isoladas. Entre os fenômenos cujo palco é a língua, duas ordens de fatos se cruzam e se combinam sem se confundir. Há os fatos que dizem respeito ao sistema, ao equilíbrio momentâneo, ao instrumento de expressão que é a língua no seu conjunto: são os fatos "gramaticais" no sentido mais geral desse termo, ou fatos *sincrônicos*, segundo a terminologia saussuriana – isto é, fatos simultâneos, pois um equilíbrio se estabelece apenas entre termos coexistentes. Há também os fatos *diacrônicos*, os fatos de evolução "através do tempo": são esses acidentes, esses acontecimentos que afetam os sons ou os sentidos dos elementos da língua.

Há dois problemas linguísticos: o problema sincrônico, que diz respeito aos estados da língua, aos sistemas organizados, e o problema diacrônico, que tem a ver com as transformações cujo palco são todas as partes da língua. O estudioso nunca há de confundir essas duas ordens de questões, que são por natureza estranhas e irredutíveis umas às outras.

Esta sexta tese, que condensa numa conclusão prática e numa regra de método todo o conteúdo das teses precedentes, tem um alcance considerável. Ao sustentá-la, Saussure, por um lado, reabilita a antiga gramática e todos os estudos da língua que se fazem sem recorrer aos dados da história. Há, nesses estudos, diz ele, uma forma de ciência que é legítima e que basta a si mesma. Por outro lado, ele reage contra a tendência moderna, oriunda da gramática comparada, e que consiste, como vimos, em querer explicar a língua geneticamente, através de sua história. É bastante difundida e como que estabelecida a crença de que, observando como a língua se transforma, entendemos melhor como ela é organizada e como funciona. Não, protesta a nova doutrina; não há identidade, mas sobretudo contradição entre o sistema estabelecido da língua e os fatos que vêm comprometer seu equilíbrio embaralhando suas peças.

A cada dia, graças ao fato diacrônico, o sistema da língua se altera e se destrói. Em latim, dizia-se, em três formas distintas, *amas, amat, amant*; hoje, em francês, graças à evolução fonética, não temos mais que três termos, idênticos ao ouvido: *aimes* [amas], *aime* [ama], *aiment* [amam]. O que vai acontecer? Como se poderá usar uma língua assim? Pois bem, a cada dia, em virtude do espírito que a anima, a língua se reconstruirá. Para exprimir um pensamento, não nos apegamos a um sistema em detrimento de outro.

Nossa engenhosidade natural se apropria das diferenças de som e de sentido que subsistem, quaisquer que sejam, para estabelecer entre elas um novo equilíbrio. Privada do recurso das formas verbais, ela se resignará aos pronomes, então se dirá, em francês: *tu aimes* [tu amas], *il aime* [ele ama], *ils aiment* [eles amam]. E isso não é em princípio um fato de evolução, mas um fato de *interpretação*, a mera constatação de um equilíbrio novo. Os grupos *tu aimes*, *il aime* etc. já existiam na língua, mas o pronome desempenhava um papel duplo com a terminação do verbo e conservava, nesses grupos, certo valor próprio; automaticamente o pronome assume um novo papel, porque algo se modificou na sua vizinhança e porque todas as partes da língua são solidárias.

Saussure gostava de dizer: "Um estado de língua é uma posição do jogo de xadrez". Basta mover uma peça para que todo o equilíbrio das peças, todos os valores se alterem graças à sua solidariedade. A diferença é que, enquanto o jogador calcula sua jogada e visa a um fim, a mudança que provoca um novo equilíbrio não se deve a uma intenção, mas a um acontecimento mais ou menos fortuito.

Eis ainda um exemplo esquemático desse *processus* de interpretação constante. Em latim se dizia, no acusativo singular, *calidum* e *calidam*. Marcava-se a diferença entre o masculino e o feminino por duas desinências distintas, duas vogais, como o italiano ainda faz em *caldo* e *calda*, ao passo que, na França, todo o sistema de terminações latinas foi por água abaixo. Contudo, a distinção entre os gêneros não se perdeu, mas nosso espírito a religou a uma diferença criada pela evolução entre essas duas formas. O feminino *chaude* perdeu a vogal desinencial, mas manteve sua consoante final, o *d* que se ouve em *chaudière*, *échaudé*. O masculino não tem nem essa consoante; é só *chaud*, pronunciado "chô". Que importam essas mutilações? A diferença nova serve aos falantes de francês tão bem quanto a antiga.

Assim, a língua subsiste porque o espírito humano sempre acomoda aos seus fins o estado criado pela evolução. Os acontecimentos fonéticos ou semânticos que forçam a língua a mudar seu sistema ocorrem como ao acaso; isto é, sem levar em consideração o conjunto da língua. Podemos dizer, portanto, e esta é a última tese, que *a língua é, a cada instante, o estado fortuito dessa combinação arbitrária de sons e de ideias que a constitui.*

IV

Convém determo-nos aqui. Se seguíssemos sem precauções a lógica desse princípio, chegaríamos a uma consequência estranha. Poderíamos dizer que tudo na evolução de uma língua está abandonado ao acaso, que tudo nela é pura interpretação de um estado de coisas que flutua, sem que nosso pensamento, sem que nossa vontade inteligente tivesse influência alguma nessa flutuação? Ou, para cativar nossa atenção com uma comparação, a língua seria como aquelas paisagens fantásticas que por vezes pensamos ver nas nuvens do céu? Sopra o vento, muda o aspecto das nuvens, mas nossa imaginação, sempre ativa, interpreta a cada instante esse espetáculo cambiante e sempre descobre nele alguma fantasmagoria.

Se fôssemos até esse ponto, estaríamos tirando de premissas exatas uma conclusão imprudente; estaríamos aplicando aos problemas complexos da língua um método simplista e grosseiro, demasiadamente distante do verdadeiro espírito do *Curso de linguística geral*.

Saussure, como vimos – e dão prova disso seu *Mémoire sur le système primitif des voyelles* [Memorial sobre o sistema primitivo das vogais] e seus outros trabalhos –, tem o dom de achar as soluções essenciais. Entre todas as verdades, ele buscará sempre a mais oculta, aquela a que as outras se subordinam, ainda que estas pareçam recobri-la e por vezes suplantá-la. Para isso, guiado por uma intuição segura, ele consegue achar, no conjunto complexo dos fatos, o que constitui o seu caráter primordial e, eliminando, com uma resolução impiedosa, tudo o que complica inutilmente os dados do problema central, ele atinge soluções definitivas como as dos teoremas matemáticos. É uma qualidade pouco comum, que dá ao pensamento do mestre uma forma especial, que beira o paradoxo.

A essa intuição penetrante, que escava e limpa o terreno para descobrir a base sólida sobre a qual se construirá o edifício, naturalmente deve corresponder uma reconstrução paciente e cuidadosa. Tudo quanto foi negligenciado provisoriamente deverá ser reintroduzido, e cada um dos elementos do fato de linguagem deverá encontrar seu devido lugar numa teoria acabada que abarque toda a realidade, com todas as suas complicações.

Entretanto, o mestre não teve tempo de fazer essa reconstrução, essa síntese teórica, e talvez isso nunca tenha sido sua intenção. Por certo, sua mente era aberta a todas as questões. Várias passagens do *Curso de linguística geral* testemunham isso, e não há dúvida de que, se tivesse lecionado por mais tempo, ele teria colhido, do fundo de suas reflexões pessoais, valiosos ensinamentos, hoje perdidos. No entanto, tais contribuições à ciência da linguagem teriam sido apenas secundárias diante do que ele nos deu de fato. Seu livro só visa a estabelecer certas verdades abstratas de primeira importância. Deve-se tomá-lo pelo que ele quer ser. Seria faltar com a compreensão ou com a boa-fé buscar nele mais que isso ou querer condenar esses resultados porque se poderia tirar deles, por conta de um silogismo precipitado, conclusões absurdas.

Em que consistem o valor e o alcance das teses saussurianas? Essas teses fornecem uma solução para o problema específico da linguística, para esse problema que surge assim que se considera o próprio fato da expressão pelos signos. Nessa união do pensamento com o que não é ele, há uma antinomia latente, que cada uma das diversas escolas tentou resolver à sua maneira.

Os primeiros linguistas, os comparatistas que vieram logo depois de Bopp, talvez não tenham percebido essa dificuldade com nitidez; não obstante, como que sem querer, eles propõem, em suas teorias, certa solução para ela, ao distribuírem no tempo a ação dos dois fatores da expressão. No princípio, num período de juventude, o espírito comandava a matéria fônica da qual a língua era feita e a modelava para seus fins. Nessa concepção, era lógico imaginar – como muitas vezes se tentou sustentar – que as raízes primitivas fossem naturalmente expressivas, que os sons escolhidos para exprimir esta ou aquela ideia fossem mais apropriados do que outros. Nesse período, a matéria era inteiramente espiritualizada pelo espírito criador. Depois vinha a época da decadência, em que a matéria se vingava e, entregando-se às forças cegas que a transformam, corrompia e desorganizava a bela obra do espírito.

A Escola neogramática viu que essa ideia de uma perfeição inicial é uma quimera e que, assim como hoje, em todas as épocas a língua esteve dividida entre duas influências contrárias. Contudo, não buscou ver muito mais longe. Falando de evoluções fonéticas e de fenômenos de analogia, ela permaneceu na superfície do fenômeno, e sua análise continuou insuficiente.

As escolas psicológicas, no seu louvável intento de explicar a língua e a linguagem como uma função da mente, têm em comum a tendência de querer absorver tudo em suas tentativas de explicação. O elemento irredutível ao pensamento humano desaparece; já nem se desconfia que ele possa existir.

É aqui que Saussure intervém, não só lembrando a existência desse elemento, mas dando-lhe uma definição totalmente nova. Não se trata mais dessa concepção um pouco simplista, e sobretudo bastante falsa, que opõe a *matéria* ao *pensamento*, pois na verdade os sons que proferimos não são matéria realmente; antes de serem atos na fala, são ideias na língua. Não se trata tampouco de opor a noção do *fisiológico* à do *psíquico*, pois as funções fisiológicas do órgão vocal estão, assim como as dos olhos ou das mãos, a serviço do espírito, e não vemos por que não lhe obedeceriam. É o *valor arbitrário*, o signo diferencial tal como deve surgir pela ação cega de uma coletividade, que se opõe à *expressão racional*, que, na medida em que é possível e sejam quais forem seus procedimentos, só pode emanar do sujeito falante e pertence propriamente à fala.

O arbitrário, eis esse elemento, não material, mas neutro, sem alma, sem caráter próprio, que recebe tudo do exterior e sobre o qual o espírito não exerce nenhuma ação direta. A partir de agora, o problema não está apagado nem resolvido – afinal, ainda estamos nos perguntando como e até que ponto o espírito humano influencia a língua –, mas somente se coloca de forma diferente, com outros dados, sob outra perspectiva, e nos aproximamos da solução na medida em que apreendemos os verdadeiros termos do problema.

Não é nossa pretensão aqui empreender, nem mesmo esquematicamente, a reconstrução total de que falamos anteriormente, mas não podemos terminar sem ao menos dar algumas indicações acerca desse ponto capital de teoria linguística. Com base nos princípios saussurianos, como podemos entender as relações entre a língua e o pensamento? Os leitores merecem ao menos um início de resposta a essa pergunta.

Num dos capítulos mais notáveis do *Curso de linguística geral*, Saussure fala do *arbitrário relativo*. Ele mostra que, na língua, nem tudo é puramente arbitrário, que esse caráter primordial da língua comporta modulação. Assim, diz Saussure, mesmo que não haja nenhum motivo para chamar uma determinada fruta de *pera*, é muito natural chamar a árvore que dá essa fruta de *pereira*, quando, ao mesmo tempo, chamamos de *macieira, ameixeira, castanheira* etc. as árvores que dão *maçãs, ameixas, castanhas* etc. Há nisso algo que não é simplesmente uma relação opositiva entre termos impenetráveis uns aos outros. É uma organização em que a inteligência tem parte.

Ora, essa noção do arbitrário relativo, do racional e do psicológico na língua certamente pode ser estendida. Se nos atrevêssemos a desenvolver e a completar uma ideia que só se acha em germe no *Curso de linguística geral*, diríamos que a língua não abafa, em suas instituições arbitrárias, tudo o que achou de vivo, de psicologicamente condicionado na fala. O signo diferencial é a substância inerte que a língua não pode dispensar para se constituir, mas a língua constrói, com essa substância, um edifício com uma forma e um estilo adaptados às necessidades do espírito coletivo que o habita. Não é indiferente para esse espírito que uma língua seja mais ou menos regular em suas formas, que tenha construções analíticas como o francês ou sintéticas como o alemão, que seja composta de 5 mil ou de 50 mil palavras, que essas palavras exprimam quase exclusivamente noções concretas e empíricas (como acontece com certas línguas de selvagens) ou que tenha termos para representar ideias gerais e abstratas muito bem definidas. Em todos esses aspectos e também noutros, a instituição linguística é solidária do pensamento e não pode escapar totalmente à sua influência.

Desse modo, há motivo para distinguir na língua o que é pura convenção, intelectualmente indiferente, daquilo que não é.

Poderiam ser apresentadas ainda outras considerações. Há uma ao menos que nos permitiremos mencionar. Ela diz respeito ao *processus* pelo qual o espírito coletivo, por meio de uma soma de pequenas intervenções pessoais, pode exercer uma influência sobre a evolução da língua, para dirigi-la. Esse *processus* é inteiramente negativo; consiste não em tomar iniciativas para alterar o sistema (o que de fato é inconcebível), mas em resistir às inovações que o desfigurariam. Se não podemos criar o que gostaríamos, pelo menos podemos conservar o que prezamos. Assim, o espírito coletivo seria comparável a um monarca constitucional que, tendo um direito quase ilimitado de veto a qualquer privilégio, se servisse dele para impedir o governo de sua nação de evoluir em toda direção contrária à que lhe agrada[5].

Tal opinião não está de modo algum em oposição com a tese que nega qualquer relação direta entre os acontecimentos diacrônicos e o sistema sincrônico de uma língua. Pelo contrário, parece-nos que essas duas afirmações se completam e se corrigem de modo bastante feliz. A influência que o espírito não pode exercer diretamente sobre a instituição linguística, ela a encontra em parte pela ação indireta de um tipo de controle. O espírito não provocou aquilo que se produziu, mas deixou que acontecesse. Dessa maneira, os dois princípios – indiferença inicial da instituição linguística e direitos do espírito humano sobre os seus destinos – não só são conservados, como também são estabelecidos na sua justa relação de subordinação.

Paramos por aqui, dado que não é nossa intenção desenvolver ideias pessoais acerca do *Curso de linguística geral* que quisemos apresentar. Pareceu-nos necessário, porém, traçar um panorama de como a ciência linguística poderia ser continuada e concluída sobre as bases que Saussure quis fundar. Sua teoria não há de suplantar a psicologia moderna da linguagem, mas há de unir-se a ela, impondo-lhe, em nome de certos princípios essenciais e muito negligenciados, uma reformulação indispensável.

Esses princípios, que fornecem a nossa ciência a subestrutura de abstrações, de conceitos fundamentais dos quais qualquer ciência digna desse nome deve ser provida, parecerão bem sutis para certos linguistas deslumbrados com a ciência concreta. De fato, só mesmo um mestre do pensamento podia distingui-los e então mostrá-los com essa clareza, com essa segurança que caracteriza a demonstração de Saussure.

Contudo, mesmo que sejam sutis, essas ideias não são impenetráveis. Ninguém há de negar que essa doutrina, pelo seu alcance filosófico, é capaz de prender a atenção de qualquer pessoa que pense. Seja qual for o interesse que tenham suscitado as questões de linguística até agora, seja por sua conexão com a história, seja por seu aspecto de problemas de psicologia aplicada, seja por outro motivo, é evidente que o problema abstrato e completamente geral da língua aparece de uma maneira especialmente cativante quando o contemplamos à luz deste novo princípio: "A ciência da língua é uma ciência dos valores".

Notas

[1] August Schleicher, *Die deutsche Sprache* [A língua alemã], Stuttgart, J. G. Cotta, 1860.
[2] Wilhelm Wundt, *Die Sprache* [A linguagem], Leipzig, Engelmann, 1900.
[3] "Grondbeginselen der psychologische taalwetenschap" [Princípios de linguística psicológica], publicado em *Leuvensche Bijdragen*, anos 6 e 7. Em tradução para o francês: *Principes de linguistique psychologique*. Paris, Leipzig e Amsterdã, 1907.
[4] Sobre a vida e a obra de Ferdinand de Saussure, pode-se consultar a nota que Antoine Meillet lhe dedicou no *Bulletin de la société linguistique de Paris*, v. 18, n. 61, 1913. Ver no número de janeiro de 1917 da *Revue philosophique de la France et de l'étranger*, uma análise detalhada do *Curso de linguística geral*, de autoria de Bourdon.
[5] Ver A. Grégoire. "Un tournant dans l'histoire de la linguistique" [Uma virada na história da linguística]. Publications du Musée Belge, *Revue de philologie classique*, n. 23, 1911, p. 74 ss.

A Escola de linguística geral de Genebra

Albert Sechehaye

I

O termo "Escola de Genebra" foi empregado pela primeira vez, salvo engano, em 1908, quando homenageamos o professor Ferdinand de Saussure, ocasião em que seus amigos e alunos lhe dedicaram um volume de *Mélanges*. Esse termo aparece apenas muito esporadicamente, mas apropriamo-nos dele para designar um movimento, do qual o douto que acabamos de mencionar foi pioneiro e mestre, e o qual se manifesta particularmente nas publicações de dois de seus alunos genebrinos. Sabe-se que o autor do *Mémoire sur le système primitif des voyelles dans les langues indo-européennes* [Memorial sobre o sistema primitivo das vogais nas línguas indo-europeias] – que ele publicou em 1878, com a idade de 20 anos – ensinou durante aproximadamente uma década em Paris e que esse tempo lhe foi suficiente para dar aos estudos de linguística na França um novo e extremamente fecundo impulso. Os nomes de seus discípulos, como Grammont, Meillet, Boyer, Gauthiot, e dos discípulos de seus discípulos, como Vendryes, Marouzeau etc., já dizem muito.

Em 1891, de volta à sua cidade natal, Genebra, onde uma cátedra de gramática comparada havia sido criada para ele, Ferdinand de Saussure provavelmente trabalhou em condições mais modestas e em um meio menos favorável às vocações linguísticas. Ainda assim, aí também sua obra foi fecunda, e se hoje a cátedra de linguística geral em Genebra é ocupada por um eminente erudito que forma alunos, isso prova que a tradição criada pelo mestre lançou fortes e profundas raízes.

Contudo, é numa direção especial que a influência de Ferdinand de Saussure se fez sentir mais particularmente em Genebra. Esse comparatista, que lidava com os fatos mais complexos e que desatava os nós com uma precisão incomparável, tinha também uma mente muito aberta e profundamente filosófica. Linguista, ele procurou sondar os problemas gerais da linguagem, e como nenhuma das teorias que haviam sido formuladas até o momento lhe satisfaziam, seu gênio ávido de clareza e de síntese mergulhou apaixonadamente na pesquisa, de cuja dificuldade ele tinha consciência. Logo, formou-se uma doutrina original sobre esses assuntos, mas ele nunca publicou nada. Sabe-se que, de maneira geral, por ser tão severo consigo mesmo e preocupado em chegar a grandes visadas de síntese, ele quase não escreveu mais desde que havia publicado o *Mémoire* [Memorial] e sua tese de doutorado sobre *Le génitif absolu en sanscrit* [O genitivo absoluto em sânscrito]. Pouco deu a conhecer, em alguns artigos esparsos, sobre algumas de suas ideias originais, as quais alimentavam suas aulas. O que ele fez no domínio da gramática comparada, ele deveria ter feito, e com um motivo ainda mais forte, no domínio da linguística teórica. E foi apenas por fragmentos que os seus primeiros alunos conheceram seu pensamento, em algumas aulas ou, às vezes, em conversas privadas. Mas o exemplo do mestre foi suficiente para lhes inspirar o gosto e mesmo a paixão pelos problemas gerais, abordados com um método judicioso, sem ousadia exagerada, mas também sem timidez.

É esta inspiração que se percebe no *Précis de stylistique*[1] [Manual de estilística], obra que Charles Bally publicou em 1905 e que foi seguida, em 1909, por um *Traité de stylistique française* [Tratado de estilística francesa] em dois volumes[2] e por toda uma série de opúsculos e de artigos sobre o mesmo assunto[3]. Também incentivado pelo mestre, Albert Sechehaye publicou, em 1908, seu livro intitulado *Programme et méthodes de la linguistique théorique*[4] [Programa e métodos da linguística teórica].

Um acontecimento exerceu uma influência decisiva no desenvolvimento dessa escola que nascia. A partir de 1906, ao suceder a um colega, Ferdinand de Saussure pôde acrescentar algumas horas de linguística geral em seu programa regular de ensino. Esse curso, que era dado a cada dois anos, foi ministrado não mais do que três vezes, pois o mestre, por motivos de saúde, precisou se retirar em 1912 e foi afastado de suas funções e de seus discípulos em fevereiro de 1913. Mas, nesse tão curto período de tempo, ele conseguiu ao menos enunciar de maneira mais ou menos sistemática os elementos principais de seu pensamento, e essas aulas foram recebidas com um zelo de devoção pelos estudantes atentos.

Quando o mestre não pôde mais ir, seus alunos consideraram como um dever honrar sua memória, compilando sua produção científica. Fez-se imprimir em coletânea todos os seus trabalhos publicados em vida[5], com a preocupação de tornar conhecido externamente o que havia sido o seu ensino sobre a linguística geral. Bally, o sucessor do mestre, e Sechehaye, que havia sido professor suplente de linguística geral durante o inverno de 1912-13, dedicaram-se a essa tarefa.

Através de um longo trabalho de triagem e de crítica, no qual, em parte, também Albert Riedlinger colaborou, eles conseguiram extrair, de documentos muito raros, o material que foi apresentado em uma obra póstuma, ordenada em um plano sistemático, e na qual os linguistas franceses reencontraram o pensamento autêntico de Saussure, o seu jeito e, por vezes, o seu estilo. O *Curso de linguística geral*[6], cuja segunda edição foi publicada em 1922, pode perfeitamente ser considerado uma das contribuições mais originais e mais robustas que já houve para a solução do problema linguístico. É possível dizer que a publicação dessa obra póstuma foi, para a ciência, um acontecimento tão importante quanto a publicação do *Mémoire* [Memorial], 40 anos antes. É raro atualmente, na França em particular, que um ponto de gramática geral ou de teoria da linguagem seja tratado sem que se apoie no *Curso de linguística geral* ou sem que se tome posição em relação a ele. É este último viés que Jespersen adotou em sua recente obra *Mankind, Nation and Individual from a Linguistic Point of View* [Humanidade, nação e indivíduo de um ponto de vista linguístico], p.11 ss[7].

Esse livro aliás, se foi útil, foi ainda mais aos que o publicaram. A necessidade de assimilar o pensamento saussuriano em toda a sua profundidade e em toda a sua exatidão lhes deu uma oportunidade magnífica de formar ideias pessoais e firmemente assentadas, no que diz respeito aos princípios essenciais dessa ciência. Essas ideias, fundadas nas doutrinas de seu mestre, mas marcadas também por um selo individual, foram desenvolvidas por eles, cada um a seu modo, e eles procuraram a aplicação dessas ideias em várias direções.

Bally, dedicado totalmente ao seu ensino, teve oportunidade de tratar, em uma cátedra, de maneira sistemática, de quase todos os aspectos do problema da linguagem, e um livro, recentemente publicado por ele, no qual reuniu antigos artigos e algumas páginas inéditas, intitulado *Le langage et la vie*[8] [A linguagem e a vida], levou a público alguns dos aspectos essenciais do seu pensamento. Sechehaye, que publicou também vários trabalhos curtos em revistas e obras coletivas, acaba de publicar, em uma coleção da Sociedade linguística de Paris, um *Essai sur la structure logique de la phrase*[9] [Ensaio sobre a estrutura lógica da frase]. Para ser absolutamente completo no que diz respeito à Escola de linguística de Genebra, seria pertinente assinalar alguns trabalhos de alunos de Ferdinand de Saussure ou de seu sucessor. Seria preciso mencionar particularmente duas teses importantes: a de Marguerite Lips, sobre *Style indirect libre* [Estilo indireto livre][10], que acaba de ser defendida na faculdade de Genebra, e a de Serge Karcevski, sobre o *Systéme du verbe russe* [Sistema do verbo russo], que será defendida em breve. Karcevski organiza em Praga a revista *Russkaja škola za rubežom* e que publicou diversos trabalhos sobre a gramática russa e sobre a gramática geral[11].

Tal é a história externa desse movimento científico, que acontece por uma inspiração vinda de seu precursor, apesar da diferença bastante sensível entre os temperamentos de seus dois principais representantes atuais. Resta-nos expor o mais brevemente possível o quadro das doutrinas e das ideias.

II

As ideias do *Curso de linguística geral* são, sem dúvida, muito conhecidas para que nós as exponhamos aqui em detalhe, mas podem-se explorar diversas opiniões sobre a maneira de apreciá-las. Portanto, ao lembrar os traços principais dessa obra, devemos explicar como ela se apresenta aos olhos dos discípulos de Ferdinand de Saussure.

A linguagem, que se oferece a nós naturalmente como o objeto da linguística, não é um fenômeno simples, é preciso distinguir pela análise seus diversos aspectos: este é o ponto de partida de toda a doutrina. Essa análise, note-se bem, não é o fato de o observador não encontrar em parte alguma um objeto simples, mas sim de o pensador dever encontrar aí recursos para dominar a complexidade desse fato e escapar, assim, às confusões que seriam a consequência inevitável disso. Saussure distingue, então, a fala – ato do sujeito falante – e a língua – a convenção estabelecida que o falante utiliza –, e, no estudo da própria língua, ele faz a distinção entre o fenômeno sincrônico – estado de língua, sistema das convenções em uso – e o fenômeno diacrônico – as transformações que, no tempo, modificam o sistema. Não falaremos nada sobre as outras distinções, não menos marcantes e muito úteis, que o CLG estabelece; deixamos de lado, em particular, as ideias fundamentais que ele expõe sobre a ciência fonológica e sobre a silabação. Nós nos detemos nas doutrinas essenciais que sustentam todo o sistema.

Esse sistema termina por isolar a língua como o objeto mais especial de todo estudo propriamente linguístico – de fato, a fala, sem organização convencional, é um fenômeno puramente psicológico – e, além disso, por definir esse objeto como um sistema de signos usuais, elaborado em uma comunidade por adaptação recíproca. Estamos desde então no domínio da psicologia social, e a língua ocupa aí um lugar absolutamente especial, porque ela opera com signos arbitrários. De fato, todo signo, cuja eficácia repousa sobre o uso coletivo, não tem mais necessidade de ser motivado por sua expressividade natural; um cachorro pode não se chamar "auau", mas *cachorro, Hund, sobáka* ou qualquer outro vocábulo inexpressivo em si próprio, criado, por assim dizer, ao acaso. E todo esforço do autor do *Curso* esteve voltado para a solução deste problema: qual é a natureza e quais serão as propriedades de um sistema de signos constituído em tais condições e sobre essa base?

Sabe-se qual é sua resposta e não pretendemos desenvolver aqui novamente seus argumentos. A língua é um sistema de correspondências entre os recortes arbitrariamente feitos na matéria fônica e os recortes operados de maneira não menos arbitrária na matéria do pensamento. Cada uma dessas correspondências, por exemplo, aquela que une *cachorro* à ideia de um certo animal, constitui um signo, uma unidade de língua, mas cada signo somente existe, tanto em seu aspecto material como em seu aspecto psíquico, por oposição a tudo que não é ele no sistema. O que é arbitrário não poderia ser outra coisa que diferencial. O laço da correspondência entre um signo fônico e seu valor é o sistema que os engloba, e, como todas as partes do sistema existem nas mesmas condições, como tudo somente tem existência e eficácia com relação ao resto, chega-se a uma espécie de "relatividade generalizada", se ousarmos tomar emprestado o termo da física moderna ou, para falar com Saussure, concebe-se a língua como uma forma sem substância, como um jogo de relações entre termos que são, eles mesmos, relações.

Tal ponto de vista é, sem dúvida, de uma alta abstração. Não se pode evitar a impressão de que, entre a língua assim descrita e a realidade que conhecemos, há uma diferença, e de que essa diferença deve repousar sobre a intervenção de fatores menos abstratos, porém menos essenciais, que foram voluntariamente descartados. Entretanto, tudo é deduzido de maneira rigorosa de premissas solidamente estabelecidas, e justamente aí está aquilo que logicamente deve constituir a estrutura específica do fenômeno língua. Mas eis o que é feito para reforçar também essa impressão de abstração transcendente. O sistema, inalterável, no sentido de que os indivíduos não têm o poder sobre o que pertence à comunidade, não é imutável. Ele nasceu de uma colaboração inconsciente, sem planejamento, ele nunca é acabado. Sendo arbitrário em todos os seus elementos, ele não oferece nenhuma resistência aos agentes, sejam eles quem forem, que tendem a modificá-lo nesta ou naquela parte. Uma vogal muda de timbre, o sentido de uma palavra se desloca, se alarga ou se estreita; não há nada aí de irracional, o estado novo é tão admissível quanto o anterior, e o espírito humano sabe utilizar essas modificações, tirar partido das relações frequentemente fortuitas que o uso lhe oferece, para operar aí uma nova distribuição da matéria psíquica. Daí a necessidade absoluta de separar o estudo dos estados de língua daquele dos fenômenos de evolução; pois o fato diacrônico é de uma outra ordem, diferente do fato sincrônico, e não há relação direta entre o agente que modifica um sistema e o resultado obtido. Aqui não estamos mais somente na abstração, mas, ao que ao menos parece, no paradoxo.

Tentamos mostrar, em um artigo da *Revue philosophique*[12], que não é preciso procurar aí uma solução definitiva para o problema das relações entre a inteligência humana e a evolução das línguas. Não há dúvida que a língua recebe a impressão do espírito coletivo que a cria e que, em suas evoluções, ela se adapta sucessivamente às mentalidades das diversas épocas. Mas não é fácil saber por quais processos essa adaptação se opera. Em todo o caso, é preciso levar em conta um elemento inerte que escapa ao entendimento. Esse elemento é justamente o arbitrário do signo, e Saussure, colocando em evidência o papel do arbitrário, chama a atenção para o fator específico das evoluções linguísticas; negligenciá-lo é passar ao largo da questão e se condenar a erros e ilusões. Sem dúvida, para levar em conta todos os elementos do problema, será preciso considerar outros fatores que não queremos tentar enumerar aqui, e, em particular, a distinção que o próprio *Curso de linguística geral* estabelece entre os elementos absolutamente arbitrários e os elementos mais ou menos motivados do sistema da língua já nos abre uma ampla perspectiva. Mas, esperando ser perfeitamente claro sobre o jogo das evoluções linguísticas, preferimos ver, à luz da doutrina saussuriana, todo estado de língua como uma massa, em si mesma neutra e indiferente, que o espírito, grandioso artista que é, anima com sua vida e na qual ele transfigura as próprias imperfeições. Compreendemos, então, as irregularidades, a desordem, as estranhezas da língua. Nós nos damos conta de que a ciência linguística não consiste unicamente em observar fatos, para classificá-los e extrair daí uma ciência por dedução, mas que é conveniente conhecer também o espírito que lhes empresta sua vida e as formas que esse espírito deve ou pode impor a um sistema linguístico. É somente assim que estamos em posição de interpretar cada fato dado. Trata-se, neste caso, portanto, de um princípio fundamental que implica um método.

O *Curso de linguística geral* não é uma obra acabada, é um começo. Ele pode conter também algumas partes necessárias ao conjunto, mas que não estavam completamente prontas no momento em que o livro foi publicado. Preocupado com sua pesquisa, sabendo que examinava o nó da questão, Saussure pôde, em seus últimos anos, negligenciar correntes de pensamento mais novas, que lhe pareceram não trazer nada de essencial nem de específico. Mas é preciso tomar a obra em seu todo e em seu espírito. Considerada desse ponto de vista, ela aparecerá como um esforço audacioso, perseguido tanto com ciência quanto com consciência, durante toda uma carreira, para resolver um dos problemas mais difíceis que o espírito humano possa se colocar. Tal esforço merece respeito e reconhecimento, pois, mesmo não tendo chegado plenamente a termo, a ele devemos as luzes que somente o gênio poderia fornecer e graças às quais aqueles que seguirão essas pesquisas irão mais longe e em um caminhar mais seguro.

III

Ao passo que Ferdinand de Saussure é notável sobretudo pela amplitude de suas sínteses e pelo rigor das fórmulas abstratas que as resumem, seu discípulo e sucessor Bally nos parece se distinguir pelo seu senso extremamente aguçado dos fenômenos linguísticos surpreendidos em sua realidade viva. Nenhuma das concepções tradicionais da gramática embaça sua vista direta diante de um fato tal como ele efetivamente é. Mas a essa ressonância delicada e justa das coisas da língua, que é própria de um artista, Bally acrescenta toda a precisão objetiva do linguista que sabe classificar os fatos, cada um conforme a sua ordem.

Convocado a presidir, já há muito tempo, conferências de "estilística francesa fundada na tradução do alemão para o francês", no seminário de francês moderno, da Faculdade de Genebra, ele se esforçou para fixar o método que deveria guiar esse trabalho. Quais são, perguntou-se ele, os princípios que poderiam nos guiar na busca da expressão exata quando se trata de fazer passar uma ideia de um idioma a outro? Colocava-se o problema da análise dos valores linguísticos. Daí nasceu o *Précis* [Manual], já mencionado anteriormente, ao qual sucedeu, em 1909, o importante *Traité de stylistique française* [Tratado de estilística francesa], trabalho muito mais sistemático, que compreende dois volumes, um de teoria, outro de exercícios práticos. O sucesso desse manual é atestado pelas numerosas tiragens sucessivas. Mas, enquanto hordas de estudantes trabalhavam em um livro que o tempo não faz envelhecer, seu autor preparava uma nova reformulação, uma terceira obra, que consagrará os resultados de longos anos de experiência e de reflexões e que marcará uma nova e decisiva etapa no desenvolvimento da doutrina.

Um dos princípios fundamentais da estilística é que o termo expressivo deve ser estudado tal como ele se apresenta em um contexto, em função de uma frase em sua plena realidade linguística, sendo o termo isolado apenas uma abstração, um objeto sem existência real. O primeiro estudo que o *Traité* [Tratado] nos convida a fazer sobre o termo assim considerado diz respeito à sua delimitação. A unidade linguística que representa um valor não é sempre uma palavra. É preciso se afastar da análise que nos impõe a tradição ortográfica, para substituí-la por uma análise mais viva, que se ocupe tanto de um simples radical quanto de um elemento formativo ou, ao contrário, de um grupo de várias palavras. Sendo elucidado esse aspecto do problema, aborda-se a questão dos valores, e o procedimento empregado aqui consiste essencialmente em evocar os termos – sinônimos, correlativos ou contrários – que se associam naturalmente àquele em questão e que, por suas semelhanças e pelos seus contrastes, situam-no no pensamento, atribuindo-lhe seu valor; e esse valor é fixado pela classificação ideológica, mais frequentemente por um termo, dito "termo de identificação", que representa, sob a forma mais usual e mais intelectual, a ideia geral à qual o termo se refere. Toda classificação de nossas ideias verbais deve ser naturalmente, em primeiro lugar, uma classificação lógica. É aí que o trabalho propriamente estilístico começa. A comparação de sinônimos faz brotar primeiro as diferenças de ideias e, depois, ao lado delas, prevalecem frequentemente em importância as diferenças de ordem afetiva, ou seja, as que dizem respeito a nossa reação sentimental e moral diante das coisas. Nossas palavras marcam graus diversos de intensidade afetiva, elas comportam julgamentos de louvor ou de censura, elas falam à imaginação, são irônicas, cômicas, pitorescas, poéticas etc. Ao lado dos efeitos estilísticos, Bally reserva um grande lugar ao estudo dos procedimentos, já que a expressão afetiva comporta frequentemente um recurso também sensível aos meios de expressão natural. O *Traité* [Tratado] estuda, por exemplo, a expressão figurada e, muito particularmente, aquilo que Bally chama a "evocação do ambiente", ou seja, o emprego de termos emprestados de linguagens especiais, jargões, falares técnicos etc. Esse é um domínio que ninguém explorou com tanto zelo quanto ele. Ele marca com uma atenção extrema as oposições entre a língua propriamente literária e a língua escrita, entre a língua escrita e a língua falada, e ele aprecia toda forma de expressão pelo seu contraste com esta última, que é nossa verdadeira língua e, por consequência, a norma inconsciente de nossos julgamentos.

Um capítulo consagrado aos "meios indiretos de expressão" nos lembra que o método não se aplica somente aos termos da língua propriamente ditos, mas também aos seus torneios, às suas formas de sintaxe etc.

Qualquer que seja o interesse prático desses estudos – e ele é bastante evidente –, é ainda mais interessante se perguntar qual é a sua razão de ser e qual o seu lugar no conjunto das disciplinas linguísticas. Esse problema se apresentou para Bally, é preciso reconhecer, *a posteriori*, e foi com alguma hesitação, ao menos no início, que ele justificou sua empreitada e traçou o programa da estilística, tal como ele a havia concebido. Ele a fez primeiramente pela via da oposição, ao compará-la a ciências conhecidas, e foi somente aos poucos que essa nova ciência, nascida de uma intuição convicta, surgiu não somente em sua indiscutível autonomia, mas também em seu papel de primeiro plano entre todas as disciplinas linguísticas.

No que diz respeito à distinção a ser feita entre a estilística de Bally e pesquisas de outra ordem[13], convém, em primeiro lugar, não a confundir com um gênero de estudo que foi frequentemente designado pelo mesmo nome. Esse gênero de estudo consiste em comparar os usos de uma língua, do francês, por exemplo, com os de uma outra língua, do alemão, por exemplo, para salientar, por contraste, as tendências especiais na maneira de apreender e de expressar as ideias[14]. Essa é uma pesquisa importante, sem dúvida, e a comparação é um reagente que evidencia bem os fatos, dos quais os sujeitos falantes, em geral, não têm nenhuma consciência. Mas as informações assim obtidas são parciais, vagas e sobretudo muito incertas. A língua é abordada de fora e é julgada com base em índices interpretados com maior ou menor sucesso. Isso não substituirá o estudo direto e imediato, aquele que se liga à própria consciência do sujeito falante, para observar aí todas as reações – e é este método que preconiza Bally.

Contudo, é preciso observar que, no fenômeno subjetivo da linguagem, o estudo tratará apenas de elementos de expressividade que são comandados por uma regra, um hábito coletivo. A estilística se atém apenas aos valores consagrados que a língua disponibiliza a todos. Conforme a distribuição saussuriana, ela não entra no domínio da fala. Ela se ocupa ainda menos do estilo, pois o estilo é o emprego que um artista faz, conscientemente, dos recursos da língua para obter efeitos estéticos. Aí se encontra uma forma artificial e derivada da linguagem real, e esta não é de modo algum feita para a arte, mas para a vida e para fins práticos. A estilística se limita a conhecer os materiais dos quais o escritor ou o poeta se servirão para trabalhar o belo. Ela se ocupa, portanto, da língua, da instituição social, e, na língua, já dissemos, ela se aplica necessariamente ao que há de mais próximo de nossa consciência, de realmente mais vivo, da língua falada de todos os dias. É um estudo estático e gramatical, tomando este último termo no sentido amplo que Saussure lhe atribuía habitualmente, ou seja, que ela abraça tudo o que constitui um estado de língua: fonologia, lexicologia, morfologia e sintaxe.

O que diferenciará, então, a estilística das disciplinas bastante conhecidas que acabamos de nomear? Não temos a intenção de reabrir aqui um debate que, depois de tantos anos e de tantas reflexões, de um lado e de outro, não tem mais razão de ser[15]. É evidente que o que chama a atenção à primeira vista, quando comparamos a gramática tradicional com a estilística, é a diferença: tanto a inspiração, os métodos e os resultados são díspares. De um lado, há regras, classificações e distinções lógicas, algo de rígido, de abstrato e de mecânico; de outro lado, ao contrário, há todas as infinitas nuances da vida. E, contudo, é preciso admitir que é difícil separar os valores expressivos de uma língua em dois grupos: os que seriam propriamente intelectuais e dos quais se ocupariam os manuais de sintaxe e os dicionários, e os outros, que pertenceriam à estilística. O edifício de uma língua é um vasto emaranhado, em que os fatores mais diversos se misturam e se confundem de maneira a formar um bloco inseparável. A diferença real entre essas duas ordens de pesquisa nos parece ser sobretudo de ordem prática. Ao passo que a estilística trabalha em profundidade e, após haver estabelecido princípios e métodos, nos convida a penetrar de maneira interessada nos labirintos infinitos e nos mistérios mais íntimos de qualquer idioma, a gramática, trabalhando mais na superfície e visando descrever em sua totalidade uma língua particular, só pode fornecer uma imagem simplificada e reduzida a seus elementos mais essenciais, que estão naturalmente em primeiro plano dos elementos lógicos, mas não exclusivamente.

A gramática é uma ciência antiga e é por ela que se começa necessariamente o estudo de uma língua e, especialmente, o estudo escolar da língua materna. Daí se explica o fato de que somos primeiramente tentados a considerar as pesquisas que tocam o domínio estilístico como um tipo de gramática superior, como uma disciplina que dá continuidade, uma superfetação da gramática tradicional. Mas observando bem as coisas, de um certo ponto de vista, é justamente o contrário que é verdadeiro. Na ordem do conhecimento científico, a estilística precede a gramática. Toda a questão está em saber se a língua é uma criação da inteligência, feita para expressar ideias e relações lógicas, à qual viriam se acrescentar secundariamente certos procedimentos, próprios para traduzir nossas emoções, ou se, ao contrário, a língua começa por expressar o que é vital, para então chegar na representação, com clareza relativa, das coisas puramente intelectuais.

As duas conferências que Bally proferiu e publicou em 1913, sob o título de *Le langage et la vie* [A linguagem e a vida] e que saíram em segunda edição em seu último livro[16], poderiam servir de prefácio ao *Traité de stylistique française* [Tratado de estilística francesa] e a todos os trabalhos correlacionados do mesmo autor, porque elas nos permitem conhecer as ideias que inspiraram todo o método. Bally nos dá uma visão impressionante do que é a linguagem, produto e instrumento da vida tanto individual quanto social. Por suas origens psicológicas, ela é impulsionada de dentro para fora, emoção e vontade, e, por seu condicionamento social, ela é a fiel imagem de todas as restrições que a vida coletiva nos impõe. A serviço de fins essencialmente vitais, a linguagem só recorre à inteligência na medida em que é preciso para assegurar a comunicação das ideias, e, ainda assim, aquilo que codifica de lógico nas instituições da gramática será sempre uma lógica intuitiva, inconsciente e, além disso, coletiva. Tal como é, essa gramática se libera, de certo modo, de uma série de fatos que não têm nada de sistemático. Comparada à realidade linguística completa e concreta, ela pode parecer com um tipo de esqueleto, uma abstração seca e morta; a carne da linguagem está em outro lugar. Assim, para pisar em terra firme, a primeira coisa a fazer diante de uma língua é considerá-la como um jogo de relações entre signos e fatos vitais.

Se é assim e se a língua, de acordo com a doutrina saussuriana, é verdadeiramente, no conjunto dos fatos da linguagem, o fenômeno essencial, resulta daí que a gramática, a descrição de um estado de língua, é a disciplina de base à qual tudo na teoria linguística se subordina. Ora, se a gramática, para ser bem compreendida, deve ser considerada sob o ângulo da estilística, resulta daí que esse estudo ocupa uma posição privilegiada entre as disciplinas da linguagem. Eis um ponto de vista que não foi abordado – ao menos que saibamos – pelo autor do *Précis* [Manual] no momento em que ele estabelecia as bases de seu método. Mas somente se chegou a essa conclusão aos poucos, e ela faz compreender como a preocupação estilística foi, para Bally, uma diretriz e uma inspiração em sua longa carreira de linguista e em seu professorado.

A árvore se conhece pelos seus frutos. A influência do pensamento estilístico se reconhece primeiramente em uma série de estudos[17] nos quais Bally, ao abordar pontos especiais sobre a sintaxe francesa ou sobre a sintaxe em geral, mostra como se pode esclarecer ou revitalizar a gramática, fazendo intervir fatores afetivos e imaginativos em vez de fatores lógicos. Entre esses estudos, o que diz respeito ao "estilo indireto livre" teve uma repercussão particular e provocou interessantes debates[18].

É essa mesma ordem de preocupações e essa mesma visão geral que inspiraram o importante trabalho publicado no *Journal de psychologie* sobre "a linguagem natural e a linguagem artificial"[19]. Trata-se de uma questão de adaptação das línguas de grande comunicação às necessidades da vida moderna. Bally mostra que elas se aproximam insensivelmente, em suas diversas partes, de um tipo que as línguas artificiais realizam. É preciso concluir daí que as primeiras não são, afinal de contas, tão naturais quanto se pensa, e nem as últimas são inteiramente artificiais. Resta saber se essa evolução de nossas línguas, que tenderia a transformá-las em um melhor instrumento de troca universal, constitui um progresso e se elas não perdem em expressividade o que ganham em perfeição lógica.

Para sair decididamente do quadro da estilística, tal como ela foi definida anteriormente, as páginas inéditas que Bally nos oferece na reedição de *Le langage et la vie* [A linguagem e a vida] sobre o "mecanismo da expressividade linguística" não deixam de ser um prolongamento direto e necessário de seu pensamento inicial. Ele se coloca, aqui, no campo da fala. Ora, se a gramática se libera do conjunto dos fatos linguísticos, esses emanam sem parar das criações da fala. Remontamos, então, às fontes. Ainda que se servindo de ferramentas que a língua coloca à sua disposição, a fala, para ser expressiva, lhes faz sofrer uma transformação, ou uma transposição, cujo princípio psicológico é muito simples. Quer se trate de onomatopeia, de metáfora, de exagero ou de outra coisa, a expressão verdadeiramente viva é sempre ilógica e aproximativa. Essa constatação, à primeira vista paradoxal, de que, para se expressar verdadeiramente, é preciso recorrer à expressão falsa, parecerá, entretanto, natural à reflexão. É um retorno aos procedimentos da linguagem espontânea. A convenção é clara, mas fria. É adivinhando por intuição o que um interlocutor quis dizer, se perguntando o que pode lhe ditar aquele gesto, aquela entonação, aquela imagem, que se revive o que ele viveu e que as almas se compreendem.

Além disso, Bally esboçou ideias interessantes sobre problemas gerais que têm apenas relações mais indiretas com a estilística e que será mais interessante discutir no momento em que nós tivermos passado por uma explanação mais sistemática de seu pensamento sobre o conjunto dessas questões. Que se leia, contudo, o artigo "La pensée et la langue"[20] [O pensamento e a língua], que ele consagrou, no *Bulletin de la société de linguistique de Paris*, à obra de Brunot. Bally expõe, nesse trabalho, ao longo de uma crítica severa, ideias bem sugestivas sobre o problema da atualização e oferece os elementos de uma teoria da evolução sintática.

Mas preferimos retornar à sua estilística, para considerá-la sob seu aspecto pedagógico.

O estudo do *Traité* [Tratado] já é uma pedagogia superior, dirigindo-se aos estudantes e a todos os espíritos pensantes. Mas Bally considera a aplicação escolar a partir de um método com a mesma inspiração, isso tanto na escola secundária quanto na primária. É preciso dizer: sobretudo no primário, porque se trata, nesse caso, de uma reforma que retomaria o edifício por sua base. Chamado repetidas vezes a expor suas ideias a professores, Bally dedicou várias opúsculos e trabalhos a essa questão (já citados anteriormente). Entre esses trabalhos, o de maior destaque é o que ele intitulou "L'enseignement de la langue maternelle" [O ensino da língua materna], na revista de sociologia *Le producteur*[21].

O programa de ensino de línguas e especialmente o ensino de língua materna é um conjunto complexo, que reúne, em uma ordem de sucessão empírica, coisas heteróclitas de toda sorte: gramática, ortografia, composição, leitura etc. Nenhuma ideia de conjunto, nenhum conhecimento exato sobre o objeto a ensinar e nem sobre sua natureza governou a elaboração desse programa. Sobretudo foi esquecido um ponto do método que é um postulado de bom senso: é preciso partir do conhecido para ir ao desconhecido. A preocupação, justificada em si e em seu lugar, de ensinar a bela linguagem à criança faz com que apliquemos de fora para dentro as normas de um falar que é estranho a ela e que ela não consegue assimilar por essa via autoritária. Falseia-se o instinto linguístico natural da criança, ao não se recorrer a ele.

Partir do conhecido é tomar como ponto de partida aquilo que a criança traz consigo de conhecimento de sua língua – seja essa língua muito popular ou matizada de provincianismo – para ajudá-la a ordenar, completar, corrigir o que ela sabe por substituições motivadas. Um estudo sumário, mas vivo de meios de expressão, palavras, torneios, formas de frase etc. que servem para expressar as diversas ideias: eis o que deve servir para um jovem aluno que inicia no estudo de sua língua. Daí progride-se naturalmente, de um lado, para o estudo da gramática propriamente dita, sobre a qual já se terá aprendido praticamente bastantes coisas, e, de outro lado, para o estudo da composição e do estilo, pois aquele primeiro estudo terá tratado justamente dos meios de expressão que a língua coloca a serviço de nossas ideias e sentimentos. Não há nenhuma disciplina especial que não se vincule naturalmente a esse programa, e a própria constatação sobre as incoerências provocadas pela evolução em uma língua (os dois sentidos do verbo *voler* [voar e roubar], por exemplo, ou dois plurais, como em *cheval – chevaux* [cavalo – cavalos], *chacal – chacals* [chacal – chacais]) abre naturalmente a porta para o estudo histórico.

Esse método – que poderá, talvez, revitalizar e renovar os programas em uso sem virá-los do avesso – nos parece ser a própria expressão do que constitui todo o valor e, a nosso ver, todo o charme da obra de Bally. Nada menos pedagógico do que esse modo de captar *in vivo* a realidade linguística para assimilá-la e colher dela tudo o que ela proporciona à cultura do espírito. Não foi ele que, então professor de grego no Collège de Genève, lançava, em 1899, um primeiro manifesto de seu pensamento sob a forma de uma brochura: "Les langues classiques sont-elles des langues mortes" [As línguas clássicas são línguas mortas]?

IV

Se examinarmos hoje os trabalhos de Sechehaye, encontraremos algo bastante diferente. Não nos compete fazer um julgamento sobre as qualidades desses trabalhos, nem decidir até que ponto eles são mais ou menos ricos, em comparação com os que distinguem Bally. Mas nos é permitido caracterizar suas tendências, de maneira bem objetiva, e dizer o que ele quis fazer. Se ousássemos fazer uma comparação com Ferdinand de Saussure, nós diríamos que seu discípulo tem em comum o gosto – diremos somente o gosto – pelas grandes abstrações, além dessas percepções intuitivas que ultrapassam e dominam os fatos. Não obstante, Sechehaye acrescenta a isso uma preocupação com a organização e com o sistema[22]. É este o objeto particular da obra intitulada *Programme et méthodes de la linguistique théorique* [Programa e métodos da linguística teórica]. Trata-se de uma tentativa, sem dúvida prematuramente empreendida, de sistematizar o conjunto dessa ciência. Essa obra desenvolve uma teoria do encaixe das disciplinas de linguística, umas dentro das outras, teoria que não parece ter chamado a atenção dos linguistas, mas cuja pertinência talvez seja reconhecida no futuro. As ciências da natureza são classificadas em uma ordem que corresponde à complicação crescente de seu objeto. A física se encaixa nas matemáticas, como a química na física, porque cada uma dessas ciências, retendo todas as condições da ciência precedente, introduz aí um fator novo, cuja intervenção faz surgir uma nova ordem mais complexa de coisas, e a complicação vai num crescente até a sociologia. Com base em um princípio lógico idêntico, pode-se dizer que, partindo da ciência da linguagem pré-gramatical, ou seja, da expressão espontânea por signos naturais, encaixa-se a ciência da linguagem organizada. A primeira dessas disciplinas é do âmbito da psicologia individual, a segunda pertence à psicologia coletiva. Outros princípios de encaixe nascem da distinção entre o aspecto estático e o aspecto evolutivo da língua, do que é estabelecido entre a ideia e a forma material de seu signo ou, ainda, entre o signo isolado e a combinação de signos. O sistema que resulta daí, tal como é apresentado no livro de Sechehaye, não é completamente satisfatório, porque ele não levou em conta, como deveria ter feito, a distinção saussuriana entre a língua e a fala. Mas, se fizermos intervir esse novo princípio de classificação – o que não oferece dificuldade –, estaremos diante de um sistema bem organizado, implicando relações lógicas que constituem a estrutura interna de todo pensamento linguístico rigorosamente metódico[23].

Compreende-se que, ao se interessar principalmente pelo aspecto lógico das coisas, Sechehaye abordou a língua e a gramática de uma maneira bem diferente de Bally. Ele as observou "pelo lado oposto da luneta", se nos permitirmos usar essa expressão, e essa atitude, nitidamente contrária a um método que consideramos anteriormente como excelente, e justamente por sua oposição radical a ele, talvez traga em si mesma a sua justificativa.

De fato, a vida e a lógica são os dois polos da linguagem – queremos dizer, a linguagem organizada gramaticalmente, que implica o uso de uma língua. Sem um ou sem o outro, essa linguagem, que é o próprio objeto da linguística, seria igualmente impensável. A vida é a fonte dela e não há nada dela que não derive daí, mas a lógica é o próprio princípio de sua organização, porque não há vida ativa sem pensamento e sem inteligência e porque os homens, para se comunicar de maneira útil entre si, têm necessidade do veículo das ideias. Há, portanto, princípios constantes e universais de gramática que dominam qualquer gramática. Somente se engloba o domínio total da língua, considerando-a ao mesmo tempo na realidade vital que a alimenta e no ideal lógico que a conduz sem cessar e que a mantém em um estado de organização relativo, e é legítimo se colocar sucessivamente em dois pontos de vista para estudar os fenômenos da gramática.

Veremos, na nova obra de Sechehaye, em seu *Essai sur la structure logique de la frase* [Ensaio sobre a estrutura lógica da frase], o que o autor conseguiu fazer ao considerar a língua dentro dos princípios de sua organização. É simplesmente um estudo de análise lógica e gramatical. O autor se esforça para mostrar como todas as noções, das quais somos convocados a nos servir para a análise de nossas frases, se reduzem a um pequeno número de dados lógicos e psicológicos diversamente combinados e dosados, mas sempre os mesmos. Contudo, essa conclusão puramente formal não é suficiente. É preciso remontar às fontes psicológicas desses dados e mostrar de quais movimentos do pensamento e da imaginação são resultantes essas entidades gramaticais que chamamos de sujeito, predicado, substantivo, verbo, complemento etc. Sechehaye concentrou-se nessa pesquisa, interpretando o melhor que podia os fatos observados na linguagem das crianças e chegou a resultados que diferem um pouco do que geralmente é admitido nessa matéria. Ele não acredita, como Noreen, Schuchardt e muitos outros, que um grupo que implica um complemento, como *a casa branca*, seja resultante da condensação da união de um sujeito e de um predicado: *a casa é branca*; mas o autor acredita que ambos os grupos derivam, e cada um por vias diferentes, da coordenação primitiva que está na origem de qualquer operação intelectual. Um primeiro esboço dessa visada foi apresentado em um artigo de *Mélanges Bouvier*[24]. Suas ideias sobre a natureza das classes de palavras, sem serem de fato novidades, poderiam servir para aprofundar a questão.

Mas lhe restava abordar ainda uma outra ordem de problemas. A forma gramatical de nossas frases está longe de estar sempre em harmonia com o movimento consciente do pensamento. Uma vez que o pensamento é consciente e afetivo, é a fala que o expressa, pelos recursos da entonação e da ordenação que a gramática deixa à sua disposição. Duas frases idênticas, compostas pelas mesmas palavras agrupadas da mesma maneira, podem expressar coisas bem diferentes. A concepção gramatical da frase não é tudo, portanto; ela corresponde a um trabalho subjacente e muito mais inconsciente que sua concepção prática, por assim dizer. A atividade do sujeito falante se desdobra, e ele se serve simultaneamente de dois instrumentos para se expressar: a ferramenta convencional da gramática, que serve mais especialmente à comunicação das ideias, e a ferramenta viva da fala espontânea, que está sobretudo a serviço da vida afetiva. Convém, portanto, após ter dado uma definição psicológica e lógica dos elementos da gramática, mostrar como e em que medida eles desempenham um papel na linguagem. Dizer, como se faz constantemente, que um sujeito gramatical não é sempre o sujeito psicológico (por exemplo, em "Henri está doente", como resposta a "Quem está doente?") é, sem dúvida, uma constatação adequada, mas puramente negativa. Se não é possível dizer o papel que lhe resta, seria melhor não falar mais de sujeito gramatical e nem de gramática em geral.

Ao longo de suas pesquisas, Sechehaye pensou ter chegado a constatações, bastante incompletas, sem dúvida, mas talvez sugestivas, sobre as relações do pensamento lógico e da língua e sobre os incessantes conflitos, dos quais esta última é o teatro entre a inteligência e a imaginação.

Sechehaye mostrou seu gosto pela sistematização, aplicando-se também de modo particular às questões de método. Já no seu trabalho de tese sobre o *Imparfait du subjonctif hypothétique*[25] [Imperfeito do subjuntivo hipotético], ele aplicou um método muito preciso ao estudo de um ponto de sintaxe histórica. Trata-se de tomar um termo revestido de um certo valor e de contar sua história em um idioma, opondo sucessivamente esse termo a todos os outros com os quais ele aparece em concorrência. Não é proibido lembrar aqui que, ao menos em princípio, é exatamente o modo de proceder que Gilliéron aplicou com tanto brilho aos estudos do vocabulário.

No artigo intitulado "Les règles de la grammaire et la vie du langage"[26] [As regras da gramática e a vida da linguagem], ao tratar, por exemplo, do artigo definido francês, ele tentou esboçar o método que seria racional seguir na exposição de um ponto de gramática em particular.

Mas podemos nos perguntar também qual deve ser o método de uma exposição de gramática que diz respeito ao conjunto da língua. Sechehaye abordou essa questão em um trabalho intitulado "La méthode constructive en syntaxe"[27] [O método construtivo em sintaxe]. A tradição quer que tomemos as formas umas após as outras – por exemplo, as classes de palavras – para tratar de seus empregos. Foi preconizado também o sistema que consiste em classificar os fatos, de acordo com as ideias que eles expressam. Foi a via que seguiu Brunot em sua última obra: *La pensée et la langue* [O pensamento e a língua]. Jespersen propôs, em *Philosophy of language* [Filosofia da linguagem], associar os dois métodos, fazendo concorrentemente duas gramáticas para cada língua. É preciso admitir que nem uma nem outra das duas maneiras é satisfatória. Enquanto se espera, são escritos materiais para as escolas, manual após manual, sem se ter nenhuma ideia clara da maneira como esses manuais devem ser apresentados.

Sechehaye retoma a doutrina de padre Girard[28], que, em uma intuição de bom senso e se inspirando no ensino maternal, quis que se seguisse, em gramática, um método que gradua as dificuldades. É preciso partir, segundo o autor, do tipo mais simples de frase para lhe acrescentar sucessivamente as diversas complicações possíveis e chegar, assim, por etapas, ao tipo mais complexo de frase. Sechehaye queria ver aplicada de uma maneira rigorosa e por princípio essa forma de proceder, na qual a metodologia moderna se inspira, mas de modo tímido e por razões didáticas. Ele mostrou que essa forma está em perfeita harmonia com a doutrina de Ferdinand de Saussure. A unidade da língua é uma coisa de duas faces: há, de um lado, um valor de significação e, de outro, um signo material. Não existe nada realmente fora dessa união. O conceito sozinho interessa apenas à psicologia, o som sozinho é apenas um barulho. Aquele que acredita poder isolar uma das duas faces do fato de língua, para considerá-lo à parte, destrói o próprio fato de língua.

Eis por que os dois métodos de gramática mencionados anteriormente, um que tem seu ponto de partida nas formas e outro que se fundamenta na enumeração das ideias, não estão em harmonia com o seu objeto. O método construtivo, ao contrário, mantém sempre a integridade do signo linguístico, aí introduzindo, com cada nova complicação da sintaxe, ao mesmo tempo a ideia e o signo material que correspondem a isso. O sistema gramatical é tratado como um mecanismo, cujas diversas peças serão passadas em revista, começando pelo órgão mais essencial (no caso particular, a relação de sujeito e predicado, que é a alma da frase). Ora, uma peça é ao mesmo tempo forma material e função, e a razão de ser dessa forma e dessa função somente se compreende bem se a peça é vista exatamente no lugar que ela ocupa na organização geral.

É sobre esse plano que Sechehaye redigiu recentemente um *Abregé de grammaire française*[29] [Compêndio de gramática francesa] que é destinado ao ensino do francês no cantão de Zurique.

Vemos que, se o esforço de Sechehaye toma como ponto de partida considerações teóricas aparentemente muito longínquas, ele não visa menos aplicações muito práticas. A ciência gramatical em geral entedia as crianças e muito frequentemente os professores também. Isso vem do fato de que ela permaneceu muito formal, escolástica; seus princípios, suas definições não têm esse caráter de evidência, de clareza, que satisfazem o espírito e guiam e encorajam a curiosidade. Falou-se muito de reformar e unificar a terminologia da gramática escolar. Não se vê que seria muito mais necessário entender primeiro as ideias e que muito frequentemente se trabalhou em definir noções tradicionais e em encontrar um sentido para os termos recebidos (por exemplo, em francês, complemento direto e complemento indireto) em vez de compreender as realidades com as quais nos deparamos e as quais nossa terminologia recobre apenas mais ou menos? Ora, não é a tarefa do linguista fornecer à escola o arsenal de ideias e de termos, os quais ela precisa?

V

Como conclusão, podemos dizer que a característica da Escola linguística de Genebra é a estreita união de duas tendências aparentemente contraditórias: aquela que considera a linguística como uma ciência de princípios abstratos, a qual demanda da inteligência um esforço considerável e uma iniciação particular, e aquela que visa colocar essa ciência a serviço de fins mais práticos, de favorecer aplicações à escola e à vida cotidiana, de maneira a construir um verdadeiro instrumento de cultura.

Ferdinand de Saussure, o precursor e o mestre, apresentou princípios gerais. Ele impôs aos seus alunos uma disciplina intelectual de primeira ordem. Ele lhes deixou de legado uma doutrina sólida sobre a qual não lhes restava outra coisa senão construir. Bally, que focou na realidade da linguagem viva, promoveu um método destinado a fecundar a ciência e o ensino da língua, ao passo que Sechehaye, teórico por princípio, focou na revisão das noções e dos métodos gramaticais.

Observamos, para terminar, que essa escola não se constituiu em oposição a nenhuma outra. Não se trata de um movimento de reação ou de contradição, mas de um esforço construtivo espontâneo, comparável a muitos outros esforços simultâneos e que trazem, sem nenhuma segunda intenção, sua contribuição à obra comum. De fato, os linguistas de Genebra estão, por intermédio de Ferdinand de Saussure, em contato mais estreito com a escola linguística que floresce na França. São conhecidas em particular as obras de Meillet e Vendryes.

Essa escola francesa insiste, com o autor do *Curso de linguística geral*, sobre o caráter social da linguagem e funda seus pontos de vista nas doutrinas do sociólogo Durkheim. Se há uma escola atualmente dominante, com a qual o movimento que acabamos de descrever se encontra em oposição, é aquela cujo chefe é Karl Vossler, o autor de *Positivismus und Idealismus in der Sprachwissenchaft* [Positivismo e idealismo na ciência da linguagem], que se inspira nas doutrinas estéticas de Croce. Para essa escola, tudo o que está na linguagem que merece ser estudado é livre emanação do espírito dos sujeitos falantes. Tudo nela – suas formas, assim como a história de suas formas – deve ser apreciado como símbolo da mentalidade que se expressa. A expressão por meio da língua é assimilável a uma obra de arte, obra que está em via contínua de criação e evolui com a sensibilidade do artista que a cria. Como se vê, essa escola faz abstração da língua socialmente condicionada ou a reduz a um fenômeno negligenciável, ao lado da fala viva que é seu único interesse. A escola saussuriana insiste, ao contrário, para que se tenha em conta os dois fatores do fenômeno linguístico. Esta é, como observamos, antes de tudo uma questão de método, mas aquele que preconizamos nos parece ser o mais prudente.

Notas

[1] Genebra, 1905.
[2] Heidelberg e Paris, 1909.
[3] "La stylistique française" [A estilística francesa], 1905-1909, *Vollmoellers romanischer Jahresbericht*, T. XI, p. I 189-196. "L'étude systématique des moyens d'expression" [O estudo sistemático dos meios de expressão], Genebra, 1910 (publicado nos *Neuere Sprachen XIX*, 1). "La stylistique et l'enseignement secondaire" [A estilística e o ensino secundário], *Coll. des actualités pédagogiques*, Saint-Biaise, 1911. "Stylistique et linguistique générale" [Estilística e linguística geral], *Archiv für das Stud, neuerer Sprachen*, 1912, vol. 128, p. 87-126. "Stylistique générale et stylistique française" [Estilística geral e estilística francesa], 1909-1913,

Vollmoellers roman. Jahresber, T. XIII, p. I 190-210. "Figures de pensée et formes linguistiques" [Figuras de pensamento e formas linguísticas], *Germ.-Roman. Monatsschrift*, 1914, p. 405-22 e 456-70. "L'enseignement de la langue maternelle" [O ensino da língua materna], *Le producteur*, Paris, T. IV, junho 1921, p. 354-67.
[4] Paris, Genebra, Leipzig, 1908.
[5] Coletânea das publicações científicas de Ferdinand de Saussure, publicada por Bally e Gautier, Genebra, 1922.
[6] 1ª edição, Lausanne-Paris, 1916. 2ª edição, Paris, 1922.
[7] Compare as observações de Charles Bally sobre este assunto, em *Langue et parole, Journal de psychologie*, 1926, p. 693.
[8] 2ª edição, Paris, 1926.
[9] *Collection de la société de linguistique de Paris*, vol. XX, 1926.
[10] Editada em Paris. Lips já havia publicado um pequeno artigo sobre o assunto no *Journal de psychologie*, outubro-novembro, 1921, p. 644-53.
[11] "Classification naturelle des verbes russes" [Classificação natural dos verbos russos], *Slavia*, vol. I, 1922-1923. "Mécanisme des aspects du verbe russe" [Mecanismo dos aspectos do verbo russo], ibid. O formaljno-grammatičeskom napravlenii, *Russkaja škola*, n. 12, 1925. Sergei I. Kartsevsky, *Jazyk, vojna i revolucija*, Berlin, Russkoe universalnoe izdatelstvo, 1923. Sergei I. Kartsevsky, *Russkij jazyk, I-grammatika*, Praga, Plamja, 1925.
[12] "Les problèmes de la langue à la lumière d'une théorie nouvelle" [Os problemas da língua à luz de uma teoria nova], *Revue philosophique*, julho 1917, pp. 1-30. Cf. Charles Bally, *Ferdinand de Saussure et l'état actuel des études linguistiques* [Ferdinand de Saussure e o estado atual dos estudos linguísticos] (aula de abertura), Genebra, 1913.
[13] Ver *Stylistique et linguistique générale* [Estilística e linguística geral], Archiv, 1912; reeditado com *Le langage et la vie* [A linguagem e a vida], Paris, Payot, 1926.
[14] Ver, por exemplo, Strohmeyer, *Der Stil der Französischen Sprache* [O estilo da língua francesa], Berlin, 1910.
[15] Albert Sechehaye, "La Stylistique et la linguistique théorique" [A estilística e a linguística teórica]. In: *Mélanges*, em homenagem a F. de Saussure. Paris: 1908, p. 155-87.
[16] 1ª edição, Genebra, 1913; 2ª edição, Paris, 1926.
[17] "Le style indirect libre en français moderne" [O estilo indireto livre em francês moderno], *Germ.-rom. Monatsschrift*, 1912, p. 549-56 et 597-606. "Impressionnisme et grammaire" [Impressionismo e gramática], *Mélanges Bernard Bouvier*, Genève 1920, p. 261-79. "L'adverbe tout en français moderne" [O advérbio *tout* em francês moderno], *Mélanges Paul Boyer*, Paris, 1925, p. 22-9. "Valeur aspective de en en français moderne" [Valor de aspecto de *en* em francês moderno], *Mélanges Vendryes*, Paris, 1925, p. 1-8. "L'expression des idées de sphère personnelle dans les langues indo-européennes" [A expressão das ideias da esfera pessoal nas línguas indo-europeias], *Festschrift Louis Gauchat*, Aarau, 1926, p. 68-78.
[18] Ver Charles Bally, "Figures de pensée et formes linguistiques" [Figuras de pensamento e formas linguísticas] e a tese de Lips.
[19] 1921, p. 625-43, reeditado em *Le langage et la vie* [A linguageme a vida], Paris, Payot, 1926.
[20] "La pensée et la langue", *Bulletin de la societé de linguistique de Paris*, 1922, vol. XXIII, p. 117-37. Ver também, no mesmo volume, "Copule zéro et faits connexes" [Cópula zero e fatos conexos], p. 1-6.
[21] Reeditado em Charles Bally, *Le langage et la vie* [A linguagem e a vida], Paris, Payot, 1926.
[22] Talvez seja preciso lembrar aqui que a ordenação dos conteúdos no *Curso de linguística geral* não remonta a Ferdinand de Saussure. Os três cursos que ele deu foram estabelecidos a partir de três diferentes planos. Os redatores do livro foram obrigados a adotar uma ordem mais ou menos sistemática, que lhes pareceu apropriada.
[23] Ver o apêndice do *Essai sur la structure logique de la frase* [Ensaio sobre a estrutura lógica da frase].
[24] "Les deux types de la phrase" [Os dois tipos da frase], *Mélanges Bouvier*, Genebra, 1920, p. 215-32.
[25] Göttingen, 1902; publicado na íntegra no *Roman. Forschungen*, vol. XIX, p. 321-406.
[26] *German.-Roman. Monatsschrift*, 1914, p. 288-303 e 341-51.
[27] *Revue des langues romanes*, 1916, vol. LIX, p. 44-76.
[28] *Enseignement régulier de la langue maternelle* [Ensino regular da língua materna], 1844. *Cours educatif* [Curso educativo], 1845.
[29] Zurique, 1926.

As três
linguísticas saussurianas

Albert Sechehaye

INTRODUÇÃO

A. O *Curso de linguística geral* diante da crítica

Mesmo que o *Curso de linguística geral* de Ferdinand de Saussure viesse, um dia, a envelhecer em todas as suas partes, ainda estaria destinado a viver na memória da ciência da linguagem por causa da ação poderosa e fecunda que exerceu em um momento de sua evolução.

Porém, permanece a questão de saber se ele envelheceu – ou está em vias de envelhecer – como um todo, que é o destino comum e natural de tantas obras marcantes e úteis no caminho em que o conhecimento humano progride.

Sem dúvida, ele traz a marca do tempo. Depois de mais de 20 anos de intensos esforços que renovaram o pensamento linguístico, não se pode deixar de sentir que a obra de Saussure está ligada, por suas origens, às concepções que reinavam na Escola, bastante desatualizada, dos neogramáticos. Por esse e por outros motivos também, muitas coisas puderam ser criticadas, corrigidas em sua apresentação. Deve-se reconhecer também que os progressos da linguística nem sempre pareceram se efetuar de acordo com o plano e conforme as normas recomendadas por ele. E esse é um fato naturalmente adequado para desviar a atenção de seus ensinamentos. Mesmo admitindo isso, resta o fato de que seu pensamento comporta elementos de uma verdade indiscutível, que ainda hoje iluminam o caminho dos pesquisadores e dos quais estamos longe de ter tirado toda a vantagem que a ciência tem o direito de esperar disso. Tal é, por exemplo, a famosa distinção entre a língua e a fala. Tais são os pontos de vista que Saussure desenvolve sobre a diferença entre o valor e a significação de um termo de língua ou os curtos e substanciais esboços que ele traçou sobre entidades, identidades e realidades linguísticas. Tal é sua doutrina sobre as relações associativas e as relações sintagmáticas em sintaxe[1]. Tal é, acima de tudo, seu método de análise, que consiste em colocar, no centro da linguística, o problema da língua, fato semiológico, em toda sua abstração lógica, e em subordinar todo pensamento linguístico às exigências dessa abstração. Trata-se aí, verdadeiramente falando, do método saussuriano; e, quando boa parte do que ele ensinou estiver obsoleta, a tradição saussuriana permanecerá viva enquanto os linguistas continuarem a se inspirar nesse método. De nossa parte, acreditamos que a linguística só poderá se organizar definitivamente e progredir em contato permanente com um pensamento que lhe assegure sua perfeita subestrutura lógica e, consequentemente, dentro dos marcos que Saussure estabeleceu. É por isso que o *Curso* é uma obra de valor perene, em que se virá buscar, por muito tempo ainda, as possibilidades nela contidas.

Porém, a forma como essa obra foi dada à ciência é claramente apenas um esboço. Chamado a ministrar cursos de linguística geral, aliás muito breves, o mestre, cujo pensamento se ocupava de um trabalho ainda inacabado, não pôde fazer outra coisa senão levar, a seus alunos, as preocupações que o inquietavam e as convicções que ele já havia formado sobre questões essenciais. Três vezes, e cada vez em um plano diferente, ele expôs seus pontos de vista, ensinando seus ouvintes a ver muitas questões de maneira diferente do que estavam acostumados a ver até então. Ele pensava diante deles para fazê-los pensar, e esses jovens, dominados e encantados pela ascendência de seu gênio criador, se empenhavam em anotar cuidadosamente, em seus cadernos, o que conseguiam colher de sua boca.

Porém, o mestre nunca teria consentido a publicação dessas aulas do modo como ele as havia apresentado. Ele sentia, muito profundamente, o caráter inacabado e provisório dessas aulas. Aqueles que se engajaram, depois de sua morte, em extrair desses cadernos de alunos uma obra ordenada, dando uma visão geral de sua doutrina, fizeram isso apenas por uma espécie de confiança implícita no valor dos materiais preciosos que tinham em mãos. Eles próprios sentiram – e disseram isso no prefácio do *Curso* – que sua obra deveria ser julgada com alguma indulgência. Desde então, eles tiveram todas as oportunidades para medir a ousadia de seu empreendimento, e ficariam confusos por terem feito uma violência póstuma aos legítimos escrúpulos de um venerado mestre, se o evento não lhes tivesse provado que, apesar de tudo, sua audácia havia tido resultados felizes e que, se precisasse ser feito de novo, seria preciso recomeçar.

Dito isto, entende-se que o *Curso de linguística geral* recolheu, ao lado de merecidas homenagens, apreciações reservadas e todo tipo de contradições. No entanto, entende-se também que, por mais compreensíveis que essas críticas possam ser por si mesmas, elas deveriam, para vingar, preencher certas condições.

Não se pode abordar um semelhante livro de fora e se contentar em combater, com argumentos que se tem em mãos, aquelas teses que não entram em nosso quadro habitual. Tudo aqui está muito em função de grandes princípios para que não se comece por se explicar através desses próprios princípios, para perceber o lugar que eles ocupam legitimamente no pensamento linguístico. Poderemos, então, se o atacarmos em seus fundamentos, mostrar como sua verdade deve ser equilibrada com outras verdades que ele teria negligenciado, ou, se o atacarmos em suas aplicações, mostrar como podemos fazer um uso melhor e mais justo de suas próprias teses. Em todo caso, a verdadeira crítica ao *Curso* consiste em colaborar com seu autor, seja para aprofundar – algo que ele não conseguiu fazer – os alicerces da ciência linguística, seja para edificar, de forma mais definitiva, a construção da qual o *Curso* só conseguiu fornecer um primeiro e imperfeito esboço.

A abundante literatura sobre o assunto nos forneceria facilmente exemplos de críticas formuladas em relação às doutrinas saussurianas que, por não preencherem essas condições, permaneceram na superfície das coisas e, geralmente, se baseiam em mal-entendidos. Outras críticas, ao contrário, foram fecundas porque queriam ser construtivas.

O mais ilustre dos alunos de Ferdinand de Saussure, o saudoso Antoine Meillet, em uma resenha que ele dedicou ao *Curso*, no dia seguinte a sua publicação[2], indicou, de imediato, o caminho a ser seguido. Ele, então, escreveu: "As objeções, que se tem vontade de fazer, devem manter o mesmo rigor com que são apresentadas as ideias gerais que dominam o *Curso*". E ele próprio indica uma dessas objeções. Ele critica a linguística saussuriana por ser abstrata demais. O mestre, que dedicou toda sua atenção ao aspecto sistemático da língua, negligenciou, segundo Meillet, a consideração da realidade humana na qual ela está imersa. Ora, essa é uma lacuna que o próprio Meillet constantemente se esforçou para preencher; prova disso são, em particular, os dois belos livros em que ele traça a história da língua grega e da língua latina segundo os destinos dos dois povos e de suas civilizações[3].

Já explicamos, em outro texto[4] – e voltaremos a isso aqui –, que esse esforço é, na realidade, complementar ao do mestre. Temos aí um exemplo do método que consiste em equilibrar melhor os princípios saussurianos com outros igualmente indiscutíveis.

O outro método – aquele que busca, no interior da doutrina saussuriana, uma melhor aplicação de suas próprias teses – foi seguido pela Escola fonológica de Praga.

Todo o capítulo sobre "Fonologia"[5] do *Curso de linguística geral* se baseia em uma concepção ambígua daquilo que Saussure não teve tempo de esclarecer. É o resultado de suas pesquisas pessoais para resolver o problema que o tratamento das líquidas e nasais sonantes em indo-europeu havia colocado para ele. As considerações de ordem estritamente fisiológica, que aí ocupam o lugar principal, se misturam, portanto, com outras considerações sobre os fonemas na condição de unidades acústico-motoras diferenciais da língua. Os linguistas de Praga vieram para desfazer esse embaraço. Dessa ciência da fisiologia dos sons, que Saussure chamava de "fonologia" e que comumente chamamos de "fonética", eles separaram a fonologia propriamente dita, a gramática dos fonemas, e constituíram, assim, uma disciplina de linguística estática, cuja totalidade dos princípios encontraram, aliás, nas páginas magistrais do próprio *Curso*.

B. O problema das relações da diacronia e da sincronia

É com esse mesmo espírito – e com base nas ideias que acabamos de expor – que gostaríamos de intervir em um dos debates mais importantes que o *Curso de linguística geral* suscitou: aquele que diz respeito às relações entre a linguística estática e a linguística evolutiva. No trabalho citado anteriormente, que foi publicado em *Mélanges Bally* e que se intitula "Évolution organique et évolution contingentielle" [Evolução orgânica e evolução contingencial], nós discutimos a tão criticada tese de Ferdinand de Saussure segundo a qual os fatos de ordem diacrônica seriam inteiramente diferentes dos fatos de ordem sincrônica, de tal modo que jamais haveria uma verdadeira relação intrínseca entre um evento na história da língua e suas consequências em relação aos estados de língua. Apresentamos os argumentos de Walther von Wartburg – formulados contra a referida tese – e os argumentos de Charles Bally – apresentados em sentido oposto. Concluímos que essas discussões – aliás, muito interessantes em si mesmas – não pareciam estar claramente nem a favor de uma das teses em questão, nem a favor da outra e que o problema tinha de ser retomado sob novos ares.

Foi o que fizemos ao tentar estabelecer que a tese saussuriana, tomada não literalmente, mas interpretada à luz das ideias que reinavam na época em que foi formulada, não continha todos os paradoxos que quiseram ver nela. Ela restabelece o fato muito simples e, em si mesmo, evidente de que o eixo do tempo é o lugar onde ocorrem eventos, em si mesmos estranhos ao sistema gramatical, mas que, agindo sobre a língua através da fala, trazem perturbações a esse sistema e o obrigam a se reajustar; em suma, que a oposição do diacrônico e do sincrônico, tal como Saussure a enxergava, se reduz à oposição que existe entre os fatores contingenciais, que atuam de fora sobre a língua, e os fatores orgânicos, que sustentam a língua por dentro.

Ao realizarmos isso, usufruímos, obviamente, de muita liberdade no que diz respeito ao texto do mestre; mas acreditamos – ao fazer uma revisão de seus princípios – ter continuado e tornado mais preciso seu pensamento, envolto e distorcido por certas preocupações que dominavam a linguística da época.

Esse era, aliás, apenas um começo. Como dissemos no final do texto:

> Esse exame crítico de uma questão controversa e as opiniões que acabamos de expressar não resolvem o conjunto do problema. Esse é apenas um primeiro resultado que precisaria ser corroborado por uma apresentação construtiva e sintética em que se mostraria como as várias disciplinas linguísticas colaboram, cada uma em seu lugar e segundo seu método, para o conhecimento de um objeto complexo do qual se trata de apreender os diversos aspectos tanto no que os distingue quanto no que constitui sua interação. É fazendo esse trabalho – que naturalmente se basearia na classificação saussuriana (linguística estática, linguística da fala e linguística histórica) – que teríamos de resolver todas as dificuldades, grandes ou pequenas, que possam subsistir e, em particular, de mostrar como se deve compreender a relação entre o fato de fala e o fato diacrônico, que Bally, como verdadeiro saussuriano, quer que se distinga, enquanto Von Wartburg procede, sem escrúpulos, a sua identificação. (*Mélanges Bally*, Genebra, 1939, n. p.)

Tal é o programa que temos aqui diante de nossos olhos. Trata-se, como vemos, de aperfeiçoar essa subestrutura lógica da ciência linguística da qual falamos anteriormente, de organizar melhor seus métodos de análise e de exposição – para o maior benefício dos resultados obtidos –, e isso por uma aplicação mais exata de distinções que Ferdinand de Saussure nos ensinou desde muito tempo, mas das quais ninguém ainda extraiu tudo o que está implicitamente aí contido. Programa ambicioso, se alguma vez houve um, diante do qual as páginas seguintes representam apenas um ensaio sumário e, em muitos pontos, discutível, sem dúvida.

I. O QUADRO LÓGICO DAS TRÊS LINGUÍSTICAS SAUSSURIANAS

Antes de tudo, convém fixar certas ideias a respeito do quadro das distinções saussurianas.

Ferdinand de Saussure estabeleceu duas distinções célebres e igualmente fecundas. Por um lado, como se sabe, ele distingue *a língua*, que é o conjunto e o sistema de signos arbitrários em uso, em um determinado momento, em uma determinada sociedade, da *fala*, que é o ato particular e concreto de um sujeito que usa a língua, seja para se fazer entender, seja para compreender. Por outro lado, ele distingue a *sincronia* da língua – isto é, sua constituição, seus sons, suas palavras, sua gramática, suas regras etc., em um determinado lugar e em um determinado tempo – da *diacronia* da língua – isto é, as transformações que se vê ocorrer na língua ao longo do tempo.

Como esta última distinção se aplica somente à língua e não à fala, essas duas divisões praticadas entre os fatos da linguagem não dão origem a quatro, mas, sim, a apenas três disciplinas. Há uma *linguística sincrônica* ou *estática* e uma *linguística diacrônica* ou *evolutiva*. Entre as duas se situa a *linguística da fala*, que tem por objeto o fenômeno que, muito naturalmente, serve de intermediário entre o fato sincrônico e o fato diacrônico. Com efeito, cada vez que uma pessoa fala para ser escutada ou interpreta o que escutou, há espaço para uma possível inovação, por mínima que seja. Aquele que fala pode se afastar, mais ou menos, do uso aceito; aquele que interpreta pode ter a intuição de um meio de expressão minimamente novo; e é a enorme soma desses pequenos acidentes de fala que finalmente produz, como resultado, transformações das instituições da língua, imperceptíveis em seu desenvolvimento, mas muitas vezes bem profundas. A fala, portanto, diz respeito tanto à sincronia, pois se baseia em um determinado estado da língua, quanto à diacronia, pois contém potencialmente o germe das transformações futuras. Em seu conjunto, e nessa sucessão, essas três disciplinas – linguística estática, linguística da fala e linguística diacrônica – representam um ciclo fechado que considera sucessivamente todos os aspectos possíveis do fenômeno: um estado de língua, seu funcionamento e suas evoluções, as quais criam novos estados de língua que, funcionando, continuarão a evoluir, e assim sucessivamente.

Seria possível determinar com mais precisão a relação que existe entre a língua, por um lado (em seus estados e em suas evoluções), e a fala, por outro, de modo a apreender plenamente a sequência que acabamos de descrever?

Ferdinand de Saussure responde a essa pergunta dizendo[6] que língua e fala são dois objetos entre os quais se constata uma relação de interdependência, portanto, de reciprocidade: "a língua é necessária para que a fala [...] produza todos seus efeitos; mas esta é necessária para que a língua se estabeleça [...]; aquela (isto é, a língua) é, ao mesmo tempo, o instrumento e o produto desta (isto é, da fala)".

Esta última constatação, sem dúvida, está correta, mas não achamos que seja possível se contentar com essa simples ideia de reciprocidade. O mestre, aqui, se deixou induzir ao erro por duas tendências familiares a ele. O lugar central e dominante que ele concede, por princípio, em sua doutrina, à língua o impediu de lhe atribuir uma posição subordinada. Apesar de todas as razões que ele próprio via para se fazer isso (que se releia toda a passagem a qual nos referimos), ele não conseguiu fazer com que a língua dependesse da fala; ele foi levado a colocá-las em uma relação de simples coordenação e em serviço recíproco. Resulta daí uma concepção um tanto sutil, mas que não lhe desagradou, pois correspondia a seu gosto por fórmulas paradoxais que, em outras ocasiões, lhe serviram admiravelmente[7].

Na realidade, a fala é algo que logicamente – e muitas vezes também praticamente – precede a língua e o fenômeno linguístico no sentido saussuriano do termo. Todo ato expressivo, toda comunicação, por qualquer meio em que ela opere, é um ato de fala. O turista perdido que grita, gesticula, acende uma fogueira para chamar a atenção, fala a seu modo e sem que a língua tenha algo a ver com isso. Sem querer adentrar no mistério das origens da linguagem, é lícito dizer que sempre encontraremos, em seu ponto de partida, os meios naturais de expressão que nos são dados por nossa natureza psicofisiológica. Os gritos dos animais são uma forma estereotipada disso e agregada ao instinto da espécie. A linguagem humana é uma forma socializada disso e, por isso, profundamente transformada.

Se a língua nasceu da fala, em nenhum momento, a fala nasce da língua; não há reciprocidade. A fala somente se organiza mais ou menos de acordo com as regras da língua que ela própria criou, para se tornar mais clara e mais eficaz. Consequentemente, as condições da fala são alteradas em grande medida, mas ela não é afetada por isso em sua própria natureza. Ela mantém algo de vivo e espontâneo que é essencial, porque, sem isso, não haveria absolutamente nada. Essa espontaneidade e essa vida da fala podem estar escondidas por trás do desenvolvimento das fórmulas gramaticais. A fala parece, então, ser um simples funcionamento da língua, mas ela é, ainda assim, sempre algo a mais. Ela continua sendo a força motriz e diretora do ato que se realiza. É dela que surgem, inesperadamente, possibilidades criativas – assim como é dela também que todas as negligências procedem.

"No princípio era a fala". Podemos, com todo o respeito, transpor essa célebre fórmula e aplicá-la a questões da linguística. Ela, aqui, significa que qualquer ciência da linguagem está necessariamente inserida na ciência da expressão natural ou pré-gramatical, como a denominamos em outro texto[8]. A intervenção da linguística da fala entre a linguística estática e a linguística diacrônica nada mais é do que um efeito da primazia do fator humano e vital em matéria de expressão sobre o fator da abstração intelectual e da instituição sociológica que a língua representa. Por meio da fala, a língua retoma constantemente o contato com suas próprias fontes; ela somente persiste – e só se renova – através da fala.

Tudo isso pode parecer muito pouco saussuriano. Para seguir a linha do *Curso*, basta lembrar a grande verdade que a obra do mestre traz à tona: a língua, fenômeno sociológico e semiológico, sistema de signos arbitrários, é uma coisa *sui generis*; e que é importante não confundir com todas as formas de expressão que seriam apenas psicológicas. Admitindo-se isso, constituiremos a linguística, a ciência da língua, em sua própria base, que é a ciência da língua em si, a linguística estática. Isso só poderá ser feito se começarmos encaixando inteiramente a língua em seu ambiente humano, isto é, em todas as condições que explicam, antes de tudo, o aparecimento da linguagem pré-gramatical: conhecimento do homem e de seu ambiente, de suas reações emocionais, de seus gestos expressivos, incluindo os da voz etc. Feito isso, a ciência da língua, assim encaixada, será construída em três etapas com suas três disciplinas sobre a base da linguística estática, com essa particularidade, porém, de que a disciplina que vincula a estática à diacrônica não será mais a da fala (que já figura como uma disciplina englobante), mas, sim, a da *fala organizada*, a do funcionamento da língua a serviço da vida. Assim:

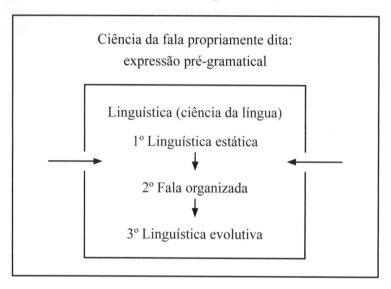

Como Ferdinand de Saussure entende sob o nome de linguística da fala, na verdade, unicamente a linguística da fala organizada, todo nosso raciocínio chegaria, no final das contas, somente a uma correção de terminologia muito modesta, caso não houvesse, em nosso esquema, o quadro encaixando a fala propriamente dita e a expressão pré-gramatical. É esse encaixe que dá, ao conjunto do esquema, seu equilíbrio e sua estrutura lógica. E é essencial considerar isso para o exame que, agora, vamos fazer.

II. A LINGUÍSTICA SINCRÔNICA OU DOS ESTADOS DE LÍNGUA

Desde que, graças a Ferdinand de Saussure, se atribuiu, à linguística dos estados de língua, o lugar de primeiro nível que lhe era de direito, os estudiosos trabalharam com um afinco cada vez maior nesse domínio. A instituição da língua foi submetida, em todas suas partes, a pesquisas e a análises originais. Todas as ideias relativas a categorias e unidades pancrônicas da gramática – frases, palavras, partes de palavras, fonemas, procedimentos morfológicos, partes do discurso, sistemas de flexão etc. – deram origem a teorias e definições novas; e, em breve, veremos o surgimento de uma ciência que, em muitos pontos, poderá confirmar certos dados da gramática tradicional, mas que, de uma maneira geral, está destinada a substituir inteiramente a disciplina totalmente formal e escolástica com a qual tivemos de nos contentar por muito tempo.

Porém, não é com essas conquistas da teoria gramatical que devemos nos preocupar aqui. O que nos interessa são as características mais gerais dessa ciência, de seu objeto e de seu método. Tendo a tarefa de descrever estados de língua, ela é incapaz de apreender seu objeto em toda sua realidade concreta; ela deve se contentar em dar a ele uma imagem simplificada, aproximada e ideal. Essa é a única maneira de pensar esse objeto.

Isso é uma verdade para todas as ciências descritivas. Na cosmografia, ensinamos que a Terra é uma esfera cujos dois polos são achatados de acordo com uma fórmula matemática que conhecemos, mas negligenciamos as pequenas irregularidades de sua superfície: o Mont Blanc e o Himalaia não contam. Isso é especialmente verdadeiro em linguística estática e por várias razões inerentes à própria natureza do objeto considerado. A própria noção de estado de língua se torna duvidosa quando confrontada com a real complexidade dos fatos.

Os dialetólogos que fazem levantamentos de campo registram no mesmo vilarejo, às vezes também na mesma família, testemunhos discordantes sobre a maneira de formar, pronunciar ou flexionar certas palavras. As línguas, que podem ser consideradas fixadas, são apenas relativamente fixadas, e mesmo o uso correto inclui um grande número de formas concorrentes entre as quais a escolha não é fixada por nenhuma regra segura (em francês: *je ne crois pas qu'il dorme* ou *qu'il dort* [não acredito que ele durma ou que ele dorme]; pensemos também no gênero dos nomes das cidades e em certas formas do verbo *asseoir* [sentar] etc.). De fato, cada um teve que adquirir seus próprios hábitos linguísticos; e esses hábitos não apenas não são necessariamente sempre idênticos aos do vizinho, mas também nem sempre são estáveis. O estado de uma língua em um dado momento é uma situação intermediária entre a língua de ontem e a de amanhã; trata-se de uma realidade instável e propriamente inapreensível. É preciso levar em conta ainda o fato de que, em nossas sociedades socialmente heterogêneas, a maioria dos indivíduos falam simultaneamente várias linguagens (língua familiar, língua escrita, línguas técnicas ou eruditas etc.), o que pressupõe uma consciência linguística organizada em vários centros ao mesmo tempo e, consequentemente, repleta de contradições e equilíbrios instáveis. Esse aspecto social da complexidade de um estado de língua é somente, aliás, outro aspecto de sua instabilidade e de seu futuro. O princípio da estabilidade não está, portanto, na realidade concreta, nos fatos. Está por trás dessa realidade, está na vontade coletiva e inconsciente de manter uma organização suficientemente estável da linguagem. Há uma força sempre presente que impede o uso de se desagregar em uma desordem demasiadamente inorgânica. E é porque essa força existe e porque ela é eficaz que esse ideal de organização e estabilidade se encontra em toda parte suficientemente realizado para atender às necessidades práticas da comunidade falante.

A tarefa própria da linguística estática não é, portanto, abranger todos os fatos, mas, sim, depreender, do conjunto desses fatos, o que corresponde, em certa medida, ao ideal abstrato de um estado de língua.

A existência de um fato de língua pressupõe teoricamente duas condições, que jamais se cumprem a não ser de maneira imperfeita. Em primeiro lugar, ele deve representar um hábito comum a todos os membros de um grupo social e rigorosamente idêntico a si mesmo em cada um deles. Esse é o princípio da "homogeneidade". Em seguida, ele deve ser enquadrado na consciência de todos os sujeitos falantes através de outros hábitos, de outros fatos de língua igualmente idênticos e que juntos formam, em suas relações recíprocas, um sistema gramatical bem definido, "uma língua". Esse é o princípio da "coerência sistemática". *O domínio da linguística estática vai até onde é legítimo – ou seja, possível e útil – encaixar fatos de linguagem nesse quadro lógico, negligenciando os pequenos detalhes que poderiam causar alguma dificuldade.*

Ora, como dissemos, um número muito grande de fatos pode e deve, efetivamente, ser considerado dessa maneira. Assim, não somente é indicado, mas também necessário falar do verbo do francês moderno, de sua constituição na ordem do pensamento e na ordem da forma, do sistema de seus tempos, por exemplo, e definir o valor de cada um deles em oposição aos outros tempos. Porém, basta levar um pouco mais longe a curiosidade para perceber que as possibilidades e, portanto, a utilidade de tratar os fatos como partes integrantes de um sistema de língua estável e homogêneo são muito relativas. Já quando se fala do *passé simple* [passado simples] (*j'écrivis* [eu escrevi]), é necessário trazer considerações de estilo e de geografia que rompem o sistema, e ainda com mais razão caso se queira falar de tempos sobrecompostos (*j'ai eu écrit* [eu havia escrito]). Se formos ainda mais longe, ultrapassaremos o limite que separa a língua comum dos hábitos e dos gostos pessoais. Paul Stapffer[9] quer que se faça uma distinção cuidadosa entre *rien moins que* [nada menos que] e *rien de moins que* [nada de menos que]; Le Gal[10] observa que eles são muitas vezes confundidos e, para ele, não há nenhum inconveniente nisso; em contrapartida, ele coloca que se mantenha, na palavra *effluves* [fragrância], o gênero masculino, enquanto Stapffer tem tolerância para o gênero feminino, que prontamente se lhe atribui.

Da gramática pessoal, passa-se por uma transição insensível para a gramática ocasional, para os equilíbrios frágeis e mutáveis entre as formas de expressão e, consequentemente, da estática para os fenômenos da vida e do devir.

De fato, o gramático é colocado entre duas possibilidades tão logo deixa o terreno sólido da gramática elementar, em que tudo parece perfeitamente organizado. Ele pode interpretar o dado, sistematizá-lo e emprestar aos fatos, quando isso for necessário, um pouco mais de organização do que eles realmente têm. Isso não é ilegítimo dentro de certos limites, e o gramático que faz isso, por sua conta e risco, está agindo, na verdade, no mesmo sentido em que a língua, que se baseia em uma tendência à organização, o impele a caminhar. Isso o ajuda, por assim dizer, a tomar partido.

A necessidade dessas escolhas aparece manifestada quando se pensa nas transformações de que a língua é o teatro. O particípio presente do latim (*chantant* [cantante] < lat. *cantantem* "quem canta") se confundiu, na forma e no significado, com o gerúndio ablativo do latim (*chantant* [cantando] < lat. *cantando* "através do ato de cantar"), de tal maneira que ele o absorveu. A partir de certo momento, essa dualidade, portanto, não foi mais sentida. Em contrapartida, o particípio presente se distinguiu ainda mais claramente dos adjetivos propriamente ditos com uma forma participial (*une histoire amusante* [uma história divertida]). Por outro lado, outro emprego do gerúndio, aquele que pede a preposição *in* (*en chantant* [cantando] < lat. *in cantando*), primeiramente permaneceu em seu antigo papel, depois, graças a certas circunstâncias, perdeu esse caráter para se tornar uma espécie de locução participial de valor especial[11]. De época em época, essas formas constituíram, portanto, entre si, sistemas diferentemente equilibrados, e, entre essas épocas, houve espaço para longas fases de transição em que o sentimento dos sujeitos falantes teve de hesitar entre a antiga e a nova interpretação dos valores e os diversos sistemas de associações mentais que eles supunham. Caso fosse encontrado um gramático para lidar com esse problema, ele poderia ter sido incitado a fixar sua escolha em uma ou outra maneira de ver as coisas. E o que estamos dizendo sobre esse único exemplo, tomado ao acaso, é de uma aplicação constante, pois a qualquer momento a instituição da língua está em processo de transformação em muitos pontos. É assim, por exemplo, que ainda hoje temos gramáticos que consideram o subjuntivo francês como vivo e que se esforçam para determinar seu valor essencial e outros que veem nele um arcaísmo, uma sobrevivência em nome da qual nos limitamos a enunciar regras de aplicação limitada. Observemos que aquele que, por gênio ou sorte, apostou, no passado, em interpretações as quais a língua finalmente alcançou passa por uma mente brilhante aos olhos de seus sucessores. Tanto é verdade isso que não se trata de uma escolha arbitrária e sem alcance, mas de uma importante operação pela qual a ciência estática toma contato com o que está se fazendo por trás do sistema, aparentemente rígido, da gramática.

Outra possibilidade consiste em se rebaixar a uma simples enumeração de fatos contraditórios que se justapõe sem tentar sistematizá-los. De tal modo, deixa-se o terreno próprio da linguística estática, e os fatos assim enumerados, uma vez que não são mais definidos em relação a um sistema único e nem são mais classificados em suas relações recíprocas, são, consequentemente, apresentados de maneira superficial.

Os diversos gramáticos serão abundantes, em uma direção ou outra, não somente de acordo com seu temperamento, mas também, e sobretudo, de acordo com seu propósito. Por exemplo, nem é preciso dizer que quaisquer pesquisas que incidam sobre a classificação e a sistematização dos fatos – pensemos, por exemplo, nos quadros fonológicos que o saudoso príncipe Trubetzkoy e, depois dele, os adeptos da Escola de Praga estabeleceram para numerosas línguas – convocam interpretações intuitivas. A sistematização desempenhará também um papel visível em todos esses trabalhos de gramática que se inspiram em preocupações doutrinárias e puristas. As expressões consideradas falsas são colocadas fora da língua e simplesmente ignoradas; as expressões "corretas" dão lugar a definições *ne varietur* que se opõem umas às outras e as quais se pretende submeter ao uso. Assim, em francês, a diferença entre *un soi-disant médecin* [um autointitulado médico] e *un prétendu remède* [um pretenso remédio], com a exclusão de *un soi-disant remède* [um autointitulado remédio], sem considerar *un soi-disant remède* que se vê aparecer na escrita de muitas pessoas.

Inversamente, a tendência de justapor qualquer coisa domina nas obras descritivas e consultivas, sobretudo se elas lidam com estados de língua extremamente diversificados social e cronologicamente, como são, na acepção usual desses termos, o francês ou o inglês modernos. Um verbete do dicionário *Littré*, por exemplo, com sua ordem lógica, ainda que engenhosamente estabelecida, é um acúmulo de fatos que têm apenas uma relação distante com um sistema de língua. Diremos o mesmo, por exemplo, dos volumes complementares da conhecida gramática de Plattner[12]. Uma imensa coleção de exemplos variados e contraditórios, retirados de um número considerável de obras literárias e organizados de acordo com os títulos de uma exposição geral de sintaxe francesa, não pode constituir uma sistematização. É uma mina em que virão explorar aqueles que buscam se munir de documentos sobre uma questão específica. São materiais que aguardam o esforço de interpretação e de classificação que poderá reunir o que deve ser reunido e separar o que não poderia coexistir no quadro da homogeneidade e da coerência de um sistema de língua.

Que tais exposições são necessárias e inteiramente dignas da ciência, se forem estabelecidas com toda erudição e toda consciência necessárias, não há sombra de dúvida, mas elas têm por si mesmas apenas uma relação indireta com a ciência dos estados de língua tal como a definimos.

III. A LINGUÍSTICA DA FALA ORGANIZADA OU DO FUNCIONAMENTO DA LÍNGUA

O objeto próprio da linguística da fala organizada é de uma natureza totalmente diferente do objeto da linguística estática. Enquanto esta última trabalha necessariamente sobre generalidades extraídas por abstração e por aproximação do concreto, a linguística da fala se interessa, ao contrário, pelos fenômenos concretos, pelos atos nos quais a língua é colocada a serviço do pensamento, com tudo o que torna cada um deles um fenômeno ocasional diferente de qualquer outro fenômeno. Cada um desses atos surge, de fato, em um lugar e em um tempo determinados, entre interlocutores que têm, cada um, sua própria personalidade e em um conjunto de circunstâncias especiais que o determinam. Cada um desses atos comporta, da parte do sujeito falante, para falar apenas dele inicialmente, certo emprego dos recursos da língua combinados naturalmente com os da linguagem simbólica e espontânea. Esse emprego, muitas vezes, pode ser bastante banal e manifestar apenas peculiaridades totalmente mínimas, acessíveis somente através de um microscópio, por assim dizer. Outras vezes, ao contrário, ele atesta um esforço inteligente para adaptar os meios disponíveis às exigências de um pensamento pessoal. É aí que a fala se manifesta como uma potência criadora, ordenadora e fecunda. Em outros casos, e com mais frequência, as características especiais de um ato de fala organizada são regidas pelos fatores negativos da ignorância, da incompreensão e da negligência. A fala exerce, então, ao contrário, uma ação deletéria e desorganizadora quanto ao instrumento do qual ela se serve, mas essa ação não é menos digna de análise e explicação do que a outra. Qualquer que seja o ato realizado pelo sujeito falante, ele é recebido, tal como é, pelo ouvinte que o submete a sua análise e o interpreta para compreendê-lo. Esse ato de fala organizada, não passiva, mas receptiva, não é menos importante do que o outro, e aqui novamente o sujeito obtém resultados em harmonia com o esforço mental que realiza. A interpretação, como a fala ativa, pode ser banal, construtiva ou destrutiva. Ela atua em um ou outro desses três sentidos sobre a consciência linguística de quem a opera.

É tudo isso que deve ser analisado, psicológica e linguisticamente, à luz de todos os dados disponíveis em cada caso.

Não temos que traçar, aqui, o programa detalhado desse estudo. No entanto, algumas indicações, bem provisórias, não são inúteis.

No domínio da fonologia, é preciso lidar com tudo o que pode determinar variações na maneira de articular os fonemas e, em particular, com as leis pancrônicas, tão bem estabelecidas por Maurice Grammont, que dizem respeito ao mecanismo espontâneo da articulação conforme a atenção se concentra ou se dispersa, bem como à maneira pela qual os fonemas exercem uma ação indutiva uns sobre os outros[13].

No domínio da semântica, precisamos lidar com as escolhas que fazemos entre os termos da língua, vocábulos ou procedimentos gramaticais de acordo com seus respectivos valores constituídos por associações mentais dos termos entre si e de cada um deles com impressões e lembranças. Precisamos lidar com a maneira, mais ou menos afortunada, pela qual esses valores são colocados a serviço das noções infinitamente variáveis e variadas que a realidade nos oferece; precisamos ver como as significações, sob a influência de fatores afetivos, são submetidas a transformações incessantes, em particular pelo emprego figurado.

Esse estudo trata ainda da criação, muitas vezes inconsciente, de palavras novas por onomatopeia, por analogia, por composição ou por empréstimo. Ele também tem de lidar com ordens expressivas, elipses, pleonasmos e com todos os fenômenos que afetam a acentuação, a modulação e o ritmo, ou seja, com tudo aquilo que pertence propriamente ao domínio da frase e da sintaxe.

Todos esses fatos listados até aqui dizem respeito à ação do sujeito falante. A ação do sujeito ouvinte sempre se resume a duas operações que são, aliás, simultâneas e solidárias: a interpretação e a classificação.

A interpretação da série sonora percebida em elementos significativos tem um aspecto fonológico e um aspecto semântico. Este último implica, com a intuição das ideias expressas, a delimitação das unidades expressivas e, consequentemente, toda uma série de operações de análise e de síntese. Sabe-se que, em inúmeros casos, aquele que interpreta pode hesitar entre soluções divergentes nesse domínio.

Quanto à classificação das unidades reconhecidas, ela toca primeiramente no problema da identificação (eu reconheço ou eu não reconheço tal palavra, tal sufixo etc.[14]); em seguida, ela comporta uma constante utilização e revisão do jogo das associações mentais dos elementos significativos entre eles, bem como dos elementos significativos em relação às coisas, enfim, tudo o que representa em nós o próprio sistema da língua.

A linguística da fala organizada, tal como acabamos de defini-la, ainda não se constituiu como uma disciplina autônoma. Ela foi praticada até agora só ocasionalmente, em certos casos particulares, ou então foi feita visando algo diferente e, raramente, sob seu verdadeiro nome.

Há dois casos em que o especialista se vê obrigado a tratar – sem saber – da linguística da fala organizada. Primeiramente, quando a crítica literária se esforça para analisar metodicamente um estilo. O estilo é, de fato, a marca pessoal que o escritor – ou o orador – imprime em sua linguagem em uma determinada ocasião. Somente é lamentável que aqueles que empreenderam essa tarefa geralmente ignorem sobremaneira os métodos e as categorias da análise linguística. A união da ciência da língua com o sentimento estético de um verdadeiro crítico de arte é a condição indispensável de qualquer trabalho frutuoso nesse domínio. O futuro certamente nos proporcionará tais conquistas. O progresso da ciência linguística, a constante ampliação de seus horizontes são nossa garantia disso, e já é possível apontar a fase inicial de sua realização[15]. No entanto, a crítica literária não poderia esgotar o programa da linguística da fala organizada, pois há sempre algo um pouco artificial no estilo da arte. Ele desvia, a serviço de um efeito desejado, algo que pertence propriamente aos movimentos mais espontâneos da vida. E somente o estilo dos maiores apresenta um verdadeiro interesse.

Outro domínio em que necessariamente se faz a linguística da fala organizada é a observação e o estudo da linguagem de crianças pequenas. Muitos estudiosos se interessaram pelo problema da aprendizagem da língua e acumularam materiais sobre esse assunto. Aqui há efetivamente pesquisa de campo e com preocupações estritamente linguísticas. Infelizmente, essas observações, muitas vezes, permaneceram sobremaneira superficiais, e as conclusões que foram tiradas delas são, em geral, bastante banais. Não se percebeu o suficiente ainda que um ato de fala, para ser bem compreendido e interpretado, precisa ser notado com extrema precisão e meticulosidade em todos os seus elementos. Nesse sentido, os belos trabalhos que Grégoire realizou sob o título *L'apprentissage du langage*[16] [A aprendizagem da linguagem] poderão servir de modelo. Mas isso ainda é apenas o estudo da linguagem organizada em seus estágios iniciais. Esse método de observação e de análise escrupulosas deve ser aplicado *mutatis mutandis* ao uso que os adultos fazem da língua. Esse trabalho ainda não foi empreendido.

Isso significa que a linguística da fala organizada está mais ou menos ausente das obras de linguística que enchem as estantes de nossas bibliotecas? A resposta é não. Encontramos, ao contrário, abundantes e grandes vestígios dela espalhados por toda parte.

De fato, está na natureza das coisas que todos aqueles que se ocupam da língua, seja para descrever seus estados, seja para relatar suas evoluções, se deparam, assim que prestam atenção aos detalhes dos fatos, com os fenômenos da vida, isto é, da fala. Há, entre o consentimento coletivo, que faz a instituição, e a improvisação ocasional, que faz a fala, passando pelas impressões individuais que pertencem à língua em potência, uma fronteira invisível, impossível de traçar, que o linguista atravessa constantemente, seja em uma direção ou em outra.

É evidente, por exemplo, que o dialetólogo escrupuloso, no decorrer de suas investigações, perceberá que só atinge o estado de língua, que ele deseja registrar, através da fala de suas testemunhas, com o que ela pode conter de pessoal ou de fortuito. É impossível questionar as pessoas e registrar as respostas obtidas criticamente sem se tornar, com o passar do tempo, um especialista da fala.

Ocorre exatamente o mesmo com o historiador das evoluções da língua. Assim que se apega ao detalhe, ele percebe que essas evoluções não procedem de um movimento contínuo e retilíneo, mas avançam através de muitas hesitações e flutuações. Basta pensar, aqui, nas regressões fonéticas e nas resistências às pronúncias populares, que desempenharam um papel tão importante na formação do francês moderno[17]. De qualquer maneira, as transformações que ocorrem na língua são traduzidas quando ocorrem por flutuações na fala.

Certo conluio prático desses diversos pontos de vista é, portanto, legítimo, desde que não prejudique a distinção teórica das disciplinas e dos métodos. O melhor meio de assegurar essa distinção seria, finalmente, estabelecer a ciência da fala como uma disciplina autônoma, em uma obra em que sua própria perspectiva fosse rigorosamente observada, cujo material de exemplos fosse, na medida do possível, retirado diretamente da vida, de acordo com métodos investigativos apropriados.

Nesse meio tempo, convém assinalar um erro que remonta à Escola neogramática e que, ainda hoje, se perpetua em virtude de uma tradição tacitamente aceita. Esse erro consiste em praticar a linguística da fala apenas por ocasião dos fatos registrados pela história da língua e, consequentemente, em absorver praticamente tudo o que está a seu alcance na diacronia.

Pensamos da seguinte forma. Em francês, temos duas palavras: *cheval* [cavalo], que designa um animal, e *chevalet* [cavalete], que designa uma espécie de móvel com quatro pés afastados que sustenta um pedaço de madeira, sobre o qual se pode colocar algo pesado. *Chevalet* originalmente significava "um cavalo pequeno" – podemos citar textos de apoio. Essa palavra, com essa acepção, foi formada sobre *cheval*, a partir da analogia de muitos outros diminutivos; temos a mesma situação para *chienet*, *mulet*, *poulet* etc. Então, pensamos ainda, esse nome familiar foi dado de modo figurado, talvez, a princípio, como um chiste, sobre esse objeto que tinha alguma analogia com um animal de carga. Enfim, acrescente-se, a palavra sobreviveu no novo significado, que permaneceu vivo, enquanto o antigo significado foi esquecido e a associação primitiva entre *cheval* e *chevalet* foi estendida a ponto de se romper. Reconstitui-se, assim, por hipótese, toda uma série de fatos que só poderia ter sido produzida na fala, mas cujos resultados sucessivos a língua registrou.

Vemos o que distingue essa linguística da fala organizada daquela que definimos. Primeiramente, com esse método, estamos interessados apenas em eventos que foram criativos e que deixaram vestígios na história da língua. Em seguida, todos os eventos concretos e reais que contribuíram para um determinado resultado se reúnem em um esquema abstrato e são reduzidos ao essencial. É evidente que tal raciocínio é perfeitamente legítimo em si mesmo – em seu devido lugar, que especificaremos mais adiante; mas esse tipo de linguística da fala organizada *in abstracto* e *a posteriori* não deve ser confundido com a outra, com aquela que nos coloca diante de fatos vivos e concretos, cuja análise detalhada só pode nutrir e fecundar a ciência do funcionamento da língua e, subsidiariamente, a de seu futuro.

É graças a essa prática que tradicionalmente se atribui, à ciência da história da língua, uma quantidade de coisas que são, por natureza, do âmbito da ciência do funcionamento da língua, da fala organizada. O *Curso de linguística geral*, em especial, o primeiro, não se dissocia desse hábito adquirido. Ao reivindicar, para a linguística da fala, o direito de constituir uma disciplina à parte, ele não apenas não dá nenhuma indicação suficiente do que poderia ser seu programa, mas também usurpa, em favor da diacronia, coisas que, logicamente, pertencem, como já vimos, à ciência da fala organizada. Pensamos, em particular, nos capítulos dedicados à analogia, à etimologia popular (cujas construções estranhas se devem a lembranças imprecisas e a interpretações arriscadas) e à aglutinação (isso quer dizer, aqui, à síntese verbal de certos grupos)[18]. A explicação de um acidente de fala não deve ser confundida com a explicação do fato de que uma forma surgida, assim, por acidente conquistou seu lugar entre as instituições do uso. Esta segunda questão é diferente da primeira e somente ela está no âmbito da diacronia.

A mesma distinção deve ser feita no domínio dos sons. Os acidentes fonológicos que afetam certas palavras, como a substituição, no francês antigo, de *cherchier* por *cerchier* [cercar] (lat. *circāre*), por assimilação, ou a do baixo latim *pelegrīnus* (francês *pélerin* [peregrino]) por *peregrīnus*, por dissimilação, ocorreram, aqui e ali, na fala antes de se estabelecerem na língua; e esses dois momentos distintos – um que diz respeito à fala e outro à história – devem ser considerados e explicados separadamente. Ao contrário, tudo o que diz respeito às mudanças fonéticas regulares pertence ao domínio da diacronia. A substituição de um fonema por outro fonema ou qualquer outra mudança que altere, em um ponto, o sistema fonológico da língua (por exemplo, no francês moderno, a mudança de *l* molhado para *y*: [*lait*] *caillé* pronunciado como *cahier*) é um fenômeno histórico que deve ser explicado como tal. Porém, por outro lado, há, no começo das mudanças fonéticas, pequenos acidentes de articulação que não diferem essencialmente daqueles que mencionamos inicialmente e que, eles próprios, pertencem à fala. O som *y* é uma articulação negligenciada do *l* palatal em que a emissão lateral é substituída por uma articulação fricativa comum. Todos esses fatos – que se devem às pequenas variações das atitudes mentais (cuidado, atenção, negligência, cansaço etc.) no decorrer da fala viva – são regidos por leis pancrônicas e são do âmbito da fala organizada.

Foi o que dissemos anteriormente ao falar do *Traité de phonétique* [Tratado de fonética] de Grammont. É possível lembrar que esse mestre também seguiu, nesse ponto, caminhos tradicionais e vinculou a análise do funcionamento da fala organizada à história da língua. Ele divide sua magnífica obra, cujo valor não é questionado por essa observação crítica, em duas partes. A primeira parte, intitulada "Phonologie" [Fonologia], estuda os fonemas e pertence à estática. A segunda, que leva o título de "Phonétique proprement dite ou phonétique historique" [Fonética propriamente dita ou fonética histórica], é apenas muito parcialmente evolutiva. Com exceção de algumas considerações importantes, mas relativamente breves, sobre as leis fonéticas, diz respeito essencialmente às leis pancrônicas dos acidentes articulatórios, uma vez que esse estudo utiliza, como material, os inúmeros fatos que as transformações históricas das várias línguas consagraram. Trata-se, portanto, dessa linguística da fala organizada *a posteriori* da qual falamos anteriormente. Ora, Grammont não é apenas um linguista impecavelmente informado da história de muitas línguas; ele é também, por excelência, um foneticista de laboratório. Ele sabe, portanto, melhor do que ninguém, que as hipóteses que nos são sugeridas por transformações fonéticas historicamente constatadas precisam, para levar à convicção, ser verificadas e confirmadas por observações ou experimentos feitos *in vivo*. Essa simples consideração estabelece a primazia da fala sobre a história. Porém, há ainda algo a ser acrescentado: uma vez admitida uma hipótese relativa à explicação fisiológica de uma alteração do som, o problema propriamente histórico permanece por inteiro: por que determinado "acidente de articulação" transformou a regra de uso em determinada época e em determinado lugar? E por que isso não ocorreu em outro lugar?

Tudo isso justifica nosso ponto de vista quando pedimos que se faça justamente uma distinção entre a linguística da fala organizada e a linguística evolutiva, da qual vamos, agora, delinear o programa: *Suum cuique*.

IV. DIGRESSÃO SOBRE O TEMA DAS RELAÇÕES DA LINGUÍSTICA DIACRÔNICA COM AS DUAS DISCIPLINAS PRECEDENTES

Antes de falar da linguística diacrônica, é necessário que nos expliquemos com as doutrinas do *Curso de linguística geral* sobre as relações dessa disciplina com as duas disciplinas precedentes.

Notamos, de fato, aqui, algo muito particular. Devemos a Ferdinand de Saussure a definição da linguística sincrônica, que ele, ao defini-la, reconstituiu em toda sua independência e colocou em primeiro lugar, que por direito lhe pertence. Devemos também ao autor do *Curso* a própria noção da linguística da fala organizada. Se ele deixou vago tudo o que concerne ao seu programa, ele pelo menos atribuiu a ela seu devido lugar entre a linguística estática e a linguística diacrônica. Porém, no que diz respeito a esta última disciplina, encontramos, no mestre, apenas indicações muito pobres para servir de ponto de partida para qualquer programa.

Parece que, levado pelos hábitos da Escola neogramática, da qual foi um dos representantes mais ilustres, ele se contentou em ver esse ramo da linguística do ângulo puramente empírico da observação dos fatos.

É verdade que ele situa o fenômeno diacrônico como resultante do fato de fala; também é verdade que ele o define com muita precisão em sua ideia geral ao dizer que se trata de um deslizamento imperceptível das relações que o arbitrário da língua estabelece a cada momento entre as diferenciações de sons e as diferenciações de valores. Porém, ao lado disso, nada nos é dito sobre o mecanismo e as causas desses deslizamentos, ou melhor, somos confrontados aqui com duas interdições perigosas.

De fato, primeiramente nos é dito que aquilo que acontece no eixo do tempo não tem nenhuma relação com os fatores que atuam na língua enquanto sistema sincrônico e que a organização da língua e de seu porvir pertencem a duas ordens distintas e impenetráveis. Em seguida, nos dizem que o futuro da língua é inteiramente estranho à psicologia dos sujeitos falantes. Como sabemos, as páginas finais do *Curso* se dedicam ao desenvolvimento desta última tese; e essa doutrina se resume na célebre frase que se lê na conclusão da obra: "A linguística tem, como único e verdadeiro objeto, a língua considerada em si mesma e por si mesma".

Na realidade, esses dois axiomas, tomados em sentido literal, teriam a consequência de desvincular absolutamente a linguística diacrônica da linguística sincrônica, por um lado, e da linguística da fala, por outro, pois é na fala que se manifesta diretamente a psicologia dos sujeitos falantes.

É claro que, nessas condições, não podemos ir mais longe se não encontrarmos uma forma de superar esse obstáculo aparentemente intransponível.

Não precisamos repetir aqui o que dissemos no início deste artigo sobre as condições em que o *Curso* foi composto, condições que explicam as lacunas e as imperfeições que podem ser encontradas nele.

Se o mestre cometeu alguns erros, isso se deve, segundo a declaração de Meillet citada anteriormente, a uma preocupação exclusiva com certos princípios que são verdadeiros em si mesmos, mas dos quais ele tira conclusões demasiado absolutas. Uma das condições essenciais de qualquer trabalho de pesquisa intelectual é ousar, com lógica implacável, ir até as últimas consequências de qualquer princípio colocado, mesmo correndo o risco de precisar voltar atrás e fazer correções e ajustes para dar conta de outros elementos da realidade. Ferdinand de Saussure foi grande e inovador pois declarou guerra a tudo aquilo que havia de muito superficial no pensamento linguístico de sua época para estabelecer a ciência da linguagem sobre uma base teórica irrepreensível; porém, o *Curso* o fixou, por assim dizer, em uma atitude combativa, envolvendo certa tensão do pensamento e um exclusivismo que ele certamente teria modificado ao longo do tempo; e isso por razões tiradas de sua própria doutrina.

Podemos dizer, em poucas palavras, que seu erro foi ver rupturas, expressas por interdições radicais, onde teria sido mais correto falar de antinomias e reservar um lugar para esses equilíbrios paradoxais que são o privilégio da vida.

Assim, quando ele opõe o princípio diacrônico ao princípio sincrônico, ele culpabiliza os erros da antiga escola que via as línguas progredirem ou regredirem em virtude de um impulso interno, como um organismo. Ele vê, com a Escola neogramática, na origem das evoluções de língua, a intervenção de um fator contingente, histórico, que age de fora sobre o sistema gramatical. Nisso ele está absolutamente certo. Ainda assim, ele precisaria nos dizer quais são esses fatores contingentes; e quanto a concluir, a partir de suas ações, que as forças psíquicas que sustentam o sistema da língua não desempenham nenhum papel no devir desse sistema, isso certamente é ir longe demais. Fica evidente, em particular, que elas intervêm sempre que se trata de restaurar, a um estado de bom funcionamento, a língua cujo mecanismo foi comprometido sob a ação das forças contingentes[19].

Ocorre o mesmo quando o autor do *Curso* estabelece uma ruptura entre essas evoluções diacrônicas e a psicologia dos sujeitos falantes. Ele desaprova, aqui, um psicologismo simplista que imagina que a língua se curva espontaneamente a todas as exigências do espírito, como se não se tratasse de uma instituição social, fixada pelo consentimento de todos, forte em sua coerência interna e em sua inércia. Reivindicar que esse fator estritamente linguístico seja levado em conta não é apenas legítimo, mas também necessário. No entanto, não é preciso, por isso, afirmar que as atitudes mentais de quem fala permanecem sem influência sobre a língua, quando se reconhece, por outro lado, que é justamente por ocasião do ato de fala que a língua evolui.

Na realidade, não acreditamos que algum seguidor da linguística saussuriana tenha tirado, por sua própria conta, conclusões rigorosas desses aforismos. Nós mesmos sempre tivemos reservas nesse ponto; em um artigo publicado em 1917 na *Revue philosophique*[20], apontamos para o ponto que acreditamos seja fraco do argumento de Saussure. Pensamos que o mestre – preocupado em trazer à luz todas as consequências lógicas do princípio apresentado por ele, do *arbitrário do signo* – negligenciou o fato de que o signo *relativamente motivado*, segundo uma definição dada por ele próprio[21], ocupa, na língua, um lugar muito mais importante do que ele estava inclinado a admitir. Os trabalhos de Charles Bally sobre *o mecanismo da expressividade linguística*[22] colocam isso em evidência. E é através de seus elementos de motivação que a língua permanece, apesar de tudo, em contato harmônico ou conflituoso com a mentalidade dos sujeitos falantes e sofre sua marca.

No lugar desses tabus, que lançam o fenômeno diacrônico no vazio, interditando-o de qualquer contato com aquilo que não é ele, é preciso colocar obviamente um equilíbrio harmonioso de fatores antinômicos, cujos conflitos fazem a própria vida da língua.

Vejamos o famso esquema:

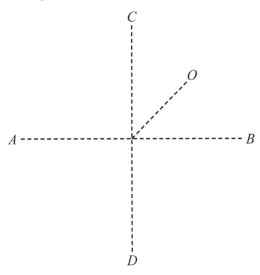

Sobre o eixo *AB*, colocamos, com exclusão de qualquer outra coisa, a instituição gramatical, ou seja, o sistema da língua com tudo o que faz sua fixidez, sua coerência e a engrenagem de suas partes.

No ponto *O*, que é o ponto da fala organizada, combinamos esse sistema de língua com o pensamento vivo de quem o utiliza. Vemos esse sistema, portanto, em seu funcionamento, tal como ele é determinado, a cada momento, pelas condições objetivas e subjetivas do ato de fala.

Por fim, sobre o eixo diacrônico *CD*, situamos os estados sucessivos de uma mesma língua, tal como eles resultam das mudanças que ela sofre sob a ação dos atos de fala que perturbam imperceptivelmente – mas constantemente – seu equilíbrio interno. As causas dessas mudanças devem ser naturalmente procuradas em todos os fatores que agiram sobre os próprios atos de fala. Todos os elementos *contingentes* que, durante o período considerado, vieram modificar tanto as circunstâncias externas nas quais a fala se desenvolve (instituições, ocupações, técnicas, deslocamento no espaço etc.) quanto as condições internas dessa fala (mentalidade, gostos, tendências etc. dos sujeitos falantes) são levados naturalmente em consideração. Porém, também será necessário levar em conta os fatores *orgânicos*, isto é, as exigências do sistema gramatical cuja inércia pesa sobre os sujeitos falantes e que somente se deixa modificar sob certas condições. Inconscientemente, ao mesmo tempo em que colaboram na adaptação da língua às variadas necessidades da expressão, os sujeitos falantes colaboram com um trabalho gramatical que salvaguarda o bom funcionamento do instrumento coletivo.

Vemos que se, contrariamente à ortodoxia saussuriana, reintroduzimos no eixo do tempo, com os fatores contingentes, toda a psicologia da fala e, com os fatores orgânicos, todas as forças sincrônicas, não suprimimos, por isso, as oposições às quais Saussure era tão apegado e que valorizam sua doutrina; fazemos desse eixo apenas o lugar onde entram em luta duas forças antagônicas: a que conserva o sistema gramatical e sua tradição baseada no consentimento coletivo e em sua coerência e a que, ao contrário, o conduz a perpétuas inovações e readaptações.

Não acreditamos estar traindo nosso mestre ao propor esse ponto de vista, que é apenas o desenvolvimento lógico de seu pensamento, despido, graças ao tempo e à reflexão, de certo viés exagerado que as condições nas quais o *Curso* foi escrito explicam plenamente.

Dito isso, podemos retomar a sequência de nossa apresentação.

V. A LINGUÍSTICA DIACRÔNICA OU DAS EVOLUÇÕES DA LÍNGUA

Passando da linguística da fala organizada para a linguística diacrônica, voltamos do concreto para o abstrato. A ciência das evoluções da língua, assim como a dos estados de língua, apreende seu objeto apenas por aproximação e só conhece verdades gerais que se depreendem dos fatos e são uma imagem simplificada deles. Assim como não se pode fixar um estado de língua em toda sua complexidade, não se pode contar a história de uma língua levando em conta todos os acidentes de fala, infinitamente diversos, que a constituem *in concreto*. Somente a linguística da fala organizada mantém contato direto com a realidade, porque reduz seu horizonte aos estreitos limites de um único ato particular.

Se a linguística sincrônica descreve estados de língua, no sentido que colocamos anteriormente, a linguística diacrônica, na primeira parte de sua tarefa, não faz nada diferente, em princípio, do que comparar dois estados entre si, sucessivos, assim estabelecidos, de uma mesma língua para constatar as mudanças que ocorreram. E essa comparação não procede naturalmente de um conjunto ao outro, mas ela considera sucessivamente cada um dos traços da língua que foram modificados. Da soma dessas modificações se deduzirá, a seguir, uma visão geral sobre a evolução como um todo, com seus aspectos característicos e sua linha dominante.

Evidentemente, uma apresentação da história de língua pode assumir a aparência de uma narração e se tornar um relato acompanhado de todas as mudanças ocorridas em determinado ponto do idioma estudado, durante um longo período; mas cada um dos detalhes dessa apresentação remonta a esse mesmo método comparativo. Se, por exemplo, eu conto que a vogal acentuada do latim *téla* passou pelas fases: *ẽ ę́ ẽi ói oí* (*wí*) *wę́ wę́* para, finalmente, chegar ao *wá* da moderna *toile* [toalha], eu procedo como no cinema e me dou a ilusão do movimento ao registrar, em uma rápida sucessão, uma série de imagens estáticas que se substituem uma à outra.

Trata-se de algo muito importante porque, se isso for levado em conta, veremos que a linguística diacrônica, nessa primeira parte de sua tarefa – a que consiste simplesmente em relatar – fica estritamente dependente da linguística sincrônica. Sem sua ajuda, ela pode ser apenas uma simples enumeração de fatos mal analisados e superficialmente definidos. É somente se referindo às definições cada vez mais exatas e às análises cada vez mais rigorosas da ciência gramatical que ela alcançará o âmago dos fatos de que trata; e que ela conseguirá agrupar exatamente a multidão dos fatos particulares na perspectiva dos fatos mais gerais aos quais pertencem, a fim de dar, assim, uma ideia justa das evoluções de língua consideradas em seus detalhes e em seu conjunto.

Porém, a parte puramente descritiva dessa ciência não esgota seu programa; não basta relatar os fatos, é preciso também explicá-los, compreender as suas causas. E é aqui que a linguística da fala organizada se torna a referência indispensável para a linguística diacrônica.

Em pura teoria, a explicação que deve intervir entre dois fatos de língua sucessivos – em que um representa o ponto de partida e outro, o ponto de chegada de um processo evolutivo – só pode ser um *esquema de fala* no qual intervêm todos os fatores que determinaram o desencadeamento do processo de evolução e sua culminância em um determinado resultado.

Falamos, aqui, de *esquema* para marcar com clareza a diferença que estabelecemos entre a ciência da fala organizada e a das evoluções da língua.

Na realidade da fala, uma imensa quantidade de vários acidentes ocorre sob a influência de múltiplos fatores ocasionais. Alguns tendem para isso, outros para aquilo. Porém, se o uso foi finalmente modificado de uma certa maneira, isso se deu porque certos fatores estiveram, por um certo período, particularmente ativos dentro da coletividade dos falantes. Esses fatores, ao agirem sobre o maior número de sujeitos e sobre a maioria dos casos, favoreceram os acidentes que tendiam em determinada direção e acabaram por impor um novo uso à língua comum. É isso que a ciência diacrônica representa sob a forma esquemática de um ato de fala fictício (ou de uma série de atos de fala, se o fenômeno compreende várias fases sucessivas) entre interlocutores imaginários. Esse esquema é como uma visão sintética e simplificada do fenômeno considerado em suas causas e em seu processo; e, se estivesse perfeitamente completo e bem estabelecido, ele constituiria efetivamente sua explicação.

Estamos falando, aqui, como já dissemos, em teoria. De fato, um esquema de fala está sempre implicitamente contido em qualquer explicação de um fato de evolução, mas esses esquemas estão muito longe de ser sempre tão explícitos e, especialmente, tão completos quanto se poderia desejar. O historiador da língua não dispõe, de antemão, dos fatores que poderá apresentar. Sua tarefa consiste em adivinhá-los, pressenti-los por trás dos fatos e usá-los na medida em que pensa que os possui.

Há duas maneiras de proceder nesse trabalho, dependendo do ponto de partida que se escolhe.

A primeira – e mais comum – maneira é partir dos próprios fatos de língua e dar, a cada um deles, o esquema de fala que ele sugere sem buscar mais longe.

Esse método pode parecer suficiente em muitos casos. Assim, voltando a um exemplo já usado, parece que quando se explica que *chevalet*, em seu primeiro sentido de "cavalo pequeno", é uma formação analógica do mesmo tipo que *poulet*, *cochet*, *chienet* etc., tudo já foi dito. Não é absolutamente certo, pois nada foi dito sobre a circunstância que favoreceu o aparecimento e a instalação da palavra no uso; nada foi dito também sobre as condições que impuseram a escolha do sufixo. Porém, essa insuficiência aparece muito mais nitidamente em outros casos.

Por exemplo, a história da conjugação do verbo francês até os dias de hoje é, em grande parte, uma longa sucessão de criações analógicas (como a da palavra *chevalet*) que substituíram, por formas novas – geralmente mais regulares –, as formas antigas. Porém, não basta, para explicar a evolução morfológica do verbo francês, reduzir cada uma dessas criações a seu esquema formal (exemplo: *il conduisit* – para o antigo *il conduist* – criado sobre *tu conduisis* a partir do modelo *tu partis*, *il partit*). Inúmeras outras criações, feitas sobre outros modelos e afetando outras partes da conjugação, podem ter ocorrido. Entre aquelas que são atestadas de forma muito fugaz, um grande número não deixou vestígios duradouros na língua. Outras apareceram ocasionalmente na fala sem que se tenha a menor lembrança delas. Por quê? E por que a língua favoreceu outras criações? Não se pode alegar também que as analogias mais "regularizadoras" prevaleceram, porque nossa conjugação poderia ter sido simplificada muito mais ainda. Portanto, é preciso que certas mobilidades, certas tendências, sejam levadas em conta; e são essas mobilidades – essas tendências – que devem figurar, de alguma forma, em um esquema verdadeiramente explicativo.

Pensemos ainda em outro aspecto da conjugação, na criação de tempos compostos que, em seu conjunto, representam o "verbo perfeito". Todas essas formas são dadas implicitamente a partir do momento em que a perífrase latina *habeō scrīptum* se tornou o equivalente exato de um perfeito grego, a expressão de um resultado presente adquirido por uma ação passada; de *j'ai écrit* [eu escrevi] são derivados logicamente *j'aurai écrit* [eu teria escrito], *j'avais écrit* [eu havia escrito], *que j'aie écrit* [que eu tenha escrito] etc. No entanto, sabe-se que todas essas formas possíveis entraram em uso somente uma após a outra e de uma maneira que a lógica pura não explica. Por que os textos em francês antigo mostram uma acentuada predileção pelo passado dito "anterior"? Por que o mais-que-perfeito do indicativo teve grande dificuldade em conquistar o lugar que parece lhe ser de direito? Quais fatores intervieram na concorrência entre a forma simples *que je chantasse* [que eu cantasse] no antigo sentido do latim *cantavissem* e o recém-chegado *que j'eusse chanté* [que eu tivesse cantado] etc.? Portanto, só foram usadas essas formas dadas pela lógica de acordo com tendências e necessidades que variaram com o tempo. Também aqui há fatores delicados que agiram sobre a língua através da fala e que um esquema explicativo não deve ignorar, caso não queira se limitar a descrever o processo aparente e externo do fenômeno, sem tocar em suas causas profundas.

Isso é o que acontece com muita frequência e, em particular, quando se trata de mudanças fonéticas. Em todo o domínio ocidental dos países românicos, desde os primeiros séculos da Era Cristã, as consoantes oclusivas surdas intervocálicas foram abaixadas e se tornaram sonoras: lat. *vīta* > *vida*, uma forma que ainda hoje é usada em espanhol. Porém, no norte da Gália, em um período mais tardio, esse movimento continuou e essas sonoras intervocálicas foram abaixadas ainda mais; tornaram-se fricativas e algumas desapareceram. No francês do século XI, temos ainda *vide* (onde *d* = *th* sonoro inglês), depois, mais tarde, *vie*, que é a forma do francês moderno. É muito fácil dizer que se trata, aqui, de uma assimilação da consoante às articulações vocálicas que estão no seu entorno e explicar por que as oclusivas ou fricativas são mais acessíveis a essa assimilação do que as líquidas ou as nasais. Porém, como já observamos, esse não é o verdadeiro problema histórico. É necessário explicar por que esse fenômeno foi desencadeado nesse domínio e nessa época, mais do que em outro lugar e do que em outro momento.

As insuficiências inerentes a esse primeiro método levaram muitos pesquisadores a encontrar algo melhor; inicialmente, volta-se preferencialmente para essas circunstâncias históricas externas à língua que – agindo sobre os dados externos dos atos de fala e sobre a mentalidade geral dos sujeitos falantes – favoreceram certos acidentes e determinaram certos fatos de evolução em certas épocas e em certos lugares. Procura-se, portanto, esclarecer, nos esquemas explicativos da fala, a presença e a ação desses fatores contingentes de que falamos anteriormente.

Esse método, como dissemos, é legítimo. O linguista tem o direito de se esforçar para esclarecer os paralelismos que podem existir entre o futuro de um idioma e a história das pessoas que o falam. Esse método tem também a grande vantagem de tender para uma visão sintética das coisas. Ele visa, muito naturalmente, reduzir a complexidade dos fatos a grandes eventos gerais. Requer análises psicológicas delicadas; levado a suas últimas consequências, ele chegaria a explicar verdadeiramente o futuro das línguas pelo efeito de grandes tendências tipológicas. O inconveniente desse método é o de ser difícil e perigoso. Em alguns casos, ele se torna algo evidente; a influência de fatores históricos contingentes sobre a língua é óbvia. Assim, é certo que novas ideias, novas invenções exigem a introdução de palavras novas ou a modificação do sentido das palavras antigas. De uma maneira ou de outra, o vocabulário se adapta rapidamente às exigências conscientes do pensamento de uma época. Ver, a esse respeito, as breves mas luminosas indicações de Walther von Wartburg, em seu livro *Évolution et structure de la langue française* [Evolução e estrutura da língua francesa][23], sobre as várias contribuições com que o vocabulário da língua francesa foi sucessivamente enriquecido. Não é menos certo que, em países em que vemos se estabelecer um estado de bilinguismo (na sequência de acontecimentos políticos como, por exemplo, migrações, invasões, conquistas etc.), isso pode ter consequências para as duas línguas em contato. A mesma pessoa não pode falar simultaneamente dois idiomas sem que esses dois idiomas se influenciem, mais ou menos, reciprocamente. E, se for o caso, aquele que tiver maior prestígio naturalmente irá imprimir sua marca sobre o concorrente. Explicam-se, assim, os decalques, os empréstimos de termos, algumas inovações de sintaxe e, até mesmo, as influências fonéticas. Por exemplo, é totalmente indicado ver, em vários traços da história do vocalismo francês, a marca do idioma franco conquistador[24] e interpretar, ao contrário, outros traços posteriores, que apagaram essa marca, como uma reação do substrato celta e romano trazendo a língua de volta a suas normas mais estáveis.

Em contrapartida, em muitos outros casos, as relações entre a história e as transformações da língua são mais difíceis de apreender. Quando, por exemplo, Meillet une a concisão tão precisa do latim à influência do estilo dos juristas[25], sua demonstração impressiona pelo caráter sedutor da tese e pela exatidão das comparações. Porém, não temos a mesma evidência direta e convincente que se encontra em outros lugares. Há formas do estilo jurídico que usam, ao contrário, de bom grado, o pleonasmo. É possível perguntar se já não havia, entre os latinos, antes de qualquer influência de determinada técnica, uma predisposição para a sobriedade do estilo. Nem todos os camponeses progressistas são necessariamente do mesmo tipo psicológico. É ainda menos certo que o francês antigo coloque voluntariamente o complemento dativo de pessoa antes do complemento acusativo de objeto (o que os alemães fazem hoje ainda) porque os homens da época praticavam o culto aos heróis[26].

Algumas vezes se usou e se abusou dessas aproximações entre fenômenos de cultura e fenômenos de língua. É difícil traçar o limite entre a compreensão da mente e a engenhosidade excessivamente sutil. Trata-se de um terreno escorregadio, mas a ciência linguística conseguirá, com o tempo, caminhar aí com mais segurança, ao multiplicar pesquisas metódicas apropriadas. É possível pensar, por exemplo, quanto ao campo da fala organizada, em análises mais rigorosas do ponto de vista gramatical, do estilo dos escritores de vários tipos, de modo a trazer à luz correspondências regulares entre as tendências do espírito e as formas da expressão. É possível pensar, também, quanto ao campo propriamente histórico, em estudos comparativos que fariam aparecer paralelismos evidentes na evolução das mais diversas línguas, em que as mesmas causas contingentes teriam produzido os mesmos efeitos.

No entanto, quaisquer que sejam os progressos possíveis de serem feitos nessa direção, o método das causas contingentes, por si só, jamais esgotará o programa da linguística evolutiva. É preciso levar em conta também, como dissemos, aquilo que chamamos de causas orgânicas, isto é, a reação do instinto gramatical, determinado pelas exigências do sistema em seu conjunto, em relação às inovações que tendem a ser introduzidas. Certamente parece, por exemplo, que, nos fatos evolutivos dos quais acabamos de falar e que diziam respeito à conjugação do verbo francês, as considerações de gramática tiveram um papel a desempenhar; mas como detectar a ação desses fatores? Trata-se de um problema difícil sobre o qual nos absteremos de reivindicar uma competência que não temos. Iremos nos contentar em dar, como sugestão, algumas indicações que poderão ser úteis.

Em primeiro lugar, iremos notar que qualquer forma nova introduzida na fala é, necessariamente, uma forma facilmente inteligível através da simples intuição. Para voltar ao exemplo de Von Wartburg, já tão frequentemente citado, se um camponês gascão chama, para fazer um gracejo, o galo no meio de suas galinhas de "o vigário" (em gascão, *bigey*), ele faz uso de uma figura; e toda figura é facilmente inteligível em um contexto e em um ambiente apropriados. Ocorre o mesmo em todos os casos de inovação, por mais variados que sejam. Se a inovação se deve não a uma busca de expressividade ou clareza, mas, ao contrário, a uma negligência, se a negligência não é muito grande, se, por exemplo, uma criança, um ser inculto ou simplesmente uma pessoa apressada diz *quand tu viendras?* [quando você virá?] ou *tu viendras quand?* [você virá quando?] em vez de usar o tradicional e correto *quand viendras-tu?* [quando você virá?], precisaria ser desprovido de toda inteligência para não entender essa frase em língua crioula.

Assim, as inovações da fala não violam nenhum mecanismo da língua; são, cada uma a sua maneira, um uso mais ou menos feliz dos recursos da língua existente. Elas se justificam por referência às convenções estabelecidas; pertencem, portanto, ao domínio do parcialmente motivado. O conflito com o sistema surge quando, na interpretação do sujeito ouvinte, uma forma de fala assim motivada tende a substituir a expressão lógica normal de uma determinada ideia (ou de uma determinada função). Nesse momento, é o jogo das convenções arbitrárias que é afetado e o sistema gramatical cujo equilíbrio é posto em questão.

Isso pode ser demonstrado, com muita facilidade, voltando mais uma vez ao exemplo de Von Wartburg citado há pouco. Enquanto *bigey*, "o vigário", se referia ao galo de forma anedótica e figurada, nada mudou na instituição da língua. A expressão em questão foi entendida em função das convenções vigentes, das quais ela era um uso inteligível, mas quando se começou a ter a ideia de que *bigey* era simplesmente uma nova e mais cômoda maneira de designar um determinado animal, então, esse termo se tornou significativo somente em virtude de uma convenção nova, as relações – que, até então, o haviam ligado a outra coisa – se romperam e ele se tornou arbitrário da mesma forma que o próprio *gat* [galo] que ele substituía, assim como o *coq* [galo] do francês ou o alemão *Hahn* [galo]. Nesse momento, o equilíbrio das associações mentais pelas quais os termos arbitrários da língua se delimitam e se definem uns aos outros foi alterado. *Gat*, que provavelmente não desapareceu do uso de repente, precisou se colocar frente a esse concorrente e se retirar para um domínio mais restrito, enquanto o outro se organizava firmemente em sua nova situação ideológica.

Qualquer história do vocabulário é feita a partir de semelhantes aventuras. Novos termos introduzidos de todas as formas na língua competem com palavras antigas e, às vezes, as suplantam. O léxico é um campo de batalha, e sua organização interna está em constante processo de revolução. Não parece que essas sucessivas adaptações suscitem grandes resistências ou grandes dificuldades de ordem gramatical. O vocabulário é algo eminentemente flexível que se adapta facilmente às necessidades do momento. Não ocorre o mesmo quando uma forma de sintaxe suplanta outra; é algo mais grave e mais difícil de se fazer.

De fato, o sistema da sintaxe tem exigências lógicas que o sistema do vocabulário não tem; e cada uma de suas partes ocupa, no conjunto, um lugar muito mais importante do que uma palavra isolada ocupa no sistema das palavras. O equilíbrio sintático é, portanto, muito mais afetado pelo que acontece com um de seus elementos do que o equilíbrio lexicológico, quando algo ocorre com uma palavra. Eis um exemplo esquemático: é evidente que a forma interrogativa *quand est-ce que tu viendras?* [quando é que você virá?] é, originalmente, uma forma afetiva e que outrora apresentava, em seu valor, o mesmo acento predicativo reforçado que se constata em *c'est demain que je viendrai* [é amanhã que eu virei] por oposição a *je viendrai demain* [eu virei amanhã]. Hoje em dia, essa forma se tornou praticamente um sinônimo da forma *quand viendras-tu?* [quando você virá?], e essas formas estão necessariamente em competição[27]. O que aconteceria se a primeira forma suplantasse sua concorrente e, a partir de agora, tomasse seu lugar? Isso não constituiria um sério recuo dos procedimentos mais sintéticos pertencentes à antiga tradição – que usam estruturas morfológicas especiais do verbo – em favor de um procedimento analítico pelo elemento particular e sempre disponível *est-ce que*, o qual deixa intacta a estrutura normal do grupo verbal? Agora, suponhamos que, um dia, o *quand est-ce que tu viendras?* [quando é que você virá?] seja suplantado por seu concorrente: *tu viendras quand?* [você virá quando?]. Não poderemos dizer, então, que todo o valor interrogativo foi colocado no advérbio – ou em qualquer palavra que seja que marque esse valor – e que a língua deu um passo em direção ao tipo de sintaxe que, em geral, se rotula de "isolante"? O chinês diz: *lui demain venir* [ele amanhã vir] – *lui quand venir* [ele quando vir?]. É, portanto, na parte lógica e arbitrária da língua – e observando os fenômenos de concorrências e de substituição que aí se desenvolvem – que se corre o risco de surpreender a ação de fatores orgânicos sobre o futuro dos meios de expressão.

Até agora, consideramos apenas as modificações introduzidas na língua como resultado de alguma inovação, cuja iniciativa parte de um falante. Porém, o que acabamos de dizer se aplica igualmente, e ainda melhor, às mudanças que têm como causa primeira uma interpretação original, feita por um ouvinte, de um torneio de sintaxe perfeitamente regular e normal na boca de quem se serviu dele.

Muitas mudanças do uso não têm outra origem senão acidentes desse tipo. Assim, *leur fils* [os filhos deles] em francês é, do ponto de vista material, a simples continuação do latim *illōrum filius*; mas esse *illōrum*, reduzido em francês a *lor*, *leur* e privado do suporte externo que lhe são fornecidos pelos hábitos de flexão do latim, deixou, em um determinado momento, de ser sentido como um complemento genitivo; ele foi associado a possessivos como *mon, ton, votre* [meu, teu, seu] etc.; foi colocado na categoria de determinativos inerentes ao substantivo e, assim, foi possível criar um plural para ele: *leurs* [deles]. Em *excepté Paris* [excetuado Paris], a palavra *excepté* passou, da mesma forma, de seu papel primitivo de particípio predicativo de Paris (cf. *Paris excepté* [exceto Paris]) para o papel de preposição; e se conhece também essa curiosa forma do francês popular que consiste em usar uma partícula interrogativa *ti*, obtida por um corte apropriado de uma frase como: *Jean est-il (est-ti) contente?* [Jean está contente?], que resulta em *nous avons-ti bu?* [nós temos bebido?] para *avons-nous bu?* [temos nós bebido?].

Em todos esses casos, fica evidente o caráter arbitrário e estritamente intelectual da operação, pois aquilo que se leva em conta são as classificações internas da língua e as tendências que certos tipos de classificação podem ter, em determinados momentos, para prevalecer sobre outros tipos. Estamos, portanto, inteiramente no domínio das estruturas formais e arbitrárias da língua, isto é, no próprio lugar em que se pode apreender os movimentos característicos de seu porvir.

Se parece difícil acompanhar o caminho de uma inovação gramatical e a maneira como ela supera as resistências que a língua lhe opõe, é muito mais fácil ver o que acontece quando os procedimentos de expressão, que a evolução elimina, recuam e perdem, passo a passo, terreno. Ora, esse aspecto do fenômeno diacrônico é apenas o inverso e o lado negativo do fenômeno positivo, da extensão progressiva do concorrente mais favorecido. Portanto, talvez não seja inútil considerá-lo para obter, pelo menos por contraste, alguma luz sobre o fenômeno positivo que nos interessa.

É possível dizer, de uma maneira geral, que uma instituição da língua morre quando seu emprego precisa ser sustentado na fala por fatores de rotina e de automatismo. Vemos que ela persiste, então, nos conjuntos fraseológicos usuais com os quais ela forma um corpo ou naqueles conjuntos sintéticos com valor lexicológico que chamamos *locuções*; ou, então, seu uso é favorecido pela tradição das formas de língua mais conservadoras e as mais supervisionadas, por exemplo, em francês, no chamado estilo erudito. A menos que esse elemento de língua encontre uma significação especial em alguns de seus usos, isso cria, para ele, uma espécie de recuo graças ao qual permanece vivo, mas dentro de novos limites mais restritos.

Não estamos dizendo nada, aqui, sobre o caso frequente em que o procedimento expressivo em vias de decadência encontra, graças a uma circunstância particular, a oportunidade de criar raiz de algo vivo e renascer, assim, com novos destinos. Isso seria sair de nosso assunto.

Tudo o que acabamos de apresentar, sob seu aspecto geral e abstrato, precisaria ser ilustrado por fatos concretos? Então, eis aqui alguns exemplos.

O imperfeito do subjuntivo *que je chantasse* [que eu cantasse] (< lat. *cantāvissem, cantassem*) foi vitoriosamente disputado por vários lados. Primeiramente, como irreal do presente, ele colidiu com uma forma de criação nova, o condicional *je chanterais* [eu cantaria]. Em seguida, na medida em que expressava, como a forma latina da qual deriva, o irreal do passado, ele entrou em conflito com o tempo composto correspondente *que j'eusse chanté* [que eu tivesse cantado] e com *j'aurais chanté* [eu teria cantado]. Finalmente, quando ele é regido, em virtude da concordância dos tempos, por um verbo principal no passado, nós o vemos recuar atualmente diante do presente do mesmo modo, ou seja, a própria noção de concordância de tempos no subjuntivo cai em desuso como supérflua. Ora, em todos esses casos, é possível ver que são os verbos mais usados e, em particular, os verbos auxiliares – que são, por assim dizer, palavras fracas que formam, mais ou menos, uma unidade morfológica com o termo que eles introduzem – que permaneceram por mais tempo fiéis ao uso antigo[28]. No que diz respeito ao imperfeito da concordância dos tempos, cuja decadência estamos testemunhando, vemos, além disso, que é a terceira pessoa do singular – a mais usada de todas as formas desse tempo – que mais voluntariamente permanece fiel a esse uso. Por exemplo, *je voudrais que vous fussiez heureux* [eu gostaria que você ficasse feliz], ...*que nous fissions le nécessaire* [que nós fizéssemos o necessário], ...*que tu eusses plus de chance* [que você tivesse mais sorte], ...*qu'on acceptât sa proposition* [que aceitassem sua proposta], ...*qu'il reconnût ses torts* [que ele reconhecesse seus erros] são coisas que se escrevem e que, sob certas condições, podem ser ditas, enquanto se recua diante de *je voudrais que vous acceptassiez* [eu gostaria que você aceitasse], ...*que tu le reçusses* [que você o recusasse].

Esse mesmo emprego do imperfeito do subjuntivo mostra claramente a diferença que deve ser feita entre o estilo erudito – conservador de tudo aquilo que pode ser mantido do antigo uso – e o estilo familiar ou essa linguagem popular mais livre que se denominou "a língua avançada" e que, livre de todo preconceito escolar, cultiva, de preferência, tudo o que é espontâneo e natural nos modos de falar.

Os casos de *locuções* – de conjuntos sintéticos que conservam, de forma fixa, torneios antigos de sintaxe – são inúmeros e bem conhecidos. Para ficarmos no domínio do subjuntivo imperfeito, citaremos a fórmula optativa *plût à Dieu (au Ciel)* [Queira Deus que...] ou a forma *fût-ce* [fosse só isso], que não pode mais ser analisada e que, às vezes, apresenta a seguinte ortografia: *fusse*. As locuções *sans bourse délier* [sem custar nada], *il gèle à pierre fendre* [está muito gelado], *ainsi soit-il* [que assim seja], *comme qui dirait* [como se diria]; provérbios como *fais ce que dois* [faça o que deve], *advienne que pourra* [venha o que vier] etc. etc.; todos contêm, em sua estrutura, coisas há muito tempo desaparecidas da sintaxe viva.

Também não é difícil citar formas outrora vivas que, afastando-se de outras formas, encontraram certas posições que lhes permitiram continuar a viver em um campo semântico especial. Assim, a negação somente usando *ne*, suplantada por *ne ... pas* ou por *ne ... point*, se tornou o instrumento próprio da negação expletiva, que não tem valor lógico e que necessariamente é menos embasada: *je crains qu'il ne pleuve* [eu temo que chova]. Sabe-se o valor expressivo especial que o adjetivo anteposto assumiu desde que a posposição do adjetivo se tornou a ordem normal; compare *un tableau admirable* [uma pintura admirável] e *un admirable tableau* [uma admirável pintura]. Desde que *pire* [pior] et *moindre* [menor] deixaram de ser os comparativos normais de *mauvais* [ruim] e de *petit* [pequeno], eles adquiriram valores de um caráter afetivo bem diferente daqueles de *plus mauvais* [mais ruim] e de *plus petit* [mais pequeno], enquanto *meilleur* [melhor], usado sozinho, permaneceu o comparativo de *bon* [bom], somente isso.

Além disso, esses novos valores não são necessariamente de ordem afetiva. A lógica também utiliza esses restos. A preposição *en* [em], por exemplo, que na expressão da relação locativa deu lugar à preposição mais jovem *dans* [em], continua a viver em domínios limitados e em casos especiais. Ela expressa, por exemplo, a data com os milênios: *en 1911* [em 1911], o lugar com os nomes de países femininos: *en Suisse* [na Suíça]; compare ainda o papel que ela desempenha em expressões como *combattre en héros* [lutar como um herói], *mettre des planches en tas* [colocar as tábuas empilhadas], *parler en anglais* [falar em inglês], entre outras. Trata-se, em todos esses casos, de uma fórmula gramatical geral, portanto viva, mas de aplicação restrita quanto ao sentido e, às vezes, também quanto à forma.

É possível comparar – grosseiramente – os usos que subsistem de uma forma gramatical em decadência (quer se trate de empregos locucionais, de usos fraseológicos ou de valores especiais) com o arquipélago que se formaria a partir de um continente desaparecido, mas do qual algumas partes ainda emergem das águas, formando ilhas de vários tamanhos. Entre essas ilhas, espalham-se as ondas do mar que invadiu o espaço outrora ocupado pela terra. Aí reina o novo uso, aquele que atende às necessidades atuais do pensamento e que se integra ao sistema da língua, tal como existe no subconsciente dos contemporâneos. É esse novo uso que aparece espontaneamente em todo lugar onde o pensamento, livre de qualquer treinamento formal ou afetivo, possa estruturar sua frase segundo as exigências da lógica abstrata.

Anteriormente, admitimos que somente as mudanças que dizem respeito às partes arbitrárias e lógicas do sistema seriam determinantes para a evolução geral da língua. Acrescentamos, agora, que é pela ação do que se poderia chamar de "fala logicamente determinada", em seu conflito com os outros modos de fala, que essas mudanças progridem no uso e adquirem preponderância. Se essas duas visões – pois o que estamos propondo aqui são simples visões – estiverem corretas, o problema do porvir dos sistemas de língua parece mais bem definido e, talvez, um pouco menos complexo do que parecia à primeira vista.

No entanto, não se deveria ceder a grandes ilusões. O sistema da língua não é, de jeito nenhum, algo tão simples que seja fácil colocá-lo e mantê-lo em ordem. No exato momento em que uma inovação felizmente renova uma das partes do sistema, outra parte talvez seja indiretamente afetada em sua organização por essa inovação. Isso é verdade; sabemos, em todo caso, que isso ocorre entre a parte fonológica do sistema da língua e sua parte significativa, que é construída com os fonemas.

Uma lei fonética, isto é, a transformação regular, em um dado tempo, de um determinado fonema ou de uma série de fonemas sob determinadas condições, nada mais é do que um efeito do princípio orgânico no domínio dos sons. Pela aplicação dessa lei, o sistema fonético da língua é modificado de uma forma ou de outra, mas sua organização sistemática não fica comprometida como ficaria caso os sons das várias palavras pudessem evoluir cada um a seu modo, em detrimento de qualquer solidariedade. Esse fenômeno, cuja regularidade é ditada pelas exigências da organização fonológica, viola, exatamente em virtude dessas exigências, o sistema significativo da língua. O efeito disso são supressões ou confusões de fonemas desastrosas para o funcionamento dos signos e que, consideradas nesse plano, representam lamentáveis acidentes contingentes. Foi através da aplicação das leis fonéticas que os dialetos gascões fundiram as palavras latinas *gallus* e *cattus* em um *gat* uniforme. E todos os leitores de Gilliéron sabem que esses acidentes não são raros na história do léxico. Recordamos também que, através do efeito da evolução fonética, uma série de formas da antiga conjugação se tornaram pouco diferenciadas e, por isso, inutilizáveis: *cantārem*, *cantā(ve)rō*, *cantā(ve)rim*, *cantā(ve)ram*, algo que teve consequências consideráveis na gramática. Essa mesma evolução fonética causou, no francês, a confusão do particípio presente latino *cantantem* com o gerúndio ablativo *cantandō* em uma forma única *chantant* [cantando]. Resulta daí uma desordem que exigiu, como vimos anteriormente, toda uma série de ajustes. Hoje em dia, uma pronúncia predominante confunde *je donnai* [eu dei] com *je donnais* [eu dava] e, o que é mais embaraçoso, *je donnerai* [eu darei] com *je donnerais* [eu daria]. Tudo isso, que representa, talvez, uma reorganização no plano fônico, são desorganizações contingentes no outro plano, em que as forças orgânicas devem realizar, tanto quanto possível, reparos fortuitos.

Ora, o fenômeno inverso também pode ocorrer. Pode acontecer que inovações no plano dos meios de expressão – estamos pensando aqui, especialmente, em profundas reorganizações do vocabulário – sejam uma causa de desequilíbrio e de desorganização para o sistema dos sons.

Isso ocorreu duas vezes na história do francês: primeiramente, quando a língua romana, do século VI ao século VIII, foi enriquecida por muitos empréstimos das línguas germânicas, e, em seguida, quando o francês, na época do Renascimento, adotou ou propôs o uso de uma série de palavras eruditas emprestadas do grego e do latim.

Já fizemos referência, de passagem, ao primeiro desses fatos e às perturbações provocadas nos hábitos fonológicos dos habitantes da antiga Gália pela influência dos francos. Vale a pena se deter um momento sobre o segundo fato. Toda uma série de mudanças ocorridas na forma de articular o francês entre os séculos XII e XVI – queda ou vocalização das consoantes no final da sílaba; redução das africadas a consoantes simples; redução de muitos ditongos a monotongos; e desaparecimento dos hiatos interiores –, tudo isso aponta claramente para uma tendência de simplificar a estrutura da sílaba. É possível dizer, *grosso modo*, que a prolação do francês visava se aproximar do tipo em que as consoantes simples se alternam regularmente com as vogais simples (às vezes, acrescentando uma líquida atrás ou na frente da vogal): *tatatatratarta*... ou seja: *j'ai perdu mon joli petit chapeau gris* [eu perdi meu bonito pequeno chapéu cinza]. Ora, os inúmeros termos emprestados das línguas clássicas continham grupos bastante numerosos de consoantes no interior ou no final das palavras que não se encaixavam nessa silabação simplificada: *suggérer* [sugerir], *astringent* [adstringente], *réduction* [redução], *exceler* [sobressair], *aspect* [aspecto], *heptagone* [heptágono] etc., de tal forma que essas palavras trouxeram um elemento totalmente heterogêneo aos usos da articulação francesa. Aqui não é o lugar para dizer como a língua conseguiu se adaptar a um semelhante estado de coisas. Caso ela tivesse sido deixada às formas espontâneas do falar popular, não há dúvida de que ela teria causado um belo estrago em todas essas consoantes embaraçosas. Porém, vigiada de perto na linguagem das pessoas cultas, ela respeitou esses grupos consonantais protegidos pelo prestígio de sua origem. Ela, portanto, precisou procurar outras vias para satisfazer, na medida do possível, aquilo que o sistema fonológico exigia. Quais vias a língua encontrou? Esse é um problema interessante, mas que fica de fora de nosso horizonte.

Para encerrarmos, é importante notar que esta última observação faz surgir, diante de nós, um novo e bastante delicado problema. O historiador da língua que quiser explicar as transformações que observou e definiu não precisa apenas dar as razões contingentes e orgânicas de uma mudança considerada em si mesma ou em conexão com as partes do sistema que estão diretamente interessadas nisso. Ele pode precisar levar em conta todas as repercussões que essa mudança pode ter contingencialmente em outras partes mais distantes do sistema e, consequentemente, se perguntar, em cada caso, por que isso foi momentaneamente sacrificado em nome daquilo.

Aqui, novamente, a resposta será, em alguns casos, bastante fácil. Entendemos, por exemplo, muito bem que uma influência massiva do vocabulário, condicionada por circunstâncias determinantes da história e da cultura, pode violar os hábitos do sistema fonológico, como acabamos de ver. Ainda seria interessante calcular as forças e as resistências em presença, para explicar o resultado obtido, isto é, o resultado mecânico desse antagonismo. Em outros casos, o problema é mais difícil de resolver e, em particular, a questão das alterações do sistema expressivo da língua, através de fenômenos de fonética histórica, não deixa de ser um mistério. Pode-se, sem dificuldade, estabelecer hipóteses mais ou menos plausíveis: por exemplo, dizer que as evoluções fonéticas só podem comprometer elementos de pouca importância no sistema e que eles parecem atacar partes essenciais da gramática (sistema dos tempos ou sistema dos casos) significa que essas coisas, que parecem ser de grande importância, na verdade, já estão em decadência e não oferecem nenhuma resistência efetiva[29]. Porém, isso não é o suficiente; é preciso tornar plausíveis essas teses em consideração aos fatos. A ciência deve um dia nos dizer se os fatores que atuam sobre os elementos fônicos da língua são poderosos o suficiente para forçar a organização lógica e expressiva a ceder diante deles e, caso seja certo dizer segundo uma antiga fórmula que Dauzat retomou, que "a evolução dos sons controla a história de qualquer língua"[30].

Terminamos por aqui repetindo que de forma alguma pensamos ter dado, através dessas poucas indicações, uma solução para os fascinantes problemas da linguística evolutiva. Queríamos apenas, como fizemos para as outras duas disciplinas, dar uma ideia suficientemente clara da forma como definimos seu objeto e de como antevemos seu programa.

Nós nos empenhamos nisso e esperamos ter conseguido, em alguma medida, dizer o que essas três disciplinas são em si mesmas e em suas relações recíprocas. Fizemos isso – para sermos justos conosco mesmos – permanecendo fiéis ao espírito de nosso mestre, Ferdinand de Saussure, mesmo quando julgamos necessário fazer alterações nas formulações do *Curso de linguística geral*.

Uma semelhante crítica, ao ajudar a compreendê-lo melhor, a nosso ver, muito mais o engrandece do que o diminui.

Notas

[1] *Curso de linguística geral*, 2ª e 3ª ed., p. 158 ss., 144 ss., 170 ss.
[2] A. Meillet, "Compte rendu du *Cours de linguistique général*", *Bulletin de la Societé de linguistique de Paris 64*, 1916, t. XX, p. 32.
[3] A. Meillet, *Aperçu d'une historie de la langue grecque* [Panorama de uma história da língua grega], Paris, Hachette, 1913, e *Esquisse d'une histoire de la langue latine* [Esboço de uma história da língua latina], Paris, Hachette, 1928.
[4] *Mélanges Bally*, Genebra, 1939, Georg & Cie., p. 19 ss.
[5] *Curso de linguística geral* (2ª e 3ª ed.), p. 63-96.
[6] *Curso* (2ª e 3ª ed.), p. 37.
[7] Nós pensamos especialmente em suas observações sobre o caráter essencialmente duplo de todos os elementos linguísticos e em sua definição da língua como pura forma, um conjunto de relações entre relações sem nenhum termo positivo (*Curso*, p. 23 ss. e p. 168 ss.).
[8] *Programme et méthodes de la linguistique théorique* [Programa e método da linguística teórica], Paris, Leipzig, Genebra, 1908, p. 70 ss.
[9] Paul Stapffer, *Récréations grammaticales et littéraires* [Recriações gramaticais e literárias], Paris, A. Colin, 1922, p. 12 ss., 74 e 77.
[10] Étienne Le Gal, *Ne dites pas... mais dites...* [Não diga... mas diga], Paris, Librairie Delagrave, 1934, p. 124, 51.
[11] Ver C. de Boer, "*Remarques sur la fonction et l'histoire du gérondif français*" [Observações sobre a função e a história do gerúndio francês] I: *Archivum Romanicum. 13*, 1929, p. 417 ss.
[12] *Ausführliche Grammatik der Französischen Sprache* [Gramática detalhada da língua francesa], de Ph. Plattner, II (1900), III (1905) e IV (1907), Ergänzungen, Karlsruhe.
[13] *Traité de Phonétique* [Tratado de Fonética], Paris, 1933.
[14] Ver o que F. de Saussure diz sobre a identidade: *Curso*, p. 150 ss.
[15] No momento de submeter para impressão estas linhas, recebemos o belo livro de Marcel Cressot: *La phrase et le vocabulaire de Huysmans* [A frase e o vocabulário de Huysmans] (Paris, E. Droz, 1938). O autor, falando de predecessores em estudos do mesmo gênero, diz: "A grande, a única crítica que faremos, como um todo, a todas essas obras [...] é que elas não procedem, de fato, de nenhuma intenção estilística. Não basta apontar, mesmo com muita consciência, a presença das palavras: é preciso interpretá-la, mostrar a necessidade dela para o autor no plano prático e no plano estético". Essa crítica é um programa que a própria obra busca realizar.
[16] A. Grégoire, *L'apprentissage du langage, les deux premiers années* [A aprendizagem da linguagem, os dois primeiros anos], Bibliothèque de la Fac. de Philosophie et des Lettres de l'Université de Liège, fasc. 73, 1937.
[17] Albert Dauzat, *Histoire de la langue française* [História da língua francesa], Paris, 1930, p. 114 ss.
[18] *Curso* (2ª e 3ª ed.), p. 221 ss., 238 ss., 242 ss.
[19] Sobre esse assunto, ver nosso artigo em *Mélanges Bally*, p. 19 ss.
[20] "Le problème de la langue à la lumière d'une théorie nouvelle" [O problema da língua à luz de uma teoria nova], *Revue philosophique*, ano 42, n. 7, p. 26-9.

[21] *Curso de linguística geral* (2ª e 3ª ed.), p. 180 ss.
[22] *Le langage et la vie* [A linguagem e a vida], Paris, 1926, p. 141 ss., e Zurique, 1935, p. 113 ss.
[23] Leipzig e Berlim, 1934.
[24] Ver A. Dauzat, *Histoire de la langue française* [História da língua francesa], Paris, 1930, p. 37 ss. E, do mesmo autor, seu artigo "Le substrat germanique dans l'evolution phonétique du francais" [O substrato germânico na evolução fonética do francês], em *Mélanges van Ginneken*, Paris, 1937, p. 267-72. Aos fatos de vocalismo, bem conhecidos, que estamos pensando aqui, Dauzat acrescenta outros fatos, muito convincentes, relativos ao consonantismo, mas que têm um caráter negativo. Trata-se dos fenômenos de palatalização cuja ação foi interrompida pela influência germânica.
[25] Antoine Meillet, *Esquisse d'une histoire de la langue latine* [Esboço de uma história da língua latina], Paris, 1928, p. 118 ss.
[26] Karl Vossler, *Frankreichs Kultur und Sprache* [Cultura e língua francesa], 2. ed. Heidelberg, 1929, p. 54.
[27] Sobre todo o problema histórico e atual dessa forma de interrogação, ver L. Foulet, "Comment ont évolué les formes de l'interrogation" [Como evoluíram as formas de interrogação], *Romania*, 47 (1921), p. 243 ss. e, em especial, p. 253 ss.; e. Fromaigeat, "Les formes de l'interrogation en français moderne" [As formas de interrogação em francês moderno], *Vox Romania*, 3 (1938), p. 1 ss., e, em especial, p. 33 ss.
[28] A. Sechehaye, "L'imparfait du subjonctif et ses concurrents dans les hypothétiques normales en français" [O imperfeito do subjuntivo e seus concorrentes em hipotéticas normais em francês], *Romanische Forschung*, v. 19, p. 384 ss.
[29] Essa é a tese que outrora enunciamos em nossa obra: *Programme et méthodes de la linguistique théorique: Psychologie du langage* [Programa e métodos da linguística teórica. Psicologia da linguagem], Paris, Honoré Champion, 1906.
[30] *Histoire de la langue française* [História da língua francesa], Paris, 1930, p. 31.

Notas de leitura a "Em favor do arbitrário do signo", de Albert Sechehaye, Charles Bally e Henri Frei

Valdir do Nascimento Flores
Gabriel Othero

BALIZANDO A LEITURA

Roland Barthes (1915-1980) e Antoine Compagnon (1950-) escreveram, no final dos anos 1970, para a famosa *Enciclopédia Einaudi*, da prestigiada editora italiana homônima, um verbete intitulado "Leitura". Nele, os autores refletem sobre o tema, partindo de um ponto de vista segundo o qual "a palavra 'leitura' não remete para um conceito, e sim para um conjunto de práticas difusas" (Barthes; Compagnon, 1987: 184), o que leva os autores a se proporem a "abrir entradas da palavra, ocupá-la por meio de sondagens sucessivas e diversas, segurar muitos fios ao mesmo tempo – que, entrelaçados, tecem a trama da leitura" (Barthes; Compagnon, 1987: 184).

Nessa perspectiva, os autores elencam alguns "fios": a leitura como conjunto de práticas; operação; fenômeno; desejo; sentido; e intertexto. No interior do "fio" da leitura, entendida como um *conjunto de práticas*, Barthes e Compagnon destacam, entre outras práticas, *a leitura como um método*, no sentido de "decifrar criticamente os textos: ler com atenção, de uma maneira bem-informada, e não mecânica ou inocentemente, [...], *atividade* de leitura, como desenvolvimento da inteligência crítica" (Barthes; Compagnon, 1987: 186). Em outras palavras, é constitutiva desse método uma espécie de escrita, uma vez que podemos *escrever* nossa leitura. Aqui, "ler torna-se um método intelectual destinado a organizar um saber, um texto, e a restituir-lhe todas as vibrações de sentido contidas na sua letra" (Barthes; Compagnon, 1987: 186). Guardemos isto: ler é uma prática significante que, associada a um determinado ponto de vista teórico, pode ter alcance epistemológico.

Isso posto, podemos melhor esclarecer a intenção que temos (de certa forma, já explicitada no título deste trabalho): apresentar uma leitura do célebre artigo

"Em favor do arbitrário do signo"[1], de autoria de Albert Sechehaye, Charles Bally e Henri Frei, e publicado na revista *Acta linguística* (1940-1941). Trata-se de um artigo que rebate críticas feitas à noção de arbitrário, tal como apresentada no *Curso de linguística geral* (CLG), em especial críticas feitas por Édouard Pichon (1890-1940) e Émile Benveniste[2] (1902-1976). Sobre o artigo, explica Curea (2015: 315) que

> o artigo de 1940-1941 "Pour l'arbitraire du signe" publicado na *Acta linguistica* é uma resposta coletiva aos dois artigos de Pichon e Benveniste [...], e a um terceiro, escrito por Eugen Lerch e Édouard Pichon, concebido como um suplemento ao artigo de Benveniste. Os três linguistas de Genebra respondem ao que lhes parece "uma espécie de campanha" dirigida contra o pensamento saussuriano, para descartar um dos elementos importantes de seu sistema teórico. O objetivo de seu artigo é mostrar que o fato de admitir um vínculo de necessidade entre significante e significado (como faz Benveniste) não é incompatível com o sentido que Saussure atribuía à arbitrariedade do signo.

Esse trabalho coletivo é peça fundamental na trama que envolve o debate em torno da arbitrariedade do signo linguístico no século XX.

Tullio De Mauro, à nota 138 de sua edição crítica do CLG, explica que algumas das teses de Pichon são retomadas por Benveniste, o qual, por sua vez, "sublinha (com razão) o contraste entre o princípio do arbitrário, entendido de forma convencional (e não se pode deixar de compreendê-lo assim, na base das páginas 100 e 101)[3] e o resto do pensamento saussuriano". Ora, tudo indica que o artigo de Albert Sechehaye, Charles Bally e Henri Frei, além de responder a essas críticas, de certa forma, apresenta-se como uma defesa do que está colocado a respeito do arbitrário no CLG, na edição que fazem Bally e Sechehaye; trata-se também de uma defesa da edição feita.

Somente essas observações já seriam suficientes para – impossibilitados que estamos (cf. o capítulo "Sobre a noção de 'Escola linguística': o caso da Escola de Genebra") de publicar uma tradução na íntegra do artigo de Albert Sechehaye, Charles Bally e Henri Frei – trazermos à luz algumas notas de leitura a esse artigo. Mas há mais: trata-se de um artigo fundamental para entender os termos das relações entre a Escola de Genebra e a teoria linguística saussuriana.

Ainda à guisa de introdução, diremos que o ponto de vista epistemológico a partir do qual se esboça nosso método de leitura (cf. Barthes; Compagnon, 1987) de "Em favor do arbitrário do signo" ancora-se na tentativa de traçar, para o leitor brasileiro, a lógica argumentativa do texto. Para tanto, procedemos da seguinte forma: buscamos encadear grandes fragmentos do artigo a proposições gerais nas quais se encaixam proposições complementares, todas numeradas hierarquicamente. Com isso, acreditamos dar ao leitor a imagem da leitura que temos do percurso adotado por Albert Sechehaye, Charles Bally e Henri Frei no artigo.

NOTAS DE LEITURA AO ARTIGO

1. Apresentação da teoria do arbitrário aos olhos de Saussure, *doutrina* segundo a qual *todas as partes são estritamente solidárias e que deve servir de base sólida a toda teoria linguística*;

   1.1 que repousa sobre caráter *diferencial* dos signos;

   1.2 que estabelece, em função da posição e do equilíbrio recíproco, uma *forma pura de duas faces* (fônica e intelectual).

   1.3 que determina para o interior do signo que o significante está ligado ao significado por um *laço de necessidade decorrente do sistema;*

   1.4 que considera que arbitrariedade não exclui a contingência; na verdade, a supõe.

   > As unidades da língua, isto é, os signos, são produtos contingentes da vida coletiva. Elas não estão baseadas em nenhuma relação natural entre um conjunto fônico e uma ideia ou um objeto, mas somente baseadas na convenção estabelecida em um dado momento em determinado meio social. O caráter próprio dessas unidades é de ser puramente diferencial e de constituir em conjunto, em sua posição e seu equilíbrio recíproco, uma forma pura de duas faces, em que uma é fônica e a outra, intelectual. Assim como, na língua, a forma articulada é idêntica à forma pensada que ela recobre, igualmente, em cada signo, o significante recobre exatamente o significado e se encontra ligado a ele por um laço de necessidade decorrente do sistema. Essa necessidade, bem longe de excluir a contingência, ou, como diz Saussure, "o arbitrário do signo", a supõe, pois existem dois procedimentos de expressão perfeitamente distintos: um significante expressivo por si mesmo em virtude de um laço natural com a coisa significada ($\phi\acute{v}\sigma\varepsilon\iota$) não precisa ser enquadrado em um sistema formal, e, inversamente, um significante associado a seu significado em virtude de um sistema oposicional de signos imposto pela restrição social ($\theta\acute{\varepsilon}\sigma\varepsilon\iota$) não precisa ser naturalmente expressivo. (Sechehaye; Bally; Frei, 1940: 165-166)

2. A limitação do arbitrário, quando existe, não é argumento suficiente para anular o princípio geral do arbitrário.

   2.1 O *parcialmente motivado* não altera o *caráter geral da língua*.

   Para Saussure, a língua, instituição social, é por natureza uma forma pura, um sistema de signos diferenciais e, se alguns signos da língua são afetados por sua sonoridade (onomatopeias) ou por sua forma abstrata (derivados) de uma certa expressividade natural, eles são apenas parcialmente motivados, o que não muda nada o caráter geral do fenômeno língua. (Sechehaye; Bally; Frei, 1940: 166)

3. A crítica de Benveniste centralizou bem o problema; há contradição entre a maneira como Saussure define o signo linguístico e a natureza fundamental que lhe atribui.

   3.1 As definições de signo presentes no CLG não são perfeitas.

   Para refutar essa forma de ver as coisas, não é indispensável retomar tudo o que já foi escrito sobre o assunto, basta submeter a um exame crítico a análise de Émile Benveniste (3)[4], que, mais que qualquer outro texto em questão, ao mesmo tempo pensou no detalhe e centralizou bem o problema do arbitrário do signo.

   Não nos deteremos na crítica à qual Benveniste submete, no início de sua análise, certas definições do signo linguístico encontradas no *Curso de linguística geral* [...]. Essas definições realmente não são perfeitas e devem ser atribuídas às condições em que a obra foi publicada. Elas são substituídas, em outras passagens do mesmo livro, por outras fórmulas mais perfeitas e à luz das quais é aconselhável interpretar as primeiras. Referimo-nos sobre isso nas observações relevantes feitas por Charles Bally em um artigo publicado recentemente: "L'arbitraire du signe, valeur et signification" [O arbitrário do signo, valor e significação], *Le Français moderne*, julho de 1940.

   Essa correção necessária tem, aliás, apenas uma conexão indireta com o nosso debate e, de qualquer maneira, a conclusão de Benveniste permaneceria a mesma (p. 24): "Há, portanto, contradição entre a maneira como Saussure define o signo linguístico e a natureza fundamental que lhe atribui" – a saber, de ser arbitrário. (Sechehaye; Bally; Frei, 1940: 166-167)

4. A resposta a Benveniste mantém o essencial do princípio do arbitrário do signo;

4.1 admite-se que Benveniste introduz um tema a mais: a relação entre pensamento e língua.

Quer haja contradição ou não, quer se trate de um traço fundamental ou acessório, esse arbitrário, contudo, existe. Entre a série de fonemas b-ö-f e o animal que essa série serve para designar em francês, não há nenhum laço de necessidade natural em virtude do qual uma convocaria o outro. Podemos desafiar qualquer pessoa a provar o contrário, e Benveniste sabe disso muito bem, pois, contrariamente aos demais, evita negar isso absolutamente. Ele se contenta em admitir, cheio de reservas: "É apenas", ele diz à p. 24, "se pensarmos no animal 'boeuf' [boi] em sua particularidade concreta e 'substancial' que podemos julgar arbitrária a relação entre *böf*, por um lado, e *oks*, por outro, com uma mesma realidade". E mais adiante (p. 29): "A parte de contingência inerente à língua afeta a denominação como símbolo fônico da realidade e em sua relação com ela". Como Saussure nunca quis dizer outra coisa, não há aí uma refutação de sua doutrina. A divergência começa somente quando se trata de saber quanta importância atribuir a essa constatação. Segundo o nosso contraditor, essa constatação pareceria, à primeira vista, não ter qualquer consequência: "Arbitrária, sim, mas sob o olhar impassível de Sirius ou para quem se limita a observar, de fora, o vínculo estabelecido entre uma realidade objetiva e um comportamento humano e se condena, assim, a ver apenas contingência... O verdadeiro problema é muito mais profundo" (p. 25).

Esse verdadeiro problema é naturalmente saber como o pensamento se reveste de uma forma na língua. (Sechehaye; Bally; Frei, 1940: 167)

5. Recusa à discussão metafísica proposta por Benveniste sobre a relação entre pensamento e língua, e entre mundo e língua;

5.1 a doutrina saussuriana não precisa dar solução a esse tipo de problema;

5.2 Benveniste admite que a doutrina saussuriana embasa sem reservas a discussão mutabilidade/imutabilidade do signo linguístico.

O arbitrário do signo nada tem a ver com isso, ou, pelo menos – nova concessão (p. 26) –, tem alguma relação, ou, se se preferir, mais uma aparência de relação do que uma conexão real com a questão primordial; isso toca o famoso problema θέσει ou φύσει: os signos da língua seriam convenção ou conveniência? Mas por trás dessa questão existe, diz Benveniste, uma outra questão muito mais importante, uma questão de metafísica, a do acordo entre o espírito e o mundo. A questão "que o linguista talvez um dia seja capaz de enfrentar com sucesso" (p. 26); mas o arbitrário do signo somente lhe traz, no momento, uma resposta falsa, uma resposta completamente grosseira e provisória.

[...] Mal preparados para discutir as relações entre o pensamento e o mundo, recusamo-nos a entrar, como nosso parceiro nos convida a fazer, em um terreno onde, aliás, ele mesmo não se aventura; mas ousamos, com Ferdinand de Saussure, opor a esses olhares metafísicos uma solução clara e de bom senso dentro do quadro e dos limites da ciência objetiva.

[...] o próprio Benveniste, que parece ter dificuldade em se separar do mestre, cujo pensamento forte e sutil ele aprecia, nos ajuda fazendo uma nova concessão que o afasta um pouco de seu ceticismo inicial. Ele reconhece (p. 27) que Saussure extraiu, dessa observação sem consequências sobre o arbitrário do signo, "consequências que repercutem longe", e que "ele demonstrou admiravelmente que se pode falar tanto da imutabilidade quanto da mutabilidade do signo: imutabilidade porque, sendo arbitrário, não pode ser questionado em nome de uma norma razoável, mutabilidade porque, sendo arbitrário, é sempre suscetível de se alterar". E Benveniste cita Saussure aqui em apoio (*Curso*, p. 112): "Uma língua é radicalmente impotente contra os fatores que deslocam de momento a momento a relação entre o significado e o significante, esta é uma das consequências do arbitrário do signo". Não poderíamos ser mais saussurianos [...]. (Sechehaye; Bally; Frei, 1940: 167-168)

6. Defesa e manutenção do princípio do arbitrário do signo.

Mas, então, por que não seguir o *Curso de linguística geral* até o fim? Que escrúpulo nos obriga a encerrar obstinadamente o significante e seu significado no quadro sistemático da língua [...] e por que deveríamos ser proibidos de proceder ao confronto dos significantes com os objetos e os conceitos de objetos que eles podem servir para designar? Compreendemos menos ainda por que os sujeitos falantes procedem constantemente a esse confronto por meio de significações na fala. Não é graças a esse processo repetido mil vezes que "a vida mental e a vida linguística que é seu reflexo" procedem às "atribuições sucessivas de um estado de relativa grosseria até um estado de sutileza intuitiva" [...]?

E como, finalmente, falar dessas atribuições sem levar em conta o arbitrário do signo que é a sua condição negativa? [...] o próprio Benveniste acaba de fazê-lo em termos gerais, mas perfeitamente claros, quando cita, anteriormente, com a aprovação de Saussure, que dizia: "Uma língua é radicalmente impotente contra os fatores que deslocam de momento a momento a relação entre o significado e o significante. *Esta é uma das consequências do arbitrário do signo*".
Na verdade, não conseguimos ver em que a doutrina do arbitrário do signo foi contrariada: ela é atacada abertamente, mas, no final das contas, admite-se *en passant* tudo o que a constitui. (Sechehaye; Bally; Frei, 1940: 168-169)

À GUISA DE CONCLUSÃO

O que apresentamos acima teve um propósito simples e modesto: diante da impossibilidade circunstancial de publicar integralmente uma tradução do artigo "Em favor do arbitrário do signo" de autoria de três dos mais notáveis representantes da Escola de Genebra, optamos por apresentar um roteiro de leitura acompanhado de partes do artigo, por nós consideradas essenciais.

Nosso intuito foi menos zelar pelo estilo da escrita dos autores e mais garantir a circulação em solo brasileiro de um pensamento que sempre desfrutou de sólida reputação entre seus pares. E como se trata de um mero roteiro de leitura, ele é, por natureza, incompleto. Não tivemos a intenção de substituir o artigo, menos ainda quisemos impedir a leitura do original. Queremos apenas ter contribuído para favorecer a leitura do artigo entre nós. Temos consciência da distância que nosso roteiro mantém do original que introduz; no entanto, sentimo-nos acalentados ao acreditar na ideia de que, ao menos, não causamos um desfavor a Sechehaye, Bally e Frei na elucidação do pensamento de Saussure. Se nosso roteiro servir para desencadear outras leituras, é porque atingimos plenamente nossos objetivos.

Notas

[1] Este texto foi redigido após uma decisão tomada pelo Comitê da Sociedade linguística de Genebra em 7 de junho de 1941.
[2] Na verdade, no início do texto de Albert Sechehaye, Charles Bally e Henri Frei (1940: 166) é colocada uma nota introdutória que enumera os textos aos quais os autores se contrapõem. Lê-se nessa nota: "Ver: (1) Damourette e Pichon, *Des mots a la pensée* [Das palavras ao pensamento], vol. I, 1927, p. 95. – (2) G. Esnault, resenha da obra anterior, *Mercure de France* de 1 de junho de 1935. – (3) E. Benveniste, "Nature du signe linguistique" [Natureza do signo linguístico], *Acta linguistica*, vol. I, p. 23-9. – (4) E. Lerch, "Vom Wesen des sprachlichen Zeichens" [Sobre a natureza dos signos linguísticos], ibid. vol. I, p. 145-62. – (5)

Ed. Pichon, "Sur le signe linguistique, compliment a l'article de M. Benveniste" [Sobre o signo linguístico, complemento ao artigo de Benveniste], *Acta linguistica*, vol. II, p. 51-2".

[3] Lembramos que De Mauro refere-se aqui a sua edição crítica do CLG, originalmente de 1967. Nós usamos aqui a edição francesa do CLG, de 1976, cf. Bibliografia.

[4] Esses números correspondem à enumeração feita pelos autores dos textos (cf. nota 2, anterior).

Bibliografia

BARTHES, Roland; COMPAGNON, Antoine. Leitura. In: ENCICLOPÉDIA Einaudi. Vol. 11. Oral/Escrito. Maia: Imprensa Nacional/Casa da Moeda, 1984, p. 184-206.

CUREA, Anamaria. *Entre expression et expressivité:* l'école linguistique de Genève de 1900 à 1940: Charles Bally, Albert Sechehaye, Henri Frei. Lyon: ENS Éditions, 2015.

DE MAURO, T. "Notes biographiques et critiques sur F. de Saussure". In: SAUSSURE, F. *Cours de linguistique générale*. Éditions critique préparée par Tullio de Mauro. Paris: Payot, 1976, p. 405-77.

SECHEHAYE, Albert; BALLY, Charles; FREI, Henri. "Pour l'arbitraire du signe". *Acta linguistica,* v. 2, n. 3, 1940, p. 165-169.

PARTE 2
A ESCOLA LINGUÍSTICA DE GENEBRA EM EXAME

PARTE 2
A ESCOLA LINGUÍSTICA
DE GENEBRA: DE SAUSSURE

O arbitrário do signo como problemática na linguística de Genebra: Charles Bally, Albert Sechehaye e Henri Frei

Anamaria Curea

INTRODUÇÃO

Observando atentamente a antologia de comentários, realizada por Rudolf Engler (1962)[1], sobre o arbitrário do signo, é fácil perceber a dimensão que esse debate tomou na primeira metade do século XX. Os 70 comentários sobre a formulação saussuriana do princípio do arbitrário, alguns dos quais se respondem em tom polêmico (adquirindo a dimensão de uma "querela"), criam uma polifonia pela qual se reativa esse tópos, já dotado de uma historicidade muito densa[2]. Por meio dessa polifonia, composta por várias leituras e diferentes posicionamentos em relação a esse princípio, estabelece-se uma troca reveladora "da situação da linguística francesa na Europa diante da novidade saussuriana" (Puech, 2003: 156).

Em meio a esse debate (renovado) e dentro da Escola genebrina de linguística geral, desejamos levantar alguns pontos pelos quais o arbitrário do signo se mostra não apenas um elemento importante na recepção das ideias saussurianas pelos primeiros intérpretes do *Curso* – Charles Bally e Albert Sechehaye[3] (seus editores) e pelo discípulo de Bally, Henri Frei[4] –, mas também, e sobretudo, uma *problemática linguística*, à qual eles se dedicaram em seus trabalhos, e que cada um desenvolveu a seu modo para inscrever aí as coordenadas de seu próprio programa.

O arbitrário do signo é apresentado nesses trabalhos principalmente de duas formas, aliás, complementares: como um dos pontos cruciais que marcam a novidade saussuriana; e como uma *base de discussão* que permite abrir novos caminhos para a linguística como ciência (autônoma). Dito de outro modo, nesses trabalhos, o arbitrário é colocado como o *princípio saussuriano* sobre o qual se funda uma posição inovadora na linguística; posteriormente, porém, ele adquire a dimensão de uma *problemática a ser desenvolvida*, no sentido atribuído a esse termo por Sylvain Auroux (1979), ao se referir aos casos em que um tema não corresponde a um problema inequívoco, para o qual uma teoria poderia dar uma solução definitiva: "de fato, é menos um problema do que uma problemática, isto é, a forma das conexões gerais entre perguntas e respostas cujos vínculos não são determinados de uma vez por todas" (Auroux, 1979: 54).

A ARTICULAÇÃO ARBITRÁRIO-MOTIVAÇÃO EM CHARLES BALLY

Os primeiros trabalhos de Bally, datados de 1905 e 1909, portanto anteriores à publicação do CLG em 1916, são dedicados a um projeto cujo nome não se estabilizou facilmente: entre várias denominações sucessivas, "ciência geral da expressão" (Bally, 1905), "ciência teórica da expressão", "estudo sistemático dos meios de expressão" (Bally, 1911), ele finalmente manteve "estilística". Trata-se, como sabemos, de seu projeto de criação de uma nova disciplina científica (e disciplina de ensino universitário), cujo objeto de pesquisa é o conjunto das características afetivas dos fatos de expressão específicos da língua utilizada em contexto (a "língua falada").

Nesses primeiros textos de Bally, a influência de Ferdinand de Saussure é, em geral, difícil de avaliar (cf. Amacker, 2000). O arbitrário do signo não é objeto nem de uma problematização, nem de qualquer desenvolvimento em suas obras e em seus artigos sobre a estilística. Entre as ideias veiculadas que poderiam ter relação com a linguística saussuriana estão a definição do "sistema" da língua como sistema expressivo (uma certa abordagem sistêmica da língua) e o programa de linguística sincrônica, cuja necessidade é constantemente afirmada.

Antes de se engajar, individualmente ou em colaboração com seus colegas, no debate em torno do arbitrário do signo, na década de 1940, Bally reinscreve essa temática em duas obras originais, *Le langage et la vie* [A linguagem e a vida] (1926) e *Linguistique générale et linguistique française* [Linguística geral e linguística francesa] (1932, doravante LGLF).

O arbitrário e o mecanismo da expressividade linguística

Evocamos, de início, seu artigo "Mécanisme de l'expressivité linguistique" ["Mecanismo da expressividade linguística"] (1926), em que Charles Bally fornece uma interpretação que lhe permite articular suas próprias ideias, a respeito da expressividade, com a problemática da relação entre *arbitrário* e *motivação*. Nesse texto, sua definição do "mecanismo fundamental da expressividade linguística" evoca operações associativas, a saber, associações sobre o significante e associações sobre o significado, cujo papel é o de limitar o arbitrário:

A linguagem, intelectual em suas raízes, só pode traduzir a emoção transpondo-a pelo jogo de associações implícitas. Uma vez que os signos da língua são arbitrários em sua forma – seu *significante* – e em seu valor – seu *significado* –, as associações se ligam ou ao significante, para fazer dele surgir uma impressão *sensorial*, ou ao significado, para transformar o conceito em *representação imaginativa*. Ambas as categorias de associações são carregadas de expressividade na medida em que a percepção sensorial – ou a representação imaginativa – concorda com o conteúdo emotivo do pensamento. (Bally, 1977 [1926]: 83)

As *associações sobre o significante* produzem, por sua combinação com significantes arbitrários, percepções correspondentes às ideias e, por isso mesmo, impressões sensoriais. Segundo Bally, a expressividade dessas associações limita seu caráter arbitrário. Trata-se de interjeições e também de frases exclamativas, que ele considera como os resultados de uma tendência para imitar a exclamação (procedimento gramaticalizado, inserido na língua); de combinações de vogais e de consoantes (*gazouiller* [chilrear], *caracoler* [empinar], *grignoter* [petiscar], *cliquetis* [clique]); de contrastes de timbres (*zigzaguer* [ziguezaguear]); do acento de insistência (*"une fformidable explosion"* ["uma *ff*ormidável explosão"]); da quantidade, longa ou breve, de sílabas; de repetições de vogais (*tohu-bohu* [desordem]) ou de consoantes (*papoter* [papear], *barboter* [chapinhar]) ou de sílabas (*dada* [pocotó], *nounou*, [babá]) ou de palavras (*"C'est loin, loin"* [É longe, longe], *"un père est toujours un père"* [um pai é sempre um pai]); de pausas entre as sílabas (*"refus* ca-té-go-rique" [recusa *ca-te-gó-rica*]) ou entre as palavras (*je-le-veux* [eu-o-quero]); e de todos os procedimentos *rítmicos*.

As *associações sobre o significado* criam *representações imaginativas* e produzem expressividade por substituição. Bally classifica, nessa categoria, as *imagens*, as *figuras* ou os *tropos* (*um buraco no dente, é um cabeça dura, a cidade está agitada, seus olhos lançam clarões, o vento uiva*), cuja expressividade repousa em substituições que jogam com a representação. O autor fala de *hipóstase*, definida como a substituição de uma categoria por outra (em vez de "você é ingênuo!" se diz "você é criança!" – o substantivo *criança* tendo uma função adjetiva). Esse tipo de procedimento é retomado e amplamente desenvolvido por Henri Frei, em *Grammaire des fautes* [Gramática dos erros] de 1929, sob o nome de *interversão* de categorias.

Seu ponto de vista da linguagem figurada determina a maneira pela qual Bally define os procedimentos expressivos. Por meio da *hipóstase*, o sujeito falante apela à lógica e à imaginação do sujeito ouvinte. Sua expressividade está, portanto, condicionada pela existência de uma intenção por parte do sujeito falante, que põe em prática uma estratégia para *significar de modo diferente*[5]. A intenção de significar é definida pelo recurso a uma dialética sutil entre a lógica e o ilogismo:

> Se o mecanismo da expressividade é exatamente assim como foi definido [...], os procedimentos que ele coloca em jogo parecem ter duas características que são incompatíveis: eles são, ao mesmo tempo, *intelectuais* e *ilógicos*, mais exatamente: intelectuais porque operam com as categorias lógicas nas quais a mente classifica as ideias; ilógicos porque o próprio do signo expressivo é a troca entre as categorias, de tal forma que justamente aquela categoria que a lógica exige se encontra mascarada ou suprimida em favor de uma outra, a qual ela repugna. (Bally, 1977 [1926]: 92)

Notemos que Bally considera os procedimentos expressivos como *intelectuais*, na medida em que operam com categorias da lógica, e *ilógicos* – do ponto de vista da intenção que subjaz a ele e que parece contrariar a lógica: mascarar ou suprimir uma categoria em favor de outra não é algo gratuito. O aspecto mais notável da linguagem figurada – entendida como uma interversão das categorias – é a maneira pela qual *o sentido é produzido na enunciação*, por um lado, e sua aparência de jogo, por outro, ficando o sujeito falante e o sujeito ouvinte perfeitamente conscientes dessa intenção de significar: "A mente não se deixa enganar (isso é óbvio, mas é muito notável) pela interversão das categorias que cria o signo expressivo; pois, se houvesse realmente confusão, a expressividade desapareceria; e não se poderia mais falar de *procedimento*, mas de *processo* puro e simples" (Bally, 1977 [1926]: 93).

O mecanismo de expressividade repousa inteiramente em associações implícitas. Segundo o autor, um signo não é expressivo em si mesmo; ele é expressivo na medida em que se associa com outros signos. Essas associações são *implícitas*, sempre marcando um afastamento, um desvio em relação a outro modo de expressão: "Afirmamos, de fato, que a expressividade linguística, obedecendo à tendência sintética da afetividade, aplica uma percepção ou uma representação a um conceito, de modo a encobri-lo e a abafá-lo ao evocá-lo, e que ela *diminui, nessa medida, o papel dos signos arbitrários*. Portanto, implicação e não justaposição; *o sintagma expressivo nunca é totalmente explícito*: um dos termos paira sobre o outro ou o substitui" (Bally, 1977 [1926]: 89, grifo nosso).

A noção de arbitrário em Bally pode se estender a todo o domínio da língua e se tornar o atributo de um modo de expressão. A consequência é que a língua usual é considerada arbitrária em seu conjunto, ao passo que aquilo que é próprio da "língua expressiva" é a afronta constante a esse arbitrário. Três noções se tornam quase sinônimas na abordagem de Bally: *arbitrário, lógico* e *intelectual*; e se aplicam a um modo de expressão, muito mais do que aos próprios signos. Os dois tipos de procedimentos que contrariam o arbitrário produzem dois tipos distintos de expressividade: um sobrepõe uma impressão sensorial ao conceito e o outro aplica uma representação inédita a um conceito. Em ambos os casos, a expressividade é o resultado de uma *forma de heterogeneidade* linguística.

Arbitrário e antinomia entre expressão e comunicação

O arbitrário e a motivação também são evocados na formulação da relação de antinomia entre *expressão* e *comunicação*, o que explica o *processus* de convencionalização dos signos como um fenômeno dinâmico, situado entre o polo da expressão e o da comunicação:

> O pensamento tende à expressão integral, pessoal, afetiva; a língua busca comunicar o pensamento com rapidez e clareza: ela só pode, portanto, traduzi-lo em suas características gerais, despersonalizando-o, objetivando-o. Quanto mais as trocas se multiplicam, mais a comunicação trabalha contra a expressão pessoal. [...] Quando a língua atinge seus fins, o signo linguístico se torna puramente convencional ou, como diz Saussure, arbitrário: e é assim não apenas em sua forma material e fônica – seu *significante* –, é também em sua significação, seu valor – seu *significado*. (Bally, 1977 [1926]: 80)

Notemos que a relação entre a *expressão* e a *comunicação* está situada na origem da própria criação do signo dentro do sistema da língua. Bally utiliza as duas noções para explicar a vida, o futuro de um signo linguístico, do ponto de vista da estabilização da relação entre o significante e o significado. Quando essa relação já está estabilizada, o signo é *convencional* ou *arbitrário*, e serve, a partir daí, para atender às necessidades da comunicação, e não mais para a linguagem expressiva. Dito de outro modo, essa relação deixa de se basear em um *procedimento* e passa a constituir um *signo* da língua. Assim, a expressividade é a propriedade de uma etapa intermediária entre aquilo que ainda é um procedimento – e ainda perceptível enquanto tal – e o momento em que toda significação *procedimental* se apaga em favor da estabilização da relação entre significante e significado, interna a todo signo da língua. Isso é uma consequência do funcionamento da expressividade em diacronia.

Os termos *arbitrário* e *motivação* ocupam, assim, seu lugar nas duas séries opostas que caracterizam a antinomia entre comunicação e expressão, igualmente consideradas como os polos da relação entre a língua e o pensamento: o arbitrário está associado à comunicação, ao coletivo, ao inconsciente, à língua; ao passo que a motivação está associada à expressão, ao individual, à consciência e à intencionalidade do sujeito.

A problemática do arbitrário será retomada em LGLF de 1932/1944 no contexto da discussão sobre as relações entre o signo linguístico e a sintagmática:

> A oposição estabelecida por Ferdinand de Saussure entre signos arbitrários e signos motivados é uma das que desempenham o maior papel na teoria dos sistemas linguísticos. É ela que fixa – de duas maneiras diferentes – o valor dos signos; o mecanismo do arbitrário mostra, em particular, como um signo isolado, sem o apoio de qualquer contexto, se prende a uma determinada noção. Isso nos parece natural, porque o uso constante da língua faz com que tomemos uma coisa por outra; mas, de fato, como é possível que uma palavra como árvore expresse a ideia de árvore? (Bally, 1965 [1944]: 127)

Com base nos exemplos de signos parcialmente motivados propostos no CLG (*dix-neuf* [dezenove], *petit-fils* [neto], *poirier* [pereira], *couperet* [cutelo]), Bally define o signo motivado como um signo que contém, em estado isolado, "algo que se relaciona com a ideia que ele expressa, pouco importando que essa indicação seja racional, como em *dix-neuf*, seja imperfeita, como em *petit-fils*, ou simplesmente imaginária, como em *vif-argent* [prata-viva]; em outras palavras, pouco importa que ele permaneça arbitrário apesar de sua motivação relativa" (Bally, 1965 [1944]: 127). É nesse ponto que a interpretação do arbitrário do signo saussuriano por Bally abre um caminho que pretende completar e sistematizar a formulação de Saussure: "F. de Saussure explica o arbitrário do signo pela multiplicidade, teoricamente ilimitada, das associações opositivas que o signo estabelece com os outros signos da língua (associações próximas ou distantes, diretas ou indiretas). *Além disso, ele especifica que é por dois jogos paralelos de associações que as duas partes do signo são fixadas; em outras palavras, o signo é arbitrário em seu significado e em seu significante*" (Bally, 1965 [1944]: 127, grifo nosso).

A interpretação de Bally separa o significante do significado, e cada um deles é arbitrário a sua maneira, em razão das duas séries de associações. A partir dessa interpretação, ele desenvolve essa problemática se perguntando se esse "paralelismo" também existe em relação à motivação: "Um signo pode ser motivado por seu significado ou por seu significante ou por um e outro?" (Bally, 1965 [1944]: 128).

Em outras palavras, não mais do que o arbitrário, a motivação não caracterizaria a relação entre significante e significado, mas, sim, cada "face" da entidade bifacial que é o signo: a frente e o verso da folha de papel são considerados separadamente. Na categoria dos signos motivados pelo significado, Bally classifica os exemplos do *Curso*, *dezenove* e *pereira*: "dois conceitos, cujos signos linguísticos são puramente arbitrários, se associam para formar uma noção complexa que lembra, de perto ou de longe, o valor real do signo total" (Bally, 1965 [1944]: 129). Os signos são motivados pelo significante se este "fornece uma ou várias percepções (acústicas, por vezes visuais)": as interjeições (*pouah* [eca], *pif-paf* [pife-pafe]), por vezes transpostas por hipóstase (*brouhaha* [burburinho], *crincrin* [som desafinado], *crier haro* [gritar contra], *marcher cahin-caha* [andar de lá para cá]) ou explicitamente (*cliqueter* [clicar], *cliquetis* [clique], *craquer* [estalar], *craquement* [estalo], *croasser* [grasnar], *miauler* [miar]), o simbolismo dos sons (*p*, *b*, *f*, a ideia de plenitude: *bourrer* [encher], *boursoufler* [empolar], *empiffrer* [empanturrar], *gonfler* [inflar]), o acento e a entonação que motivam (o acento de insistência: *mais tt*ais*-toi!* [mas cala *tt*ua boca!], co*chon!* [*p*orco!]). Bally destaca um fato notável: "ficará evidente que quase todos os casos de motivação pelo significante mencionados até agora pertencem à língua expressiva, ou seja, dizem respeito à estilística" (Bally, 1965 [1944]: 132).

Bally identifica igualmente outra forma de motivação, que ele chama de "motivação implícita por acúmulo", que se baseia na existência de um vínculo interno ou de uma associação espontânea entre duas ideias: a *jument* [égua] é a fêmea do *cheval* [cavalo], a *truie* [porca], a *biche* [cerva], os nomes de pequenos animais (*poulain* [potro], *poussin* [pintinho], *veau* [bezerro]), os nomes coletivos (*forêt* [floresta], *verger* [pomar] etc.). A distinção *interno/externo* é introduzida para explicar as relações de associação, segundo as quais um signo é mais ou menos arbitrário ou mais ou menos motivado, na formulação de um princípio ideal a respeito do "totalmente arbitrário" e do "totalmente motivado":

> É possível, portanto, partindo dos dois polos entre os quais se move a vida dos signos, estabelecer o seguinte princípio ideal: o próprio do signo totalmente motivado seria repousar sobre *uma única* associação *interna obrigatória*; já o próprio do signo totalmente arbitrário seria de estar ligado mentalmente a *todos* os outros signos por associações *externas facultativas*. Gramaticalmente, o signo motivado ideal será constituído por um sintagma *único*; o signo arbitrário, por sua vez, por um número teoricamente ilimitado de sintagmas (*árvore* = "coisa que tem folhas, galhos, raízes, que dá sombra, que é maior do que um arbusto, coisa que inclui faias, abetos" etc., etc.). (Bally, 1965 [1944]: 136, grifo nosso)

Charles Bally e a polêmica em torno do arbitrário na década de 1940

Em seu artigo de 1940[6], Bally responde a dois estudos que criticam o princípio saussuriano do arbitrário do signo[7]. Seus autores afirmam, antes de tudo, que Ferdinand de Saussure introduz termos contraditórios na definição do signo e que o laço que une o significante ao significado, longe de ser arbitrário, comporta, *ao contrário*, um caráter de necessidade orgânica.

As duas críticas se baseiam na hipótese de uma contradição interna resultante da aproximação entre o arbitrário e o imotivado, "arbitrário em relação ao significado, com o qual ele não tem nenhuma conexão na *realidade*". Bally destaca que aquilo que deve ser entendido por *realidade* não é o objeto real que se vê diante de si, mas o "caráter lógico e necessário de uma união fundada na natureza" (Bally, 1940: 194), e que a causa dessa ambiguidade deve ser atribuída às condições da edição do *Curso*. E ele acrescenta ainda que, se supusermos que Saussure havia tomado a palavra *realidade* no mesmo sentido que seus contraditores, poderíamos responder com Saussure que, se não há, nos sons de *árvore*, nenhuma relação com o conceito "árvore", com mais razão não há nenhuma relação desse conceito com a representação concreta desta ou daquela árvore oferecida à percepção.

A partir dessa ambiguidade da palavra *significado* apontada pelos dois autores, Bally introduz uma distinção terminológica entre a representação sensorial *atual* e o conceito *virtual*. O reflexo linguístico da primeira será chamado de significação objetiva ou simplesmente *significação*, ao passo que o conceito virtual é chamado de valor subjetivo ou simplesmente de *valor*. A significação permanece sempre em contato com a realidade, ao passo que o valor tem somente uma existência memorial, sem nenhum contato com a realidade. Bally relaciona essa distinção com a dualidade *língua/fala*:

> [...] sua oposição toca a própria essência do mecanismo linguístico; pois (ela) [...] tem, como consequência, que o valor (virtual) diz respeito à língua, ao passo que a significação (atual) pertence à fala (ao funcionamento da língua); ora, essa distinção – que ainda se tenta atacar – não pode mais ser posta em dúvida depois que Saussure a colocou. É somente na fala, no discurso, que o signo, pelo contato com a realidade, tem uma significação [...] e é somente na língua, em estado latente, que esse mesmo signo desencadeia um feixe de associações memoriais que constituem seu valor (por exemplo, árvore: arbusto, árvore: tronco, árvore: abeto, faia, árvore: floresta etc., etc.). (Bally, 1940: 195)

Podemos constatar que a distinção entre língua e fala é evocada como um princípio geral suscetível de admitir vários corolários. Entre esses corolários está também a distinção – importante para Bally – entre a *significação do signo*, como atualização na fala ou no discurso (as duas noções, aqui, são sinônimas) e o *valor do signo*, o conjunto das associações memoriais que formam seu "campo associativo" na memória. Esse desenvolvimento não nos parece compatível nem com a noção de *signo*, nem com a de *valor* da teoria saussuriana.

Apesar de Bally alegar ter pego emprestado os termos *significação* e *valor*[8] de Saussure "com o sentido que ele lhes atribuiu", parece que, no *Curso*, na passagem mencionada por Bally, não há índice próprio para situar a significação na fala; essa noção está mais associada ao conceito (no par conceito-imagem acústica) ou ao significado (no par significado-significante), ao passo que o valor, em seu aspecto conceitual (pois ele é tratado, logo em seguida, em seu aspecto material), é determinado em relação a uma coisa *dessemelhante* (possibilidade de troca) e em relação a coisas *similares* (possibilidade de comparação)[9]. A interpretação de Bally vai na direção de uma identidade entre valor e conceito, o que nos parece problemático, tão problemático quanto seu recurso à distinção língua/fala nesse contexto: "Assim, para ele (Saussure), o valor (ou seja, o significado) está ligado ao conceito, não ao mundo dos objetos; à língua, não à fala" (Bally, 1940: 199).

Voltando à crítica do arbitrário do signo, Bally afirma que esse princípio saussuriano quer dizer que o laço que liga o significante (em sua estrutura fônica) ao significado não está fundado na natureza, mas é puramente convencional (há, no entanto, signos motivados, aqueles cujo significante lembra, de alguma forma, a ideia que expressa – *colibri* é arbitrário, *beija-flor* é motivado, exemplo do *Curso*).

O mal-entendido sobre o arbitrário se explica, segundo Bally, pela ilusão do caráter natural, orgânico, até mesmo lógico, do laço entre o significante e o significado, consequência, na realidade, da reprodução incessante da mesma associação, ao passo que essa associação pôde nascer por simples contato. Para ter nascido dessa maneira, essa relação não é menos imperativa, em virtude da restrição social. Porém, também é verdade que esse laço constitutivo do signo é "dos mais frágeis", sendo amarrado e desfeito com grande facilidade; ele se modifica ou se desloca, de acordo com Bally, ao sabor dos caprichos da estrutura linguística e do uso, porque ele é arbitrário[10].

FORMA-VALOR E CONVENÇÃO EM ALBERT SECHEHAYE

Em 1908, Albert Sechehaye publica dois textos fundamentais para a emergente disciplina de linguística geral: seu artigo publicado em *Mélanges à F. de Saussure* e sua obra *Programme et méthodes de la linguistique théorique. Psychologie du langage* [Programa e métodos da linguística teórica. Psicologia da linguagem]. Ambos são dedicados ao mestre: o primeiro na condição de artigo em homenagem e o segundo no modo explícito de dedicatória. Nesses dois textos, encontramos uma abordagem da distinção entre natureza e convenção que remete à problemática do arbitrário, sem que o arbitrário seja uma propriedade atribuída eminentemente ao signo. A noção é utilizada no âmbito do desenvolvimento de um programa científico reformador chamado "linguística teórica" e baseado em um princípio explicativo original chamado "princípio de encaixe". Nesses textos de Sechehaye, não encontramos uma definição "saussuriana" do signo linguístico. A unidade linguística definida pelo autor é o *símbolo*, em uma abordagem de inspiração muito mais logicista.

Sechehaye define o símbolo da seguinte forma: "O símbolo não é um signo arbitrariamente escolhido para corresponder a uma ideia preexistente, mas a condição linguística necessária para uma operação psicológica, a saber, a formação de uma ideia verbal" (Sechehaye, 1908a: 175). Na formulação desse princípio, sua escolha terminológica se justifica e se torna mais precisa. O símbolo é uma noção que não remete ao signo como uma entidade já instituída, mas à operação psicológica que possibilita a formação de uma "ideia verbal". O símbolo se torna, assim, um conceito que permite levar em conta a operação psicológica de significação ou de simbolização, que é a condição de possibilidade do funcionamento da linguagem. É o signo considerado sob o ângulo das condições psicológicas que contribuem para a instituição do laço mental entre uma extensão linguística e uma ideia. Sechehaye estabelece uma relação de solidariedade absoluta entre a ideia e o símbolo, fundada na identidade psicológica que existe entre esses dois fenômenos paralelos, formação da ideia e criação do símbolo.

A temática do *símbolo* é retomada em sua obra de 1908, *Programme et méthodes de la linguistique théorique. Psychologie du langage* [Programa e métodos da linguística teórica. Psicologia da linguagem]. Paralelamente à divisão do objeto da linguística em um "elemento gramatical" e "elementos extragramaticais" ou "pré-gramaticais" (o primeiro relativo à psicologia coletiva e o segundo, à psicologia individual), Sechehaye estabelece uma divisão correspondente no campo da linguística, entre a ciência da linguagem afetiva e a ciência da linguagem organizada sob sua forma falada. A linguística teórica está centrada, segundo ele, no problema gramatical; sua matéria é formada pelos elementos articulados, cujo agente é a coletividade ("a soma dos sujeitos individuais pela qual ela é formada") e cujo instrumento é a inteligência.

Aplicando o "princípio do encaixe", Sechehaye organiza as matérias dentro da *ciência da linguagem organizada* de tal forma que elas possam se esclarecer umas às outras. Resultam daí duas subdivisões: a distinção entre o estudo racional dos estados de linguagem e o das evoluções de linguagem e a distinção entre o elemento convencional da linguagem e os valores ou a forma de pensamento que se realiza nessas convenções. Os estados gramaticais são, portanto, considerados como um objeto de ciência. Nessa perspectiva, um estado de língua é definido como o resultado de um estado gramatical (as disposições adquiridas) e de fatores extragramaticais (impulsos espontâneos decorrentes da constituição psicofísica do sujeito).

A segunda subdivisão diz respeito ao princípio do arbitrário do signo linguístico, ao evocar a distinção entre a convenção e o pensamento que se reveste dessa convenção. O aspecto mais interessante do problema nos parece ser a distinção feita entre a *forma* e a *convenção*. Para Albert Sechehaye, a forma e o valor de um signo são inseparáveis, em virtude do princípio absoluto do paralelismo psicofisiológico. Na análise da fala, é impossível separar o continente, isto é, a forma ou o procedimento, do conteúdo, isto é, do valor. São dois aspectos solidários do mesmo fenômeno, como *uma única coisa da qual vemos as duas faces*. O objeto da linguística deve ser a solidariedade entre as duas faces, a forma e o pensamento; e querer separá-los significaria destruir o objeto da linguística.

A forma e o valor são, consequentemente, inseparáveis. No entanto, é preciso fazer uma distinção entre a unidade instituída pela solidariedade entre forma e valor e um outro elemento, cuja natureza e cujo papel são diferentes: os sons, os elementos articulatórios, a matéria na qual a forma se realiza. Sechehaye tem consciência da equivocidade em torno da palavra *forma*. É por isso que ele define esse termo como um conjunto abstrato formado pelas ideias que o sujeito falante tem e que é, em relação à linguagem concreta, aquilo que as qualidades geométricas de um objeto são para esse objeto na ordem da percepção. *O fundamento da gramática está na identidade entre a ideia e o símbolo, que se baseia na associação das representações (de coisas) e das representações de símbolos*:

> Analisada em seus elementos, essa forma é composta, sobretudo, pelas ideias disponíveis ao sujeito falante. Essas ideias, mais ou menos claras, são constituídas por vastas associações de representações, associadas, por sua vez, a representações de símbolos correspondentes. [...] O símbolo é a ideia, e a ideia é o símbolo; há solidariedade entre eles no pensamento,

e cada uma dessas associações é um elemento formativo tanto na inteligência quanto na gramática. A conformidade do pensamento com a língua repousa sobre essa identidade fundamental de seus respectivos elementos. (Sechehaye, 1908b: 111)

A forma, considerada como uma associação de representações de dois tipos *inseparáveis*, se realiza somente por meio dos signos convencionais, e esses signos têm uma qualidade material, contingente, que é importante distinguir da forma. O arbitrário do signo se explica por essa distinção entre a forma e a convenção. A forma repousa sobre uma associação necessária; a convenção, sobre uma operação arbitrária:

> Não há nenhuma relação necessária, nenhuma identidade entre a ideia do animal solípede que todos conhecem e as três sílabas do vocábulo ca-va-lo com o qual essa ideia está associada. Na prática, esse mundo das ideias, que é o substituto do mundo exterior, não poderia existir na inteligência sem um léxico correspondente, composto por palavras de qualquer qualidade material, mas suficientemente diferenciadas entre si. Na teoria, entretanto, é possível conceber essa forma do pensamento, que é, ao mesmo tempo, uma forma da gramática, independentemente do léxico particular no qual ela se realiza. É possível supor outro léxico, compreendendo tantos vocábulos igualmente diferenciados, mas absolutamente diferentes daqueles que estão em uso. Em vez de cavalo, nada nos impede de imaginar outra combinação de signos articulatórios ou, até mesmo, de imaginar nenhuma combinação e de pensar somente em um signo algébrico, um A ou um X que seria o substituto abstrato e geral de qualquer signo no qual essa ideia se realiza. (Sechehaye, 1908b: 111-2)

O símbolo é investido de um valor de "célula gramatical" e pode figurar na linguagem *pré-gramatical* como um símbolo-frase. Essa é a forma mais simples da frase, ou seja, um único símbolo que expressa o pensamento, enunciando a ideia psicologicamente importante. Sechehaye afirma, em seguida, por uma analogia com a especialização das células em um organismo vivo, que as "palavras" são, em si mesmas, elementos complexos, que se adaptam a seu papel, tornando-se partes de frase[11]. A morfologia estática precisaria resolver o próprio problema da construção do sentido: "como seria possível, por meio dos símbolos da ordem articulatória, construir algo cuja sequência e cuja forma correspondam à sequência e à forma do pensamento? (Sechehaye, 1908b: 142). Trata-se de uma ciência abstrata e dedutiva, comparável à álgebra.

Sua especificidade reside no tipo de lógica que ela implica, uma "lógica prática, e que depende das formas e das condições de toda vida psicológica" (Sechehaye, 1908b: 142). Essa lógica é assegurada pelo contato permanente que essa ciência deve manter com o meio pré-gramatical, com a "natureza"[12]. A morfologia estática deve considerar a linguagem de cada um, a cada momento, como suscetível de ser explicada (em sua forma) por sua qualidade de "ato de inteligência e de vontade" que se manifesta por meio de suas disposições naturais e de suas disposições linguísticas adquiridas. A fonologia deve fazer o mesmo com seus elementos materiais, sua "convenção": "Na gramática, há convenção, ou seja, escolha arbitrária, apenas quando se trata de determinar a qualidade material das palavras e dos signos que são necessários ao léxico e ao mecanismo gramatical" (Sechehaye, 1908b: 121).

Essa reflexão continua, quase nos mesmos termos, em 1917, em sua resenha do CLG, em que ele mostra a novidade das ideias saussurianas para a ciência linguística, incluindo sua consideração do arbitrário relativo:

> Ora, essa noção do arbitrário relativo, do racional e do psicológico na língua certamente pode ser estendida. Se nos atrevêssemos a desenvolver e a completar uma ideia que só se acha em germe no *Curso de linguística geral*, diríamos que a língua não abafa, em suas instituições arbitrárias, tudo o que achou de vivo, de psicologicamente condicionado na fala. O signo diferencial é a substância inerte que a língua não pode dispensar para se constituir, mas a língua constrói, com essa substância, um edifício com uma forma e um estilo adaptados às necessidades do espírito coletivo que o habita. (Sechehaye, 1917: 28-9)

O arbitrário associado à dimensão material, aos sons, indispensável ao organismo gramatical, é limitado pelos signos expressivos naturais; essa abordagem persiste em seus trabalhos posteriores:

> O caráter estritamente diferencial do fato de língua só pode ser demonstrado a partir dessa premissa de que o fato de língua é arbitrário. É necessário, portanto, caso se queira fazer uma estrita aplicação desse princípio, considerar somente o aspecto arbitrário da língua, excluindo tudo aquilo de diferente que pode ser misturado aí. Ora, de fato, a língua, arbitrária em seu princípio específico, se acrescenta de muitas coisas que são de outra ordem [...]. A onomatopeia e milhares de outros fatos – que têm, em seu caráter material de som, de acento ou de ritmo, algo naturalmente expressivo – não são inteiramente arbitrários. (Sechehaye, 1930: 342)

O ARBITRÁRIO DO SIGNO EM HENRI FREI

A problemática do arbitrário do signo aparece pela primeira vez em Frei em sua *Grammaire des fautes* de 1929 e se situa, epistemologicamente, entre a abordagem da mobilidade do signo por Bergson, o arbitrário do signo formulado por Saussure e a antinomia entre expressão e comunicação por Bally.

Segundo Frei, foi Bergson quem melhor explicou o próprio princípio da linguagem humana, a *mobilidade* do signo: diferentemente do signo instintivo, que é um signo *aderente* (a linguagem dos animais, por exemplo), o signo inteligente é um signo *móvel*. Frei estabelece uma analogia entre essa distinção de Bergson e a de Saussure, entre *símbolo* e *signo arbitrário*: enquanto o símbolo nunca é totalmente arbitrário e conserva sempre um rudimento de laço natural, o signo arbitrário é imotivado e, portanto, móvel. A mobilidade é, segundo Frei, uma consequência do fato de que a necessidade de economia determina a substituição de uma multiplicidade de signos particulares por signos móveis que podem traduzir um grande número de significações distintas. Isso também é possível graças à não coincidência entre as categorias gramaticais e as categorias do pensamento (que Sechehaye chamava de categorias da imaginação):

> Assim que se entra na realidade da linguagem viva para observar *in vivo* o desenrolar das frases na fala, logo se vê o quanto é arriscado tentar estabelecer um paralelismo rígido entre os quadros do pensamento e os moldes da gramática. A necessidade de dispor de signos móveis e manejáveis busca, ao contrário, permitir que uma única e mesma categoria gramatical suporte, uma de cada vez, valores e categorias de pensamento diferentes. (Frei, 2007 [1929]: 166)

Henri Frei identifica dois tipos de arbitrário que asseguram a mobilidade do signo: o arbitrário do signo em relação à significação, e o da significação, do pensamento, em relação à realidade pensada. O segundo tipo de arbitrário deve ser interpretado de acordo com um princípio diferente: o pensamento é móvel em relação à realidade pensada. As representações genéricas do pensamento são uma prova da mobilidade do pensamento em relação ao dado.

O que ele entende por mobilidade do signo é sua capacidade de ser transposto de um valor semântico (ou de uma categoria gramatical) para outro[13]. Tomando como ponto de partida a antinomia da comunicação e da expressão teorizada por Bally, Frei reagrupa as cinco necessidades ou leis em torno de duas funções principais: a assimilação, a diferenciação, a brevidade e a invariabilidade têm, como função principal, a *comunicação*; ao passo que a necessidade de expressividade se situa do lado da expressão "integral e pessoal do pensamento". A expressividade está localizada em um nível de extensão superior ao das outras quatro leis, pois ela se opõe ao princípio geral da comunicação. Como tais, essas leis situam os signos em relação uns aos outros em virtude de um determinismo imanente. Em relação a essas leis, a necessidade de expressividade parece não funcionar da mesma maneira, pois não se trata de assimilar nem de distinguir os signos em função de um determinismo imanente; como veremos a seguir, a expressividade é concebida como uma *função do sujeito falante*, e, apesar de Frei opor o signo arbitrário ao signo expressivo, o expressivo não é, propriamente falando, uma função do signo. Assim como Bally, Frei considera a expressividade como fonte de renovação da língua:

> Examinada do ponto de vista da evolução, a linguagem apresenta uma passagem incessante do signo expressivo ao signo arbitrário. Isso é o que se poderia chamar de lei do desgaste: quanto mais frequentemente o signo é empregado, mais as impressões que estão ligadas à sua forma e à sua significação ficam afiadas. Do ponto de vista estático e funcional, essa evolução é contrabalançada por um movimento na direção oposta: quanto mais o signo se desgasta, mais a necessidade de expressividade busca renová-lo, semântica e formalmente. (Frei, 2007 [1929]: 299-300)

A assimilação do polo da comunicação à noção de arbitrário do signo é sistemática em Bally, que considerava, de modo geral, que a expressividade das formas linguísticas limita seu arbitrário. Henri Frei lembra que a antinomia entre a comunicação e a expressividade também foi colocada por outros autores de diversas formas (em Lorck – *Verstandesrede* e *Phantasierede*, em Paulhan, *langage-signe* e *langage-suggestion*, em Ogden e Richards, *symbolic* e *evocative*) e ele prefere conceber essa antinomia sob a forma da oposição entre o signo arbitrário e o signo expressivo.

Ao definir a expressividade como princípio e como critério de classificação, Frei insiste na complexidade e na multiplicidade dos aspectos sob os quais essa "necessidade" aparece: necessidade de agir sobre o interlocutor (linguagem ativa, procedimentos de exagero) e necessidade de respeitá-lo (linguagem passiva, eufemismos, sinais de polidez); a expressividade da linguagem popular e a da linguagem literária, aspectos relativos às variedades da língua.

No que diz respeito à afetividade propriamente dita, cabe notar que Frei introduz uma distinção significativa que lhe permitirá fazer uma seleção dos dados. Ele distingue, primeiramente, uma *afetividade fortuita*, que é depreendida – sem o conhecimento do falante ou a despeito dele – pela situação; na sequência, ele distingue um segundo tipo de afetividade: aquela que o falante tenta transmitir a seu interlocutor de maneira mais ou menos voluntária. Frei reserva o nome de expressividade apenas para o segundo tipo de afetividade. A diferença entre os dois tipos está no grau de consciência, de intencionalidade do sujeito falante. Se a afetividade é o resultado do exercício consciente da vontade de transmitir um conteúdo emotivo, então somente essa forma é a que pode ser chamada de expressividade. A afetividade fortuita pertence ao domínio da causalidade, ao passo que a *expressividade pertence ao campo da finalidade*. A mesma distinção é feita por Frei em outros termos (emprestados de Bally): o que é afetivo é um *processus*; o que é expressivo é um *procedimento*. No domínio da semântica, por exemplo, uma oposição é expressiva se ela corresponde à intenção do sujeito falante de ser expressivo.

Segundo Frei, a necessidade de expressividade tende constantemente a substituir as oposições usuais, que se tornaram arbitrárias, por oposições novas, destinadas a "despertar a atenção do interlocutor e fazer brotar nele um mínimo de consciência, pelo menos" (Frei, 2007 [1929]: 302). Notemos também que Frei concebe o expressivo como um *desvio* em relação a uma norma, semântica ou formal. Trata-se de uma transgressão voluntária e consciente do sujeito falante, que reage a uma lógica e a uma gramática normativas.

O arbitrário absoluto: um mito segundo Henri Frei

O artigo de Frei "Le mythe de l'arbitraire absolu" ["O mito do arbitrário absoluto"], de 1974, desenvolve o princípio do arbitrário, tal como é desenvolvido em diferentes momentos do *Curso*, e revela as contradições que ele pode gerar. Destacamos o interesse particular de Frei pela noção de arbitrário relativo em Saussure e por suas implicações para a teoria da língua-sistema de signos.

Um primeiro ponto do artigo de Frei mostra – por meio de uma abordagem indutiva, seguida de uma abordagem dedutiva – que, entre o princípio do arbitrário e a distinção entre arbitrário absoluto e arbitrário relativo, não há heterogeneidade. A segunda parte do artigo trata dos aspectos da limitação do arbitrário e de suas consequências para o sistema da língua.

O autor chama atenção para uma diferença entre as aulas de Saussure de maio de 1911, que têm como base, primeiramente, o princípio do arbitrário do signo e, posteriormente, a oposição entre o arbitrário absoluto e o arbitrário relativo. O primeiro é exemplificado por meio de palavras simples (*soeur* [irmã], *boeuf* [boi]), ao passo que a oposição está associada à ausência ou à presença de termos copresentes (*vingt* [vinte] em relação a *dix-neuf* [dezenove]). Frei se propõe a mostrar que os dois aspectos do arbitrário não são heterogêneos, mas, sim, que se trata de um único e mesmo problema.

A via indutiva consiste em inferir o arbitrário relativo partindo da *fala* ou dos fatos *extralinguísticos*. No ato de comunicação, a limitação do arbitrário é uma limitação do imprevisível: as onomatopeias, por exemplo, pelo fato de seus sentidos serem transparentes, escapam ao arbitrário. Isso ocorre, da mesma forma, com a interpretação dos sintagmas na língua materna (qualquer sintagma novo é imediatamente compreendido se for formado de signos e de regras de organização conhecidos). O autor acredita que, apesar de os exemplos de Saussure serem derivados e compostos, sua demonstração vai na direção que ele deseja ilustrar, ou seja, que todos os sintagmas, inclusive as frases mais complexas, dizem respeito ao arbitrário relativo.

A limitação do arbitrário também pode ser explicada, segundo Frei, por meio de uma correspondência entre duas espécies de relações: linguísticas, entre os termos, e extralinguísticas, entre as coisas (se *pereira* é menos arbitrário do que *carvalho*, isso se deve ao fato de que o radical está para o sufixo assim como, na natureza, o fruto está para a árvore). Ele destaca que esse raciocínio pertence a Sechehaye, que vê em *cereja-cerejeira* uma exceção ao arbitrário puro do signo e das ideias. No entanto, ao final da última aula de seu curso, em 4 de julho de 1911, Saussure havia introduzido, destaca Frei, uma menção ao vínculo entre o valor e a distinção entre arbitrário absoluto e arbitrário relativo: a solidariedade sintagmática e a solidariedade associativa (dois aspectos da solidariedade dos termos no sistema) contribuem para a limitação do arbitrário (o exemplo de Saussure para a limitação associativa era *agradado-agradar*). A consequência que Frei tira dessa modificação da primeira versão do princípio do arbitrário[14] é que "não há signo linguístico cujo arbitrário não seja limitado" (Frei, 1974: 124).

A via da dedução apresenta, segundo Frei, a vantagem de dar conta da língua por meio da própria língua. Dada a modificação que Saussure havia introduzido, Frei considera que a definição da língua como "formada de diferenças e de oposições" deve ser moderada: todos os signos pertencem ao arbitrário relativo em virtude da solidariedade sintagmática e da solidariedade associativa, portanto, eles são inteiramente baseados apenas em oposições na medida em que são arbitrários (qualquer identidade parcial é um índice de limitação do arbitrário). Os termos do sintagma apresentam sempre um traço comum, a rede que os une em um signo complexo. Nessa perspectiva, a limitação do arbitrário é feita pelo próprio sistema e é a única que é do âmbito da linguística da língua. Considerar a limitação do arbitrário fora do sistema – à qual Frei reserva o nome de *motivação* – leva inevitavelmente, segundo ele, ao divórcio das duas faces do signo, ao fazer intervir a relação com a realidade (relações *significante-realidade* – motivação pelo significante: onomatopeias, exclamações; relações *significado-realidade* – motivação pelo significado: linguagem figurada):

Como demonstrado pela tradição pré-saussuriana e pelas discussões que se seguiram a Saussure, a motivação considerada fora do sistema leva inevitavelmente ao divórcio das duas faces do signo, quer o problema seja tratado do ponto de vista das relações significante-realidade (motivação pelo significante: onomatopeias, exclamações etc.), quer seja tratado do ponto de vista das relações significado-realidade (motivação pelo significado: linguagem figurada). (Frei, 1974: 126)

Segundo Frei, a noção de arbitrário relativo (limitação do arbitrário *pelo sistema*), introduzida tardiamente, não acomodaria certas teses saussurianas, tal como "na língua, só existem diferenças", o que entra em contradição com outra afirmação, que diz que "na língua, tudo se reduz a diferenças, mas tudo se reduz também a agrupamentos". Ora, Frei considera que essa contradição se explica pelos graus do arbitrário. Já que as línguas escapam ao arbitrário absoluto, os signos linguísticos não existem unicamente por suas diferenças, pois cada um faz parte de uma classe que lhe confere uma identidade por meio da solidariedade.

Frei lembra, então, um elemento que Sechehaye havia, ele mesmo, tratado de outro ponto de vista em seu artigo sobre as três linguísticas saussurianas (em que ele mostrava que as inovações penetram menos facilmente na sintaxe do que no vocabulário): o arbitrário relativo dos monemas e o arbitrário relativo dos sintagmas não apresentam o mesmo grau de limitação do arbitrário. Para os monemas, a limitação é feita por meios não táticos, ao passo que, para os sintagmas, ela é dupla, tática e não tática; a consequência é que o sintagma é menos arbitrário do que o monema.

Essa é uma explicação para o fato de que o sintagma é mais refratário à mudança; a inovação penetra com maior dificuldade na sintaxe. Frei também estabelece uma relação entre o grau de arbitrário e o número de elementos no sistema: quanto mais os signos são arbitrários, mais eles são limitados em número. Os sintagmas são menos arbitrários do que os monemas, portanto, mais ilimitados. Entre os monemas, os signos gramaticais são mais arbitrários do que os lexemas, portanto, menos numerosos do que estes.

Sua conclusão é significativa: qualquer teoria que pretenda basear a língua, como sistema de valores, no arbitrário do signo, ao rejeitar o que limita o arbitrário, seria uma negação do pensamento de Saussure.

C. BALLY, A. SECHEHAYE E H. FREI: DEFESA DO PRINCÍPIO DO ARBITRÁRIO

O artigo de 1940-1941 "Pour l'arbitraire du signe" [Em favor do arbitrário do signo] (*Acta linguistica*[15], tomo II, p. 165-9) é uma resposta coletiva aos dois artigos já mencionados – de Pichon e de Benveniste – e a um terceiro, complementar ao artigo de Benveniste, cujos autores são E. Lerch e E. Pichon. Os três linguistas respondem ao que lhes parece "uma espécie de campanha" dirigida contra o pensamento saussuriano, para destituir um dos elementos importantes de seu sistema teórico. O objetivo do artigo é mostrar que o fato de admitir um laço de necessidade entre o significante e o significado (como faz Benveniste) não é incompatível com o sentido que Saussure atribuiu ao arbitrário do signo[16].

A voz comum dos três linguistas genebrinos lança luz sobre a acepção saussuriana do caráter dos signos, diferenciais e constituindo, por meio de sua posição e de seu equilíbrio recíproco, uma "forma pura de duas faces", uma fônica e outra intelectual. No interior do signo, o significante se encontra ligado ao significado por um "laço de necessidade decorrente do sistema". Essa necessidade não exclui o arbitrário, mas o supõe, e aqui os três autores evocam, como explicação, a existência de dois "procedimentos de expressão":

> Existem dois procedimentos de expressão perfeitamente distintos: *um significante expressivo* por si mesmo em virtude de um laço natural com a coisa significada não precisa ser enquadrado em um sistema formal, e, inversamente, um significante associado a seu significado em virtude de um sistema oposicional de signos imposto pela restrição social não precisa ser *naturalmente expressivo*. (Bally; Sechehaye; Frei, 1940-1941: 165, grifo nosso)

Saussure não havia excluído a limitação do arbitrário:

> Para Saussure, a língua, instituição social, é por natureza uma forma pura, um sistema de signos diferenciais, e, se alguns signos da língua são afetados por sua sonoridade (onomatopeias) ou por sua forma abstrata (derivados) de uma certa expressividade natural, eles são apenas parcialmente motivados, o que não muda nada o caráter geral do fenômeno língua. (Bally; Sechehaye; Frei, 1940-1941: 166)

A limitação do arbitrário não deve, portanto, ser considerada como uma supressão do princípio que explica o caráter geral da língua. A ideia do "parcialmente motivado" em Saussure parece ter sido retomada pelos três autores como uma espécie de *premissa* no desenvolvimento de seus programas. Eles recusam, no entanto, entrar em uma discussão metafísica sobre as relações entre o pensamento e o mundo, para a qual Benveniste parece convidá-los, considerando esse aspecto como um problema ao qual a ciência (*saussuriana*) objetiva da língua não precisa dar soluções.

CONCLUSÕES

Os pontos de vista dos três linguistas genebrinos, no que tange à problemática do arbitrário, encontram-se em torno da ideia de que tanto o arbitrário quanto a motivação têm graus, de que eles são, portanto, *relativos*, o que, todavia, não afeta o arbitrário linguístico como princípio, tal como Saussure o havia formulado. As interpretações desses três linguistas levam em conta as situações e os exemplos que mostram uma limitação do arbitrário, e mostram, cada vez, que isso não contradiz o pensamento saussuriano, muito pelo contrário. O desenvolvimento dessa problemática reinscreve, portanto, o arbitrário (relativo), sob várias formas, dentro de suas teorias que formam um conjunto coerente em torno da problemática do expressivo na língua, na linguagem e na linguística:

i. Em Charles Bally, arbitrário e motivado são os polos de uma escala em que todos os graus intermediários são possíveis. Sua definição do mecanismo da expressividade linguística se baseia na motivação pelo significante e pelo significado, assim como sua formulação da antinomia entre expressão e comunicação.

ii. Albert Sechehaye introduz a problemática do arbitrário por meio de uma sutil distância entre a identidade forma-valor e a convenção, na definição do símbolo como unidade linguística. A limitação do arbitrário está associada à sua abordagem da linguagem pré-gramatical, na qual "se encaixa" a linguagem gramatical.

iii. Em Henri Frei, essa problemática se baseia, em um primeiro momento, na mobilidade do signo (abordagem de Bergson), no signo arbitrário de Saussure e na antinomia entre expressão e comunicação de Bally. Mais tarde, em 1974, ele explica a limitação do arbitrário em Saussure pela solidariedade sintagmática e pela solidariedade associativa.

Para concluir, os três linguistas desenvolveram uma *problemática* do arbitrário compatível com o modelo dinâmico – especialmente em suas abordagens do expressivo[17] – da língua que eles concebem em seus programas científicos, seja qual for o nome que lhe é atribuído: estilística e teoria da enunciação em Bally, linguística teórica em Sechehaye, linguística funcional em Frei.

Notas

[1] Trata-se de seu amplo estudo intitulado "Théorie et critique d'un principe saussurien: l'arbitraire du signe" [Teoria e crítica de um princípio saussuriano: o arbitrário do signo], *Cahiers Ferdinand de Saussure*, Genebra, v. 19, 1962, p. 5-66.

[2] Para uma síntese exemplar dessa problemática, ver Puech (2003: 155), que mostra sua dimensão de verdadeiro "metadebate que atravessa os milênios do pensamento ocidental, investido de questões variadas, diferentes e sempre essenciais".

[3] Além de seus trabalhos rigorosos e delicados visando à publicação do CLG, além de seus *status* de ouvintes dos cursos ministrados por Ferdinand de Saussure em Genebra (com exceção do *Curso de linguística geral*), Bally e Sechehaye estão entre os primeiros linguistas que realizaram a "recepção" do CLG e que começaram a construir a "herança saussuriana" (Puech, 2000), reinvestindo suas ideias e teses.

[4] Henri Frei pertence à segunda geração de linguistas genebrinos, sendo o discípulo mais conhecido de Charles Bally. Sua obra científica reflete os dois sentidos do termo "escola": o sentido estrito, dado seu *status* de aluno de Bally; e o sentido amplo, o de Escola de pensamento, um termo unificador de empreitadas linguísticas variadas, mas implementadas conjuntamente, em um contexto de troca de ideias e de diálogos ininterruptos. Recordemos também que Frei se empenhou na defesa das teses saussurianas e trabalhou igualmente nos manuscritos de Saussure (Amacker, 2000). Para uma discussão sobre a identidade da Escola de Genebra, ver Puech (2015).

[5] Essa maneira diferente de significar é explicada pela não identidade entre os quadros lógicos da mente e das categorias gramaticais: "Toda figura é a interversão de duas categorias lógicas: toda hipóstase transpõe uma categoria gramatical para outra; e isso dá no mesmo, pelo menos *indiretamente*, pois, se as categorias gramaticais não refletem exatamente os quadros lógicos da mente – longe disso! –, as duas ordens de classificação estão ligadas por *afinidades interiores e conexões intermediárias*. Entre as interversões observadas, só algumas aparecerão particularmente figuradas, outras mais especialmente hipostáticas e gramaticais" (Bally, 1977 [1926]: 92, grifo nosso). Na primeira categoria, Bally evoca as intenções do sujeito falante, que se materializam, cada uma delas, em um tipo de figura: fazer com que se acredite que algo é maior ou menor do que é; designar algo pelo seu oposto; tomar a substância pela qualidade, a parte pelo conteúdo, a causa pelo efeito, o movimento pelo estado; designar uma noção de tempo por uma noção de espaço; apresentar algo inerte como animado; dirigir-se a um ausente como se estivesse presente; questionar e duvidar quando se quer afirmar. Na segunda categoria, a das interversões bem mais gramaticais, Bally classifica exemplos de conversões: adjetivos usados como substantivos; e adjetivos de relação (a casa *paterna*: "o emprego da sintaxe de concordância pela sintaxe de regência").

[6] Publicado em *Le français moderne*, n. 3, p. 193-206, sob o título "L'arbitraire du signe. Valeur et signification" ["O arbitrário do signo. Valor e significação"].

[7] Trata-se do artigo de Édouard Pichon, 1937, "La linguistique en France" ["A linguística na França"], publicado no *Journal de psychologie* 33, p. 25 ss.; e o artigo de Émile Benveniste, 1939, "Nature du signe linguistique" ["Natureza do signo linguístico"], publicado em *Acta linguistica*, p. 23 ss.

[8] Bally estende essas duas noções ao significante: "um significante é fixado pela língua (esse é seu valor) e [...] as variações que ele sofre em suas realizações da fala constituem, em cada caso, sua significação". (Bally, 1940: 201).

[9] Claudine Normand (2000: 148-51) assinala certa imprecisão no *Curso* e nas notas sobre a distinção entre significação e valor: significado parece resumir significação; o termo tradicional de significação ou sentido é mantido, porém, de certa forma, "aumentado" pela concepção da língua como sistema, pelas relações com outros signos.

[10] Sobre a limitação do arbitrário ou arbitrário relativo em Saussure, à luz das fontes manuscritas, ver Godel (1974: 89): "Ao contrário do que pensava Bally, não há motivação no interior do signo: é o entorno associativo e sintagmático que limita o arbitrário".

[11] O estudo do símbolo poderia constituir, segundo Sechehaye, um primeiro capítulo de psicologia coletiva sob o nome de "Simbólica".

[12] A abstração de que fala Sechehaye não é a mesma que a abstração matemática, longe disso, e ele insiste constantemente nesse ponto: "Não é às matemáticas puras – especulando sobre relações perfeitamente abstratas – que devemos assimilar essa ciência, mas, sim, à mecânica física ou celeste, que nos mostra a natureza obedecendo a essas leis abstratas" (Sechehaye, 1908b: 144). Diferentemente da lógica matemática, que inclui a natureza, a lógica aplicada à linguagem se inclui na vida psicológica como seu ambiente natural. Sechehaye compartilha com Bally o interesse pela vida, mas aquilo que ele evoca é a vida psicológica e lógica, atributo da natureza humana, ao passo que seu colega definia a vida recorrendo às noções de impulso, ímpeto, transformação, sem associar essa noção com a de lógica.

[13] Frei cita Bally sobre esse assunto: a língua facilita a passagem dos signos de uma categoria para outra por meio de procedimentos transpositivos que são colocados a serviço da fala. Ele também evoca o estudo

metódico de Sechehaye sobre a transposição, apresentado em sua obra de 1926.

[14] Henri Frei acredita que o estágio final do pensamento de Saussure não foi compreendido.

[15] *Acta linguistica* é a revista internacional de linguística estrutural publicada em Copenhague.

[16] Os editores se responsabilizam pelas fórmulas do *Curso*: "Essas definições realmente não são perfeitas e devem ser atribuídas às condições em que a obra foi publicada. Elas são substituídas, em outras passagens do mesmo livro, por outras fórmulas mais perfeitas e à luz das quais é aconselhável interpretar as primeiras" (Bally; Sechehaye; Frei, 1940-1941: 166).

[17] Ver Curea (2015) para uma análise do vínculo entre a identidade da Escola de linguística geral de Genebra e as abordagens do expressivo nos três linguistas genebrinos.

Bibliografia

Fontes primárias

BALLY, C. *Précis de stylistique:* esquisse d'une méthode fondée sur l'étude du français moderne. Genève: Eggimann, 1095.
_____. L'étude systématique des moyens d'expression. In: _____. *Sur la stylistique:* articles et conférences. Édité, présenté, annoté et commenté par Etienne Karabétian. Paris: Eurédit, 2007 [1911], p. 105-37.
_____. *Le langage et la vie.* 3e édition augmentée. Genève: Droz,1977 [1926].
_____. "L'arbitraire du signe. Valeur et signification". *Le Français Moderne,* v. 8, 1940, p. 193-206.
_____; SECHEHAYE, A.; FREI, H. "Pour l'arbitraire du signe". *Acta linguistica,* Budapest, v. 2, n. 3, 1940-1941, p. 1659.
FREI, H. *La grammaire des fautes.* Paris: Ennoïa, 2007 [1929].
_____. "Le mythe de l'arbitraire absolu ". *Studi saussuriani per Robert Godel*, Bologne, Mulino, 1974, 121-31.
SECHEHAYE, A. "La stylistique et la linguistique théorique". *Mélanges de linguistique offerts à M. Ferdinand de Saussure*, Paris-Genève, Slatkine Reprints, 1982 [1908a], p. 155-87.
_____. *Programme et méthodes de la linguistique théorique.* Psychologie du langage. Paris: Champion, 1908b.
_____. "Les problèmes de la langue à la lumière d'une théorie nouvelle". *Revue philosophique de la France et de l'étranger*, v. 42, n. 7, 1917, p. 1-30.
_____. "Les mirages linguistiques". *Journal de psychologie normale et pathologique* v. 18, 1930, p. 654-75.

Fontes secundárias

AMACKER, R. "Le développement des idées saussuriennes chez Bally et Sechehaye". *Historiographia linguistica,* v. 27, 2000, p. 205-64.
AUROUX, S. *La sémiotique des encyclopédistes.* Paris: Payot, 1979.
CUREA, A. *Entre expression et expressivité:* l'école linguistique de Genève de 1900 à 1940. Lyon: ENS Éditions, 2015.
ENGLER, R. "Théorie et critique d'un principe saussurien: l'arbitraire du signe". *Cahiers Ferdinand de Saussure*, Genève, v. 19, 1962, p. 5-66.
GODEL, R. "Problèmes de linguistique saussurienne". *Cahiers Ferdinand de Saussure,* Genève, v. 29, 1974, p. 75-89
NORMAND, C. *Saussure.* Paris: Les Belles Lettres, 2000.
PUECH, C. "L'esprit de Saussure. Paris contre Genève: l'héritage saussurien". *Modèles linguistiques*, n. 20, 2000, p. 79-93.
_____. "L'arbitraire du signe comme "méta-débat" linguistique". *Cahiers de linguistique analogique*, v. 1, 2003, p. 155-71.
_____ (Org.). "Faire école" en linguistique au XXe siècle: l'école de Genève. *Histoire épistémologie langage,* SHESL/EDP Sciences, v. 37, n. 2, 2015.
SCHLANGER, J. *Le neuf, le différent et le déjà-là.* Une exploration de l'influence. Paris: Hermann, 2014.

A Escola de Genebra vista pela Sociedade linguística de Paris

Pierre-Yves Testenoire

O objetivo deste artigo é observar como o desenvolvimento da linguística em Genebra foi recebido e avaliado pela Sociedade linguística de Paris entre 1900 e 1940. Entre essas duas datas, o sintagma nominal "Escola linguística de Genebra" passa do indefinido para o definido, transformando uma fórmula convencional, lançada por Michel Bréal durante um jantar em 1894[1], no nome validado pelos linguistas para designar uma comunidade de pesquisadores e uma comunidade de pensamento, reconhecidas assim e dotadas, em última análise, de uma sociedade erudita e de uma revista. O período considerado é, portanto, o da emergência da Escola de Genebra até sua primeira institucionalização. Os limites cronológicos desta pesquisa correspondem a momentos cruciais para a história social da linguística, tanto na França quanto na Suíça. Se a primeira década do século viu, em Genebra, esse momento seminal dos últimos anos do ensino saussuriano, também coincidiu, em Paris, com a ascensão de Antoine Meillet à cátedra de gramática comparada do Collège de France e ao cargo de secretário adjunto da Sociedade linguística de Paris (1906). Essa década inaugurou, assim, aquilo que a historiografia contemporânea costuma chamar de "reinado de Meillet sobre a Sociedade" até os anos de 1930 (Lamberterie, 2005: 41). O ano de 1940, por fim, no qual vamos parar, vê simultaneamente a suspensão das atividades da Sociedade linguística de Paris, por causa da invasão alemã e, na Suíça, a criação da Sociedade Linguística de Genebra e de sua revista, os *Cahiers Ferdinand de Saussure*.

A SOCIEDADE E/OU A ESCOLA

O estudo da recepção da produção linguística genebrina na França não pode prescindir das categorias "Escola de Paris", "Escola francesa de linguística" ou

"Escola linguística francesa" – os três sintagmas se recobrem – usadas para designar, justamente, a corrente da linguística histórica, com pretensões sociológicas, que se desenvolve na França no primeiro terço do século XX. A expressão surge na esteira da ascensão de Meillet ao Collège de France. A paternidade parece pertencer aos próprios linguistas franceses: Meillet, 1906; Grammont, 1912; Gauthiot, 1914; Ernout, 1922; Cahen, 1925; Meillet, 1928; Boyer, 1936 etc. A categoria da "Escola de Paris" é retomada por aqueles que buscam se destacar dela – Sechehaye, 1927 – ou para reivindicá-la a partir do exterior – Sommerfelt, 1924 e 1932. O sucesso da expressão não garante, no entanto, sua consistência. Nas descrições contemporâneas dessa Escola, os dois parâmetros geralmente tidos como definidores de uma Escola de pensamento ou de uma Escola de pesquisa – a convergência social e a convergência teórica[2] – se caracterizam pela instabilidade. Os princípios teóricos comuns são transmitidos em silêncio ou reduzidos a generalidades, divergentes de um autor para outro: aquilo que une os membros da escola é, para Gauthiot, "a influência de seu mestre [Saussure]", ao passo que, para Sommerfelt é o "ponto de vista sociológico". Quanto aos contornos sociais da escola, eles não são menos vagos. Como mostrou Savatovsky (2004), a lista dos membros varia em função dos próprios atores da escola, cada um mantendo critérios de inclusão de acordo com suas próprias estratégias de memória ou de legitimação. Em virtude dessa indeterminação conceitual e social, não usaremos a categoria de "Escola linguística de Paris". Ainda que a validade da noção de Escola linguística, em geral, e da Escola de Genebra, em particular, deva ser questionada, postular uma "Escola de Paris", cujos contornos parecem ainda mais vagos, redobraria o problema sem esclarecê-lo. O prisma utilizado para a análise da recepção francesa da linguística genebrina será o da Sociedade linguística de Paris (SLP). Uma sociedade erudita apresenta uma vantagem empírica sobre a *escola*: a de ser observável de uma forma menos mediada. A SLP tem, de fato, membros, estatutos, um gabinete, sessões de trabalho com resenhas e órgãos de divulgação: os *Mémoires*, os *Bulletins*, uma coleção "linguística" etc. Em relação aos contornos, necessariamente vagos, de uma *escola*, produzidos pelas representações de seus partidários, assim como de seus adversários, o quadro institucional de uma sociedade erudita apresenta, portanto, fronteiras nítidas tanto em sincronia – quem pertence e quem não pertence a tal sociedade em um momento T – quanto em diacronia – desde sua fundação até sua eventual dissolução.

    Substituir a problemática da *escola* pela da sociedade erudita equivale, aparentemente, a deslocar um questionamento epistemológico para o campo social e institucional. A apreensão de um conjunto de trabalhos, dos quais se percebe uma unidade do ponto de vista da sociedade erudita que os reúne, contorna efetivamente, em parte, o problema da linha doutrinária colocada pela designação de *escola*. Os membros da SLP compartilham "regras": são as regras dos estatutos da Sociedade. Apenas um artigo dos estatutos de 1876, em vigor para o período que nos interessa, diz respeito à orientação científica. É o artigo primeiro que estipula que "a Sociedade linguística tem, por objeto, o estudo das línguas e a história da linguagem" e que "qualquer outro tema de estudo fica rigorosamente proibido". Dentro desse quadro muito geral, nada determina um conjunto de postulados que os membros da Sociedade deveriam compartilhar. A partir de então, os trabalhos da SLP não apresentam nenhuma unidade teórica e, de fato, no período entreguerras, coabitaram, dentro da Sociedade, estudiosos com perspectivas tão diferentes e com divergências tão profundas como, por exemplo, Grammont e Martinet, Pichon ou Guillaume. Se os estatutos não determinam *a priori* uma linha doutrinária, é possível mapear, para cada membro, graus de integração dentro da Sociedade a partir de critérios fornecidos pela instituição: assiduidade nas reuniões, número de publicações nos órgãos da Sociedade, trabalhos citados ou listados nos *Bulletins* etc. A centralidade de um Meillet, que, durante alguns anos, se encarrega de toda a seção de resenhas dos *Bulletin de la societé de linguistique de Paris* – chegando até a tratar de suas próprias obras – ou a marginalidade de um Pichon, que, embora membro assíduo por quase dez anos, nunca publica aí qualquer informação sobre a orientação científica da SLP. Se todos os secretários, a partir de Bréal, reafirmaram constantemente que a SLP "não tem, em nenhum ponto, uma doutrina fixa" (Vendryes, 1955: 21), a questão da identificação da Sociedade com uma escola de pesquisa não recebe, no mesmo período, uma resposta constante. Tendo se tornado, no final da década de 1870, uma das ancoragens institucionais do pequeno grupo de comparatistas do ensino superior francês, reunido principalmente na EPHE [École Pratique des Hautes Études], a SLP viu, até a Primeira Guerra Mundial, seus trabalhos identificados com as atividades de uma Escola de Paris: "Como dirá M. Pavlovic (Instituto da língua servo-croata), em seu discurso de celebração da SLP: quando se fala da linguística que se faz na França, não se está falando da Escola de Paris, mas simplesmente da SLP" (Bergounioux, 2005: 367). Em 1914, Gauthiot escreve naturalmente que uma das características dos membros da Escola linguística de Paris é "seu agrupamento na Sociedade linguística de Paris". (Gauthiot, 1914: 54). Após a Primeira Guerra, a SLP – na medida de sua internacionalização e do desenvolvimento pelo mundo de outras sociedades linguísticas – rejeita, para si mesma, o termo "escola". Foi assim que Meillet defendeu, em 1926, o abandono do sintagma "Escola francesa" que ele utilizava até então[3]: "Na verdade, seria bom evitar os termos: 'Escola alemã' e 'Escola francesa'; a ciência já sofre muito com as vaidades pessoais, que são irremediáveis, para que não se evite enfatizar oposições nacionais que podem ser evitadas e que, nessas circunstâncias, não são graves: em linguística, os homens sempre tiveram bastante inteligência – e bom senso – para não mencionar diferenças de nacionalidade e para considerar apenas os fatos" (Meillet, 1926-27: 65).

Às vésperas do primeiro congresso internacional de linguistas, o comparatismo francês tinha, em relação à ciência alemã, a compaixão dos vencedores. Esses são, mais ou menos, os mesmos argumentos que Vendryes utiliza, na conclusão de seu artigo de 1955 sobre a "primeira Sociedade linguística", para recusar qualquer identificação da SLP com uma Escola linguística:

> A atmosfera em que vivia a Sociedade era de justiça e polidez nas relações entre os confrades. Não há nada mais favorável aos interesses do trabalho científico. Graças a essa atmosfera, esse trabalho é realizado com facilidade, sem esforço e sem briga, por um bom entendimento entre pessoas de boa-fé, que colocam, acima de tudo, o amor comum pela ciência. A Sociedade linguística de Paris, que é sem dúvida a mais antiga do mundo atualmente, não reclama para si nenhuma doutrina rígida e exclusiva. Nem sequer ela representa uma Escola linguística, a menos que se entenda, por esse nome, um simples acordo entre linguistas na busca pela verdade. (Vendryes, 1955: 21)

A apresentação não dá conta nem dos conflitos teóricos, que atravessam a SLP – com o desenvolvimento da fonologia, por exemplo (cf. Chevalier, 1997) – nem da hegemonia dentro da Sociedade de uma disciplina (a gramática comparada) e de uma corrente filosófica (o empirismo). O irenismo aqui demonstrado por Vendryes reflete, sobretudo, a consciência que a Sociedade linguística de Paris tem de sua primazia – ela é "a mais antiga do mundo" – e de sua centralidade. Alguns anos depois, Benveniste faz uma avaliação mais detalhada da SLP sob a administração de Meillet:

> Meillet havia feito sessões da Sociedade como um prolongamento de seu ensino. Dependendo da ocasião, ele aí trazia etimologias, observações detalhadas ou apresentações gerais; e era lá que, por sua vez, seus alunos apresentavam suas próprias pesquisas, geralmente alinhadas com seus trabalhos. As sessões se tornaram, nessa unidade de inspiração, como uma segunda escola, em que muitos jovens comparatistas, e outros nem tão jovens, completavam sua formação. (Benveniste, 1971: 31)

Porém, se Benveniste reconhecia que os trabalhos da SLP puderam corresponder a uma Escola linguística da qual Antoine Meillet teria sido o líder, foi para destacar melhor que o tempo dessa homogeneização doutrinária acabou: "Cada um de nós tem preferências doutrinárias, uma orientação pessoal. Mas não se pode sujeitar a Sociedade a isso. O papel de uma Sociedade não é ensinar uma verdade, mas, sim, encorajar a livre pesquisa [...]. Essa linha de conduta, que foi a de nossos predecessores, é mais do que nunca necessária (Benveniste, 1971: 34).

As reconstituições de Vendryes e Benveniste, que testemunham o descrédito associado ao conceito de "escola científica" percebido como paradoxal, enfatizam a abertura da SLP em sintonia com o processo de institucionalização da ciência linguística na escala mundial (Chevalier, 2000). No entanto, a ambição federativa da SLP, que se afirma no período entreguerras, não se afasta de certa ambivalência: se ela pretendia transcender as escolas, e a Escola francesa, em particular, suas publicações identificam exatamente a linguística que se desenvolve em outros lugares, tanto na Europa quanto no exterior.

DUAS SOCIEDADES IRMÃS?

Até 1940, a linguística em Genebra não favoreceu ancoragens institucionais comparáveis às de Paris. Além das raras vagas oferecidas pela Universidade[4], a linguística, em Genebra, não se apoia em nenhuma sociedade, revista ou coleção específicas. Comparar, no período considerado, uma "Escola de Paris" e uma "Escola de Genebra" equivaleria a estabelecer uma forma de equivalência lá onde a relação, de um ponto de vista institucional, é profundamente assimétrica. As duas expressões, pela polaridade geográfica que elas induzem, estabelecem uma relação de exterioridade entre as duas. Ora, a Escola de Genebra e a Sociedade linguística de Paris estão em uma relação de inclusão recíproca.

A estreita imbricação entre elas se observa, primeiramente, no itinerário de seus membros. Os principais linguistas associados à Escola de Genebra são membros da SLP: Bally é membro desde 1900, quando é apresentado por Saussure e Meillet. Sechehaye é apresentado mais tarde, em 1917, ou seja, um ano após a publicação do *Curso de linguística geral*. André Burger se torna membro em 1922 e Serge Karcevski, em 1925. As trajetórias desses estudiosos atestam uma circulação incessante entre Suíça e França, misturando uma hipotética linha divisória entre a linguística genebrina e a SLP. Nos anos de 1903 e 1904, Bally fez uma temporada de estudos na EPHE, durante a qual participou assiduamente das sessões da SLP. Paul Regard, ouvinte dos cursos de linguística geral de Saussure, continuou seus estudos na EPHE sob a orientação de Antoine Meillet. André Burger, que faz toda sua carreira em Neuchâtel, depois, em Genebra, escreve que ele deve "o essencial de [sua] formação linguística a [seu] mestre, A. Meillet" (Segre, 1985: 3). Quanto a Jules Ronjat, na qualidade de professor associado em Genebra de 1915 até 1925, ajuda Bally e Sechehaye na exploração dos manuscritos saussurianos; ele inscreve seus trabalhos, sobretudo, em romanística e em linguagem infantil, na linha dos estudos de Maurice Grammont. As publicações testemunham também os vínculos inextricáveis entre a linguística praticada em Genebra e a SLP: os *Mélanges de linguistique offerts à Ferdinand de Saussure* formam, por exemplo, o segundo título da coleção "Linguística" da SLP; já o *Essai sur la structure logique de la phrase* [Ensaio sobre a estrutura lógica da frase] de Sechehaye foi o vigésimo. Portanto, aquilo que prevaleceu foi exatamente a circulação entre os círculos linguísticos do período entreguerras, uma circulação encarnada pela figura de Karcevski, ex-aluno de Saussure, que foi, ao mesmo tempo, membro da SLP, membro fundador do Círculo de Praga e um dos criadores da Sociedade linguística de Genebra.

A Sociedade linguística de Paris, realizando verdadeiramente sua vocação internacionalista no período entreguerras, foi, portanto, de fato, constitutiva da Escola linguística de Genebra. No entanto, separou-se dela quando, em 1940, a Sociedade linguística de Genebra foi fundada. A iniciativa partiu de dois professores da geração que sucede à de Bally e Sechehaye: Henri Frei e Serge Karcevski. Este último organiza, em maio e junho de 1940, várias reuniões informais em que são discutidas apresentações linguísticas. Em 21 de dezembro de 1940, ocorreu a assembleia constituinte da Sociedade linguística de Genebra. Não parece ser algo insignificante o fato de que a Escola de Genebra tenha se institucionalizado no mesmo ano em que a SLP suspende suas atividades. Nos textos que acompanham a criação da nova Sociedade, os exemplos reivindicados pelos genebrinos são o Círculo de Praga e o Círculo de Copenhague, jamais sendo mencionada a SLP. É o caso, por exemplo, do levantamento elaborado por Sechehaye sobre a "influência saussuriana", no qual Paris não ocupa nenhum lugar:

> Graças a Ferdinand de Saussure, o nome de Genebra ocupa um lugar de destaque na história da ciência linguística no início deste século. Sua obra póstuma, o *Curso de linguística geral*, extraída dos cadernos de seus alunos, exerceu uma influência decisiva, cada vez maior, no pensamento de todos aqueles que se preocupam com os problemas da língua. Além disso, alguns de seus discípulos de Genebra, fortemente marcados pelo mestre, mas, por sua vez, criadores, de acordo com seus respectivos temperamentos, continuaram sua ação e foi possível se falar de uma Escola linguística de Genebra.
> Porém, a influência saussuriana se afirmou em outros lugares, provocando fecundas iniciativas. Estamos pensando no Círculo de Praga, nascido em 1926, e em seus *Travaux*, escritos por uma bela falange de colaboradores, graças aos quais uma nova disciplina, muito interessante, a "fonologia"

conquistou seu lugar na linguística moderna. Estamos pensando também no pequeno grupo de linguistas de Copenhague, que criou uma nova revista, a *Acta linguistica*, sobre o programa da "linguística estrutural" e que, ainda hoje, continua seu esforço apesar de todas as dificuldades do momento. Não seriam esses dois movimentos, para nós genebrinos, exemplos? Foi isso que pensou o sr. Henri Frei, que, recém-chegado do Extremo Oriente, depois de uma longa estadia dedicada ao estudo e ao ensino, acaba de suceder a seu mestre, o sr. Charles Bally, na cátedra de gramática comparada e de sânscrito. Sob sua liderança, os linguistas genebrinos foram agrupados, reuniões científicas foram organizadas e, em dezembro passado, foi fundada a *Sociedade linguística de Genebra*. (Sechehaye, 1941: 175-6)

Sechehaye atribui também a iniciativa de fundar uma sociedade ao único linguista titular da Universidade de Genebra que não é membro da SLP: Henri Frei. Sua ausência na SLP provavelmente decorre da crítica muito severa que Meillet fez de sua obra *La Grammaire des fautes* [A gramática dos erros]; Henri Frei, desde então, sempre se absteve de citá-lo (Amacker; Godel, 1980: 122).

Quando as atividades da SLP foram retomadas, em 1945, os *Bulletins de la société de linguistique de Paris* (doravante BSL) dedicaram sua primeira resenha às primeiras publicações dos *Cahiers de Ferdinand de Saussure*. Sob a pena de Marcel Cohen, a SLP deseja, então, "as mais cordiais boas-vindas à nova sociedade irmã e ao seu periódico" (BSL, 1945: 1). É, portanto, a percepção dessa irmandade, um pouco siamesa, como vimos, que nos interessa antes da conquista da autonomia em 1940.

A PRODUÇÃO LINGUÍSTICA DE GENEBRA ATÉ 1940

Para analisar a maneira como a Sociedade linguística de Paris concebe o surgimento dessa escola de pensamento que, em parte, abriga dentro dela, nós nos baseamos na análise da seção das resenhas dos BSL. O *corpus* de resenhas e obras analisadas está listado a seguir (quadro 1). Esse quadro é uma apresentação cronológica e sinóptica da produção linguística em Genebra durante o período considerado. Ele começa em 1908, quando Antoine Meillet criou a seção de "resenhas críticas" dos BSL; está organizado em duas colunas de acordo com os dois movimentos que atravessam qualquer escola de pensamento: um movimento excêntrico, de divergência, inerente à pluralidade dos membros que a compõem; e um movimento concêntrico, de convergência teórica. A terceira coluna contém, ao lado de cada publicação, a resenha publicada nos BSL com o nome do autor, o volume e a paginação.

Na primeira coluna do quadro aparecem as principais publicações individuais dos linguistas genebrinos que refletem tantas orientações científicas potencialmente diversas. O quadro, portanto, não lista todas as obras sobre linguística publicadas em Genebra entre 1908 e 1940, mas apenas as obras ou edições de periódicos que reúnem várias contribuições de linguistas genebrinos listados nos BSL. Há aí livros dos linguistas trabalhando em Genebra, Charles Bally e Albert Sechehaye, mas também publicações de teses de alunos de Saussure menos conhecidos – Léopold Gautier e Paul Regard – e de alunos de Bally – Marguerite Lips, Henri Frei e Hans Adank. O livro de Karcevski sobre o *Système du verbe russe* [Sistema do verbo russo] foi levado em consideração, embora seu local de publicação seja Praga, porque seu autor já trabalhava, na época, como professor na Universidade de Genebra e porque a resenha insiste em sua filiação saussuriana. O único linguista dessa lista que não tinha contato geográfico com Genebra é o holandês Cornelis De Boer. Sua integração na "Escola de Genebra" é feita sob uma base teórica, reivindicada pelo autor em suas obras – sua *Introduction à l'étude de la syntaxe du français* [Introdução ao estudo da sintaxe do francês] é dedicada a Albert Sechehaye – e reconhecida nas resenhas dos BSL.

Em relação a essas produções individuais, a segunda coluna reúne, portanto, publicações, na maioria das vezes coletivas, que testemunham um movimento unitário ou concêntrico. As publicações ou atividades reunidas nessa coluna são heterogêneas e podem ser divididas em quatro categorias, quatro formas complementares de fazer escola.

A primeira envolve a constituição póstuma da figura do diretor da escola a partir de um *corpus* estabilizado de textos. Pertence a essa categoria todo o trabalho editorial em torno dos textos de Saussure: a publicação do *Curso de linguística geral* em 1916, suas reedições em 1922 e 1931 e a constituição do *Recueil des publications scientifiques de Ferdinand de Saussure* [Coletânea das publicações científicas de Ferdinand de Saussure] em 1922. Significativamente, a origem comum – que os promotores da escola são escolhidos – se situa em um evento: o ensino de Saussure em Genebra. A atribuição a uma fala, muito mais do que a um escrito, em um lugar decentralizado – Genebra – e em um pequeno número de pessoas privilegiadas ativa a cisão entre o esotérico e o exotérico, consolidando a coesão do grupo.

A segunda categoria de iniciativas concêntricas consiste em reunir pesquisadores que compartilham uma comunidade de pensamento sem, no entanto, solicitar convergências teóricas em suas contribuições. Três iniciativas pertencem a essa categoria: os *Mélanges de linguistique offerts à Ferdinand de Saussure* em 1908, por ocasião de uma pequena festa que reuniu seus alunos diretos e indiretos; a organização do 2º Congresso Internacional de Linguistas em Genebra, em 1931; e os *Mélanges de linguistique offerts à Charles Bally*, em 1939, por ocasião de sua aposentadoria. Cada uma dessas iniciativas é uma oportunidade para lembrar, à comunidade erudita reunida, a identidade de uma "Escola de Genebra" (Meillet; Bally 2006 [1908]: 185; Bally, 1933: 29-30; Sechehaye 2001 [1939]: 461) e para os declarados membros dessa Escola de se reconhecerem. Esse tipo de iniciativa permite ao grupo afirmar tanto sua identidade quanto sua abertura ao restante da comunidade científica, participando plenamente do sistema de dupla legitimação analisado por Olga Amsterdamska (1987: 19-27) na constituição das escolas científicas.

Uma terceira categoria de iniciativas pode ser distinguida pelo critério do grau suplementar de integração exigido dos participantes; ela reúne publicações coletivas que possuem uma convergência teórica. Para o período considerado, duas publicações se enquadram nessa categoria. A primeira é a contribuição conjunta, elaborada por Bally e Sechehaye, para a quarta questão submetida a debate no 1º Congresso Internacional de Linguistas. À pergunta "quais são os métodos mais apropriados para uma exposição completa e prática da gramática de uma língua qualquer?", os dois linguistas respondem com um ponto de vista unitário, expondo "as doutrinas da Escola linguística de Genebra [que] poderiam contribuir para sua solução" (Bally; Sechehaye, 1930: 36). Sabe-se, pelo testemunho de Sechehaye, que essa posição comum é o resultado de uma dura negociação entre os dois linguistas (Fryba-Reber, 2001: 443-52). Essa contribuição é excepcional nas *Actes* do congresso, primeiramente por seu carácter coletivo – é a única, junto com a do Círculo linguístico de Praga, a ter vários signatários –, depois, por seu formato: ela totaliza 18 páginas, ao passo que as outras respostas não excedem 5 páginas. Seu papel parece decisivo na percepção de uma Escola genebrina: isso é evidenciado pela decisão de organizar o congresso seguinte em Genebra e pela propagação da expressão "Escola linguística de Genebra", que se difunde a partir do final da década de 1920. A segunda contribuição coletiva é a artigo "Pour l'arbitraire du signe" ["Em favor do arbitrário do signo"] de 1940, assinado por Sechehaye, Bally e Frei, em resposta aos artigos de Benveniste (1939) e de Pichon (1940) publicados na *Acta linguistica*. Assim como a contribuição ao Congresso de Haia, a abordagem unitária, o título e o tom ofensivos conferem, a esse texto, o caráter de um manifesto de escola.

Finalmente, é necessário isolar uma quarta categoria que se distingue da anterior somente porque emana de uma iniciativa individual. Apenas alguns discursos ou publicações de Albert Sechehaye se enquadram nessa categoria, entre os quais se destaca o artigo "L'École genevoise de linguistique générale" ["A Escola de linguística geral de Genebra"], publicado em 1927. A partir de uma apresentação dos trabalhos de Saussure, de Bally e de seus próprios trabalhos, Sechehaye opera uma síntese doutrinária. Nessa empreitada, a heterogeneidade dos trabalhos dos três linguistas é analisada em termos de distribuição de tarefas, garantia da coerência da escola. Sechehaye insiste, particularmente, na complementaridade de sua abordagem e da de Bally: cada um estuda os fatos linguísticos "pelo lado oposto da luneta", ilustrando, assim, "os dois polos da linguagem", a saber, a vida e a lógica (Sechehaye, 1927: 235). Em última análise, a Escola de Genebra se caracteriza, segundo ele, pela "união de duas tendências aparentemente contraditórias": "aquela que considera a linguística como uma ciência de princípios abstratos" e "aquela que visa colocar essa ciência a serviço de fins mais práticos", notadamente, pedagógicos (Sechehaye, 1927: 239-240). Com esse artigo, assim como com a contribuição coletiva ao Congresso de Haia, do qual foi idealizador, Sechehaye figura como um verdadeiro promotor da Escola de Genebra.

Quadro 1 – A produção linguística genebrina (1908-1940)

	Movimento excêntrico	**Movimento concêntrico**	**Resenhas dos BSL**
1908	Sechehaye, *Programme et méthode de la linguistique théorique. Psychologie du langage*	*Mélanges Saussure*	Havet T. 16, p. 21-54
1909	Bally, *Traité de stylistique française* Sechehaye, *Éléments de grammaire historique du français*		Meillet T. 16, p. 118-122
1911	Gautier, *La langue de Xénophon*		Meillet T. 17, p. 59-60
1913	Bally, *Le langage et la vie*		Meillet T. 18, p. 179-182
1916		*Cours de linguistique générale*	Meillet T. 20, p. 32-36
1919	Regard, *La phrase nominale dans la langue du nouveau testament* e *Contribution à l'étude des prépositions dans la langue du Nouveau Testament*		Meillet T. 21, p. 212-215
1921	Bally, *Traité de stylistique française*, 2ª edição *Journal de psychologie. Psychologie du langage* (artigos de Bally, Lips e Sechehaye)		Meillet T. 22/2, p. 232 Meillet T. 23/2, p. 24-25

1922		*Recueil des publications scientifiques de Ferdinand de Saussure*	Meillet T. 23/2, p. 52
		Cours de linguistique générale, 2ª edição	Meillet T. 24/2, p. 8
1923	De Boer, *Essai de syntaxe du français moderne*		Meillet T. 24/2, p. 95-98
1925	Bally, *Le langage et la vie*, 2ª edição		Meillet T. 27/2, p. 14-16
1926	Sechehaye, *Essai sur la structure logique de la phrase*		Meillet T. 27/2, p. 1-2
	Sechehaye, *Abrégé de grammaire française sur un plan constructif*		Meillet T. 28/2, p. 159-160
	De Boer, *Essai sur la syntaxe moderne de la préposition en français et en italien*		Meillet T. 27/2, p. 103-105
	Lips, *Le Style indirect libre*		Meillet T. 28/2, p. 46-48
1927	Karcevski, *Système du verbe russe*	Sechehaye, "L'école genevoise de linguistique générale"	Meillet T. 28/2, p. 42-44
1928		Bally, Sechehaye, contribuição ao *Ier Congrès International de Linguistes*	Meillet T. 30/2, p. 24-25
1929	Frei, *La grammaire des fautes*		Meillet T. 30/2, p. 145-149
1930	Bally, *La Crise du français*		Meillet T. 32/2, p. 123
1931		*2e Congrès International des Linguistes*	
		Cours de linguistique générale, 3ª edição	
1932	Bally, *Linguistique générale et linguistique française*		Meillet T. 34/2, p. 84-87
1933	*Journal de psychologie 30. Psychologie du langage* (artigos de Bally e de Sechehaye)	*Actes du 2e Congrès International de Linguistes*	Meillet T. 34/2, p. 20-26
	De Boer, *Introduction à l'étude de la syntaxe du français*		Bloch T. 35/2, p. 86-88 Meillet T. 35/2, p. 1

1939	Adank, *Essai sur les fondements psychologiques de la métaphore affective*	*Mélanges Bally*	Cohen T. 41/2, p. 11-12
			Cohen T. 40/2, p. 7-8
1940		Sechehaye, Bally, Frei, "Pour l'arbitraire du signe" Criação da Sociedade linguística de Genebra	

AS RESENHAS DA SLP

Entre os autores das resenhas dos BSL reunidos na terceira coluna da tabela, o nome de Antoine Meillet é recorrente; isso não será surpresa para ninguém. "Alma da SLP" (Boyer, 1936: 196) e primeiro colaborador da seção, ele se responsabiliza por todas as resenhas durante a Primeira Guerra Mundial. Como escreve Benveniste, "a Sociedade esteve tão intimamente envolvida em sua atividade que é possível dizer que ele se identificou com ela durante 30 anos, de 1906 até 1936" (Benveniste, 1971: 27). A recepção da linguística genebrina nos BSL é, portanto, em grande medida, aquela que lhe foi reservada por Meillet.

É preciso notar que as resenhas dizem respeito mais a publicações individuais do que a iniciativas coletivas. Isso se deve à seção considerada, cuja função é reagir, de acordo com a circunstância, a publicações isoladas. As resenhas constroem, portanto, um ponto de vista fragmentário e descontínuo sobre a produção linguística genebrina, percebendo, de início, a pluralidade lá onde outras seções – a dos artigos ou a das reuniões – talvez tivessem dado mais ênfase à unidade. No entanto, as iniciativas concêntricas de escola, mesmo que nem todas sejam levadas em consideração pelas resenhas, influenciam a recepção de publicações individuais. A percepção difusa de uma unidade se reflete, nas recensões, pela recorrência de referências a outros linguistas genebrinos. As resenhas raramente relacionam os trabalhos dos linguistas em um plano horizontal – há uma única referência aos trabalhos de Sechehaye nas resenhas dos livros de Bally, por exemplo (BSL 27/2, p. 45) – mas, sim, sempre em um plano vertical, em termos de filiação. Meillet, por exemplo, nunca deixa de lembrar que Bally, Sechehaye, Gautier ou Regard são os alunos de Saussure ou que Henri Frei e Marguerite Lips são os alunos de Bally. Quanto ao reconhecimento de uma "Escola de Genebra", aparece explícito nas resenhas dos BSL em três ocasiões: em 1927, quando Meillet fala de um "grupo de linguistas genebrinos", incluindo Bally e Sechehaye (BSL, 27/2, p. 45); em 1928, a propósito de Marguerite Lips, que, escreve Meillet, "diz pertencer à Escola genebrina" (BSL, 28/2, p. 46); e, em 1931, a respeito da primeira publicação dos *Travaux du Cercle linguistique de Prague*. Esta última recensão é reveladora dos conflitos determinantes aos quais o sintagma "Escola de Genebra" dá, então, origem. Muito positiva – se excetuarmos a crítica de "pedantismo" das teses do Círculo, que Meillet considera "cansativas" –, a resenha termina com esta constatação: "As ideias que inspiram o grupo vêm da Escola genebrina que se originou a partir do ensino de F. de Saussure, tal como é conhecido através dos cursos publicados após a morte do mestre" (Meillet, 1931: 18). Trubetzkoy lamenta, em sua correspondência, que o CLP seja assimilado "pura e simplesmente à Escola de Saussure", sobretudo, porque ele critica severamente "o rumo tomado pela atividade de seus alunos" (2006: 287, 348). De fato, sob a pena de Meillet, "Escola genebrina" não designa nem os linguistas de Genebra, nem seus trabalhos; ou, então, apenas seus trabalhos editoriais em torno do ensino de Saussure. Na verdade, "Escola genebrina", aqui, é equivalente a *Curso de linguística geral*.

É na resenha das *Actes du Deuxième Congrès International de Linguistes* que Meillet reconhece, pela única vez, explicitamente, uma especificidade da linguística desenvolvida em Genebra:

> O primeiro congresso de linguistas, convocado pelo Sr. Schrijnen, havia se mostrado tão útil que os linguistas responderam com entusiasmo ao convite dos linguistas genebrinos, discípulos de F. de Saussure. O congresso por eles preparado teve, desde o início, um caráter novo e original. Em certo sentido, ele dava continuidade ao primeiro, cuja característica marcante havia sido que a gramática comparada das línguas indo-europeias – que, em quase toda parte, ocupa um lugar predominante nos estudos de linguística histórica – não estava aí em primeiro plano. Em Genebra, em grande parte pela influência dos organizadores, as apresentações mais numerosas e, muitas vezes, mais marcantes foram sobre gramática geral. A palestra do príncipe Trubetzkoy sobre fonologia causou forte impressão. Estamos felizes em ver com que consciência e habilidade os linguistas genebrinos deram um panorama exato de um congresso que foi notavelmente rico e variado. Essa é a impressão que tiveram os que participaram desse congresso. (BSL, 35/2, p. 1)

A especificidade dada aos discípulos genebrinos de Saussure foi a de acelerar a ascensão, iniciada em Haia, de uma linguística geral. Meillet, sobretudo, concebe, no campo linguístico, uma relação entre dois termos: a *gramática comparada* e, aqui, a *gramática geral*, que substitui e é usada no lugar do sintagma "linguística geral", promovido no congresso, sem que seja possível identificar se a substituição é indiferente ou se ela contém uma crítica velada[5]. Ora, o discurso inaugural de Bally – transcrito nas atas do congresso que Meillet leva em consideração – distingue três tendências na linguística de sua época: (1) a pesquisa sobre as línguas do mundo, trazida ao congresso de Haia por Antoine Meillet; (2) a descrição fonológica das línguas; (3) "o sopro da espiritualidade [que] anima a linguística hoje" e que a Escola de Genebra pretende encarnar (Bally, 1933: 30). Dessas três tendências – Paris, Praga, Genebra, se quisermos localizá-las – Meillet retém apenas duas e cita, para a corrente geral, a fonologia de Trubetzkoy, e não os esforços dos genebrinos para fazer da linguística "uma ciência do espírito".

No que diz respeito, por fim, às publicações individuais, é possível destacar, para além das observações induzidas pela especificidade de cada obra, algumas características constantes da recepção dos trabalhos genebrinos. Nenhuma dessas publicações pertence à linguística histórica; até mesmo os livros de Regard sobre a *koinè* são recebidos como um trabalho de "linguística sincrônica" (BSL 21, p. 213).

Acima de tudo, todas – ou quase todas – se relacionam com o francês contemporâneo. Ora, como observou Claire Blanche-Benveniste, em um estudo sobre o lugar da linguística do francês nos BSL (2005: 187-207), as resenhas de Meillet sobre a língua francesa são quase sistematicamente negativas[6]. A produção genebrina não é exceção a essa severidade. Apenas Bally goza de relativa clemência: seu *Traité de stylistique française* [Tratado de estilística francesa] é bem recebido, "ele inaugura", segundo Meillet, "uma nova ordem de pesquisas da qual devemos esperar um rejuvenescimento científico" (BSL, 16, p. 118). A recepção reservada para as obras seguintes é mais comedida, mas ainda mostra a originalidade da abordagem de Bally. Os trabalhos de Sechehaye, em contrapartida, quase não despertaram interesse: suas obras de 1908 não foram levadas em consideração nos BSL, e as de 1926 foram apenas objeto de recensões apressadas. De uma maneira geral, Meillet aponta, entre os genebrinos, problemas de método na descrição do francês contemporâneo. A necessidade de "delimitar o objeto estudado" (BSL, 24/2, p. 95) – isto é, de hierarquizar e de determinar, geográfica e socialmente, os dados – está na base de uma parte das críticas dirigidas ao livro *linguistique générale et linguistique française* [linguística geral e linguística francesa] de Bally, à obra *La Grammaire des fautes* de Frei e aos trabalhos sobre sintaxe de De Boer. Essa crítica, contudo, não é reservada aos genebrinos: ela é a grande falha que Meillet denuncia nos trabalhos de seu tempo sobre a língua francesa. No entanto, também há traços constantes nas resenhas que parecem específicos da recepção da linguística genebrina.

Primeiramente, a lembrança recorrente de uma filiação saussuriana, mas cuja contribuição conceitual se reduz sempre à única distinção diacronia/sincronia. A menção a esse princípio compartilhado é, por vezes, acompanhada de críticas, em relação à descrição linguística praticada pelos genebrinos, de um sincronismo intransigente que não levaria em conta as contribuições da linguística histórica. Assim, Meillet faz uma objeção a Bally, dizendo que "não há necessidade de ignorar a história da língua para dar um relato exato de seu presente, talvez, o contrário" (BSL, 18, p. 181). A mesma reprovação é dirigida à obra *La Grammaire des fautes*: "Frei está muito preocupado em reagir contra os procedimentos da linguística histórica para analisar, com precisão, os fatos dos quais ele se vale" (BSL, 30/2, p. 148).

Outro traço específico da recepção da produção genebrina é a crítica sistemática de desenvolvimentos caracterizados negativamente como "filosóficos", "lógicos" ou "abstratos". Assim Meillet escreve que Bally, "desenvolveu em demasia princípios de filosofia corrente menos originais do que suas ideias sobre a linguística" (BSL, 18, p. 180); Sechehaye é criticado por "digressões filosóficas inúteis para o gramático" (BSL, 27/2, p. 1); Karcevski, por um "vocabulário lógico e matemático, muitas vezes cansativo" (BSL, 28/2, p. 42); Frei, por "frases vagas cheias de termos abstratos" (BSL, 30/2, p. 149); De Boer, por "divisões de ordem psíquica (ou lógica), [e] não de ordem linguística" (BSL, 27/2, p. 104). A crítica da abstração encontra traduções precisas na análise das descrições linguísticas propostas. Meillet expressa, assim, em várias ocasiões, seu desacordo com uma abordagem linguística que se funda, por princípio, na atividade psicológica e não na expressão linguística:

> Bally acredita que, para conseguir estudar a linguagem como meio de ação e meio de expressão, seria preciso partir "do pensamento e da vida"; só poderemos perceber os resultados que obteríamos uma vez que tal estudo seja feito. Receia-se que ele seja muito difícil e que as conclusões careçam de precisão. A conferência de Bally expressa, desse ponto de vista, apenas um desejo, nem sequer fornece, a rigor, um programa de pesquisas. (BSL, 18, p. 181)
>
> Entre um linguista que pensa como De Boer e um linguista que pensa como eu, há um mal-entendido inicial. "Para os linguistas", escreve De Boer, "para quem, nas línguas, as funções desaparecem com as formas, todo este capítulo será quimérico" (p. 35).
>
> Mas eu acredito que esse mal-entendido seja muito mais verbal do que real. A linguística não tem que fazer uma teoria da realidade, nem mesmo do modo como o homem concebe a realidade. Basta considerar a expressão recebida, nas línguas, das realidades e das concepções. Que se parta da expressão linguística para examinar seu sentido ou do sentido para examinar sua expressão linguística, isso é uma questão de procedimento. É possível, dependendo do caso, ser vantajoso operar de uma forma ou de outra; isso não muda em nada o fato de que o único objeto da linguística é a expressão dada pela língua às concepções. (BSL, 27/2, p. 103)

Nem o ângulo da expressividade, caro a Bally, nem o das estruturas lógicas subjacentes à língua, buscado por Sechehaye e De Boer, agradam a Meillet. Consequentemente, ele também rejeita tanto a explicação por elipse, proposta por Bally – para as frases exclamativas como *Le pauvre homme!* [O pobre homem!] (BSL, 27/2, p. 45) –, quanto as distinções, feitas por De Boer, no sistema preposicional do francês, que não têm correspondência morfológica (BSL, 27/2, p. 103-5). Partir dos fatos linguísticos e não do pensamento, do signo e não do sentido: essa é a lição que Meillet oferece, várias vezes, em suas resenhas.

Por fim, "a Escola linguística de Genebra" é, do ponto de vista da SLP, uma expressão com um referente bastante indeterminado. Ela aparece, nos BSL do final da década de 1920, na esteira do primeiro Congresso Internacional de Haia, para designar algo nebuloso – incluindo tanto os que são de Genebra quanto os de Praga –, que se reúne em torno de um critério principal: citar ou discutir o *Curso de linguística geral*. Quanto ao resto, se, em Paris, o grupo social dos linguistas de Genebra está bem identificado, nenhuma unidade teórica lhe é atribuída de início. A divisão das resenhas de seus diferentes trabalhos traz à tona as duas características que lhes estão atreladas: por um lado, a abordagem sincrônica; por outro, a apreensão da língua como uma "operação do espírito" (Bally, 1933: 30), o que Meillet compara à "gramática geral". Ao criticar a falta de imanência de suas abordagens linguísticas, Meillet percebe o paradoxal saussurianismo dos dois editores do CLG, que a historiografia[7] colocou em destaque, e que é, em grande parte, tributário de contatos com a linguística e com a psicologia alemãs, independentes do ensino saussuriano.

Notas

[1] A anedota foi relatada por Bally em 1908: "No Congresso dos Orientalistas, realizado em Genebra em 1894, e onde você [Saussure] fez uma importante apresentação, Michel Bréal, durante um jantar, lhe cumprimentou por ser o fundador de uma Escola genebrina de linguística. Lembro-me de que sua modéstia, na ocasião, acolheu essas palavras com um ceticismo sorridente." (Meillet; Bally 2006 [1908]: 185). Como destaca Joseph (2012: 407), "o ceticismo, sem dúvida, estava lá, misturado com um certo embaraço, já que aqueles que estavam presentes de sua própria Universidade sabiam que, se fosse possível dizer que uma 'escola' estava sendo formada, ela não tinha quase nenhum aluno". Os alunos de Saussure em Genebra, nos primeiros anos de seu ensino, podem ser contados, efetivamente, nos dedos de uma única mão.

[2] Cf., por exemplo, Amsterdamska (1987: 4-31); Servos (1993) e Waquet (2008: 271-81).

[3] Cf. por exemplo, Meillet (1920: 190).

[4] Para saber os lugares institucionais da linguística e da filologia na Universidade de Genebra, entre 1872 e 1945, consultaremos Fryba-Reber (2013: 255-300).

[5] A favor da segunda hipótese, podemos citar um texto contemporâneo em que Meillet escreve sobre o *Ensaio de semântica* de Bréal e sua reabilitação da gramática geral dos ideólogos: "o livro poderia parecer reacionário em 1897; hoje, algumas das tendências atuais se juntam a ele, em parte com menos exatidão e precisão. Se o livro teve grande sucesso em sua época, parece que, agora, não o lemos tanto quanto deveríamos. O racionalismo de Bréal sem dúvida desagrada os inovadores que colocam os fatos afetivos em primeiro plano" (Meillet, 1932: 289). Difícil não ver, nessa última frase, uma alusão a Bally.

[6] Essa severidade deve ser relacionada com o projeto de uma obra sobre a língua francesa em que Meillet trabalhou no final da década de 1910 e no início da década de 1930: "Nos últimos anos de sua vida, ele [Meillet], muitas vezes, havia mantido seus amigos em um projeto de livro sobre o desenvolvimento da língua francesa. Essa obra teria formado uma espécie de tríptico com aquelas que ele havia escrito sobre o grego e o latim. Ela seria o painel central. Meillet seguiria a história da língua francesa até a época contemporânea. É um arrependimento amargo que tenha faltado tempo para que ele produzisse tal obra, que teria sido tão rica em lições sobre o passado e o presente da língua francesa" (Vendryes, 1937: 27). Os esboços manuscritos desses projetos foram encontrados e publicados por Granucci em 1992.

[7] Cf. Regard, 1982; Fryba-Reber, 1994; Chevalier, 1999; Amacker, 2000.

Bibliografia

Fontes primárias

As resenhas dos BSL mostradas no Quadro 1 não são retomadas na Bibliografia.

BALLY, Charles. "Discours d'ouverture". *Actes du deuxième congrès international de linguistes*: Genève, 25-29 août 1931. Paris: Maisonneuve, 1933, p. 29-30.
_____; SECHEHAYE, Albert. "Quelles sont les méthodes les mieux appropriées à un exposé complet et pratique de la grammaire d'une langue quelconque?". *Actes du premier Congrès international de linguistes à La Haye*: Du 10–15 avril 1928. Leyde: Sithoff, 1930, p. 36-53.
BENVENISTE, Émile. "Allocution de la célébration du centenaire de la SLP". BSL, Paris, v. 66, n. 1, 1971, p. 19-34.
BOYER, Paul. "Antoine Meillet. L'homme et le savant". *Revue des études slaves*, v. 16, 1936, p. 191-8.
CAHEN, Maurice. "Festskrift tillägnad Hugo Pipping på hans sextioårsdag den 5 november 1924". BSL, Paris, v. 26, n. 2, 1925, p. 162-73.
COHEN, Marcel. "Cahiers Ferdinand de Saussure 1 et 2". BSL, Paris, v. 42, n. 2, 1945, p. 1-2.
ERNOUT, Alfred. "J. Vendryes. Le langage. Introduction linguistique à l'histoire". *Journal des savants*, v. 20, n. 3, 1922, p. 134-6.
GAUTHIOT, Robert. "Ferdinand de Saussure (1857-1913). Notice". *Bulletin de l'association des élèves et des anciens élèves de l'École Pratique des Haute Études* (Section des Sciences historiques et philologiques), Paris, 1914, p. 49-55.
GRAMMONT, Maurice. "Mélanges linguistiques offerts à M. F. de Saussure. Compte rendu". *Revue des langues romanes,* v. 55, 1912, p. 387-9.
MEILLET, Antoine. "Hirt H. Des indogermanische Vokalismus". BSL, Paris, v. 22, 1920, p. 190-2.
_____. "L'état actuel des études de linguistique générale". In: _____. *Linguistique historique et linguistique générale I*. Paris: Hachette, 1921 [1906].
_____. "Stolz-Schmalz, Lateinische Grammatik". BSL, Paris, v. 27, n. 2, 1926-1927, p. 61-70.
_____. "Avant-Propos". In: _____. (Org.) *Étrennes de linguistique offertes par quelques amis à Émile Benveniste*. Paris: Geuthner, 1928, p. 5-7.
_____. "Travaux du cercle linguistique de Prague, 1929". BSL, Paris, v. 31, n. 2, 1931, p. 18-20.
_____. "La grammaire comparée au Collège de France". In: LEFRANC, Abel et al (Eds.). *Le Collège de France* (1530-1930). Paris: PUF, 1932, p. 279-89.
_____; BALLY, Charles. "Allocutions prononcées le 14 juillet 1908 à l'occasion de la remise à Ferdinand de Saussure des mélanges de linguistique". *Cahiers Ferdinand de Saussure*, Genève, v. 59, 2006 [1908], p. 179-85.
SECHEHAYE, Albert. "L'École genevoise de linguistique générale". *Indogermanische Forschungen*, v. 44, 1927, p. 217-40.
_____. "Allocutions prononcée le 1er juillet 1939 à l'occasion de la remise à Charles Bally des Mélanges linguistiques". *Cahiers Ferdinand de Saussure*, Genève, v. 54, 2001 [1939], p. 559-62.
_____. "Les sociétés savantes. La Société genevoise de linguistique". *Revue universitaire suisse*, Suisse, v. 15, n. 3, p. 175-7.
_____; BALLY, Charles; FREI, Henri. "Pour l'arbitraire du signe". *Acta linguistica,* Budapest, v. 2, 1940-1941, p. 165-9.
SOMMERFELT, Alf. "La philosophie linguistique française. Réponse à M. Hjalmar Falk". BSL, Paris, v. 25, n. 1, 1924, p. 22-33.

_____. "La linguistique, science sociologique". In: _____. *Diachronic and Synchronic Aspects of Language:* Selected articles. La Haye: Mouton, 1966 [1932], p. 36-51.
TROUBETZKOY, Nicolaï. *Correspondance avec Roman Jakobson et autres écrits*. Lausanne: Payot, 2006.
VENDRYES, Joseph. "Antoine Meillet". BSL, Paris, v. 38, n. 1, 1937, p. 1-42.
_____. "Première société linguistique. La Société de linguistique de Paris (1865-1955)". *Orbis*, v. 4, 1955, p. 7-21.

Fontes secundárias

AMACKER, René. "Le développement des idées saussuriennes chez Bally et Sechehaye". *Historiographia linguistica*, v. 27, n. 2, 2000, p. 205-64.
_____; FOREL, Claire; FRYBA-REBER, Anne-Marguerite. "Les Cahiers Ferdinand de Saussure des origines à nos jours". *Cahiers Ferdinand de Saussure*, Genève, v. 50, 1997, p. 341-60.
AMSTERDAMSKA, Olga. *School of Thought: the Development of Linguistics from Bopp to Saussure*. La Haye: Mouton, 1987.
BERGOUNIOUX, Gabriel. "La Société linguistique de Paris (1876-1914)". BSL, Paris, v. 92, n. 1, 1997, p. 1-26.
_____. "La Société de linguistique de Paris dans son histoire". BSL, Paris, v. 100, n. 1, 2005, p. 359-90.
BLANCHE-BENVENISTE, Claire. "La place de la langue française dans les Mémoires et le Bulletin de la Société de linguistique de Paris". BSL, Paris, v. 100, n. 1, 2005, p. 183-223.
CHEVALIER, Jean-Claude. "Troubetzkoy, Jakobson et la France, 1919-1939". *Cahiers de l'ILSL*, v. 9, 1997, p. 31-43.
_____. "Albert Sechehaye, pédagogue et théoricien". *Cahiers Ferdinand de Saussure*, Genève, v. 52, 1999, p. 69-81.
_____. "Les congrès internationaux et la linguistique". In: AUROUX, Sylvain (Ed.). *Histoire des idées linguistiques* 3. Liège-Paris: Mardaga, 2000, p. 517-28.
FRYBA-REBER, Anne-Marguerite. *Albert Sechehaye et la syntaxe imaginative*. Genève: Droz, 1994.
_____. "De la cohésion et de la fluidité de la langue. Textes inédits (1908-1943) de Charles Bally et d'Albert Sechehaye". *Cahiers Ferdinand de Saussure*, Genève, v. 54, 2001, p. 429-87.
_____. *Philologie et linguistique romanes*. Institutionnalisation des disciplines dans les universités suisses (1872-1945). Leuven-Paris: Peeters, 2013.
GRANUCCI, Fiorenza. "Complementi a 'Pour un manuel de linguistique générale' di Antoine Meillet". *Studi e saggi linguistici*, v. 32, 1992, p. 13-232.
JOSEPH, John E. *Saussure*. Oxford: Oxford University Press. 2012
LAMBERTERIE, Charles de. "La grammaire comparée des langues indo-européennes dans les MSL et le BSL des origines au règne d'Antoine Meillet". BSL, Paris, v. 100, n. 1, 2005, p. 17-44.
REDARD, Georges. "Charles Bally disciple de Ferdinand de Saussure". *Cahiers Ferdinand de Saussure*, Genève, v. 36, 1982, p. 3-23.
SAVATOVSKY, Dan. "Comment faire école? (Saussure à Paris, II)". *Cahiers Ferdinand de Saussure*, Genève, v. 56, 2004, p. 311-26.
SEGRE, Cesare. "*In memoriam* André Burger". *Cahiers Ferdinand de Saussure*, Genève, v. 39, 1985, p. 3-8.
SERVOS, John W. "Research Schools and Their Histories". *Osiris*, v. 8, 1993, p. 3-15.
WAQUET, Françoise. *Les enfants de Socrate*. Filiation intellectuelle et transmission du savoir. xviie-xxie siècle. Paris: Albin Michel, 2008.

PARTE 3
CORRESPONDÊNCIA SOBRE A EDIÇÃO DO CLG

Cem anos de filologia saussuriana I: cartas trocadas por Albert Sechehaye e Charles Bally para a edição do *Curso de linguística geral* (1916)

Estanislao Sofía

INTRODUÇÃO

Caso optássemos por iniciar um artigo afirmando que Ferdinand de Saussure pouco publicou em vida, dificilmente seríamos originais. Caso disséssemos que ele trabalhou muito e escreveu enormemente, deixando para a posteridade um número considerável de notas inéditas, também não seríamos. Exatamente 100 anos após sua morte, pesquisadores nascidos nos quatro cantos do mundo tiveram muito tempo para exumar pilhas de manuscritos, para transcrevê-los e para publicá-los, contribuindo, assim, para o enriquecimento da mais bela das celebridades póstumas e demonstrando, indiretamente, o que não é mais original de declarar: que Ferdinand de Saussure publicou pouco em vida; ao contrário, ele trabalhou e escreveu muito, deixando para a posteridade uma massa considerável de manuscritos inéditos.

Essa verdade, que um leitor atual tomará, portanto, judiciosamente como uma banalidade, já era assim, na realidade, durante a vida de Saussure. Sabe-se que seus colegas e seus alunos o encorajavam a tornar públicas suas ideias, que ele não escondia ter mais ou menos elaboradas, postas por escrito ou, até mesmo, guardadas (Saussure dizia "perdidas") em "montanhas" de papéis que ele mantinha desde os 17 anos[1]. Já em 1881, sua irmã Albertine, preocupada com esse caos, sugeria a Ferdinand, que acabava de obter seu doutorado e iniciava seus estudos em Paris, colocar alguma ordem em suas coisas. Saussure recusava gentilmente, é claro, e dizia para a irmã que adiasse a operação para um futuro que, milagres do arbitrário do signo, nunca mais chegaria[2]. As resmas continuaram, assim, a se acumular, cheias de notas, em 1890, em 1900, em 1910, em circunstâncias elucidadas pelos biógrafos (ver, em particular, Joseph, 2012), até 22 de fevereiro de 1913.

Com a morte do mestre, sua esposa, Marie Faesch de Saussure, começou a receber propostas para a publicação dos manuscritos de seu marido, cuja existência parece ser conhecida de todos. Em um artigo de 26 de fevereiro de 1913, apenas quatro dias após a morte do grande erudito, Ernest Muret alertava para a existência de trabalhos iniciados e "há muito tempo empreendidos" por Saussure, mas que ele "nunca teria concluído": "seus admiradores e seus amigos ficavam angustiados com isso, e ele próprio muitas vezes se recriminava por isso" (Muret, 1913 [ver M. de Saussure, 1915: 46 e 47]). Meillet, Bréal, Sechehaye, todos falaram sobre isso, e o tema logo se tornou um lugar-comum nas notas biográficas sobre Saussure[3].

Nesse contexto, o primeiro a evocar abertamente a ideia de uma possível publicação parece ter sido Charles Bally. Foi em um artigo de *La Semaine littéraire*, publicado em 1º de março de 1913, em que o ilustre discípulo fez um relato sucinto da trajetória de seu mestre, lamentando, entre outras coisas, que ele mal tivesse tido a oportunidade de sistematizar seu pensamento, senão tardiamente, durante os três cursos de linguística geral de 1907-1911, cujas aulas teriam sido "cuidadosamente coletadas" por seus alunos:

> Ah! Por que ele reservou os tesouros de seu gênio para o restrito círculo de seus discípulos? Muitas de suas lições poderiam ter sido impressas imediatamente; quantas ideias escondidas em notas de estudantes, quantas riquezas enterradas em manuscritos pessoais, guardados com muito zelo! Será que tudo isso nunca virá à tona? Será que nos resignaremos a ver se apagar tantos lampejos desse espírito único? (Bally, 1913 [ver M. de Saussure, 1915: 56])

Este é o primeiro registro público que se tem de um projeto de edição póstuma dos manuscritos de Saussure. Bally já havia falado disso para a viúva?

Em 25 de maio de 1913, Marie de Saussure escreveu uma carta para Meillet em resposta a uma missiva deste último, datada de 6 de março. Esta carta de Meillet não foi encontrada. Porém, parece ter sido assunto, novamente e entre outros tópicos, um projeto de publicação das notas de Saussure. Em todo caso, há algo, na carta de Meillet, que parece ter motivado a menção, por parte da viúva, da existência de "várias" pessoas interessadas em um projeto desse tipo. Saussure "deu [tinha dado] o melhor de seu tempo a seu ensino", dizia ela, "e a preparação de seus cursos o absorvia a ponto de impedi-lo de publicar outros trabalhos pessoais".

> E, agora, vários de seus alunos me perguntaram se não havia algo, em suas notas, para publicar. Isso era, naturalmente, algo a ser visto e ao qual eu não gostaria, a princípio, de me opor; mas, prezado senhor, você conheceu meu marido o suficiente para saber com que consciência escrupulosa ele abordava cada questão e eu tenho a impressão de que, seja qual for o caso, nada deve ser publicado muito rapidamente, porque eu não gostaria de fazer algo que ele

não teria aprovado. Talvez, consultando as notas feitas por diferentes alunos em diferentes anos, seja possível ter uma ideia bastante completa de um desses cursos, mas também, para isso, não se deve ter pressa. – Essa não é sua opinião [?] – É possível, às vezes, através de uma publicação muito precipitada, corromper um trabalho que, com o tempo, se poderia tornar mais completo. Eu sou, naturalmente, incompetente nesse assunto, mas sei que meu marido nunca agiria com precipitação e que aquilo que ele deu à ciência foi fruto de um trabalho cuidadosamente pensado. (cf. Benveniste, 1964: 124)

As palavras da viúva de Saussure parecem bastante sábias para alguém que se declara "incompetente" no assunto, e suas ideias talvez sejam muito próximas às de Charles Bally.

Em 29 de maio de 1913, 4 dias depois de Marie de Saussure, Bally, de fato, também escreverá sua carta para Meillet, em que ainda será questionada a existência de alguns projetos de edição das notas do mestre. Bally menciona um desses projetos, especialmente "interessante", que parece ter sido comunicado por Regard a Meillet – ou, em todo caso, que tinha a ver com Meillet –, que tinha por objetivo a publicação, ao que parece, de um artigo, e não ainda de uma obra, contendo excertos de notas de Saussure e/ou notas feitas por seus alunos.

Essa carta não é a única na correspondência de Bally-Meillet que contém indicações sobre projetos de edição das notas de Saussure. Na verdade, ela inaugura um diálogo que se estenderá ao longo do ano e até 1916 – em outras palavras, durante o trabalho de edição do CLG – e bem após ainda, até a publicação do *Recueil* [Coletânea] em 1922 (ver Amacker; Bouquet, 1990: 102 ss.). Essa carta, no entanto, se distingue das restantes pelo fato, pouco frequente, de Bally tratar exclusivamente do projeto de edição das notas de Saussure. Sem perguntas sobre trabalhos pessoais, sem referências a atividades acadêmicas de seu interesse, sem cordiais saudações à família: Bally ataca de frente, sem prelúdios e de maneira exclusiva, o único assunto que lhe interessa e que lhe deve ter tocado, dado o tom que adota, de urgência. Parece importante, portanto, reproduzir integralmente o conteúdo dessa carta, da qual Bally guardou uma cópia em seus arquivos[4]:

Meu caro colega. Sabendo que está viajando, eu não pude falar com você sobre uma questão que eu gostaria que discutíssemos a sós. Imaginando que está de volta, eu me apresso a informá-lo do que aconteceu, para que meu modo de agir não crie nenhum mal-entendido.

Eu mesmo não acompanhei o ensino de Saussure sobre a linguística geral, e só o conheço através das notas – admiravelmente estabelecidas – de um de seus alunos que aproveitou suas aulas por dois anos[5].

Assim que eu soube do interessante projeto comunicado pelo Sr. Regard, perguntei aos outros alunos de S., em particular, Léop. Gautier e A. Sechehaye. Sem dizer nada a eles sobre o projeto de artigo, a fim de não os influenciar, reuni a opinião deles sobre a natureza do curso e as condições mais favoráveis para uma eventual publicação. Suas opiniões concordam exatamente em todos os seguintes pontos: sem que os princípios do ensino tenham variado, cada curso anual (em número de três) tem seu próprio caráter e sua nota original, e muitos detalhes de cada um deles podem enriquecer os outros dois sem deturpá-los. Todas as pessoas consultadas estão convencidas de que a obra vale para o todo e para a sistematização, tanto quanto para as partes separadas; todos insistem neste ponto: seja qual for o modo de publicação a ser adotado, o trabalho não pode se basear nas notas de um único aluno, em um ouvinte de apenas um dos três cursos, e que – antes de pensar em um artigo, deve-se considerar a possibilidade de uma obra separada, mesmo que se corra o risco de abandonar essa ideia caso não pareça viável. A senhora Marie de Saussure, que visitei na semana passada para deixá-la informada, me disse que os senhores Sechehaye e Léop. Gautier já tinham falado com ela sobre suas ideias a respeito desse assunto, e que ela está disposta a não tomar uma decisão antes da enquete mencionada acima. Por fim, eu devo acrescentar uma informação confidencial, muito importante, e que ficará, caso não se importe, entre nós: fiquei sabendo, de boa fonte, através de uma pessoa que leu as notas do Sr. Regard, que essas notas – todas conscienciosas que são – não transmitem o espírito do ensinamento de S. e até o desfiguram completamente em alguns pontos. Não posso confirmar essa informação, mas ela está de acordo com minha impressão sobre os métodos de trabalho do Sr. Regard, adequados para captar os detalhes, muito mais do que a totalidade de uma questão.

Tudo isso me faz refletir; eu espero, meu caro colega, que veja, no meu modo de agir, apenas o desejo de salvaguardar uma memória que todos nós respeitamos; talvez seja melhor adiar um pouco a execução para que isso não traga surpresas desagradáveis. Se você me autorizar, eu vou mantê-lo a par daquilo que eu souber a respeito disso tudo. No momento, eu ando ativamente ocupado, coletando notas de alunos, e eu espero que você não nos prive de seus preciosos conselhos. Cordiais saudações etc. (BGE, Ms. Fr. 5009, f° 63)*

Bally enumera, assim, as razões que ele havia reunido, todas as que ele tinha ao seu alcance, para impedir que esse projeto de Regard avançasse. Várias dessas razões, compartilhadas pela viúva de Saussure, que já as havia comunicado a Meillet quatro dias antes (provavelmente após a visita de Bally), iriam ser reproduzidas, quase da mesma forma, no prefácio do CLG, como uma justificativa das escolhas editoriais adotadas.

---

* N. O.: BGE = Biblioteca de Genebra; Ms. fr. = Manuscritos franceses; f° = *fólio*.

É interessante ver Bally consultar Gautier e Sechehaye *em segredo*, sem lhes dizer nada sobre as verdadeiras razões de sua consulta, sobre as condições de possibilidade de uma tal publicação. Essa parece ter sido a maneira de agir de Bally nesse caso[6]. Tem-se a impressão de que ele teria lutado muito para ganhar a confiança não somente da família de Saussure, mas também de seus colegas – em particular, de Meillet, que envia, de fato, em 31 de maio, uma carta na qual ele aceitava as razões de Bally (não sem fazer certas reservas em relação a seus planos editoriais). O resultado disso? Todos os projetos serão abandonados, exceto o defendido por Bally, que acaba monopolizando, por assim dizer, a posição de "editor-chefe" dos manuscritos inéditos de Saussure.

Não fica muito claro, nessas circunstâncias, como se deu a entrada de Albert Sechehaye em cena. Sabe-se que ele concebeu um projeto (com Gautier?), que ele chegou a comunicar à viúva de Saussure, e que esse projeto havia sido abandonado (ver carta de Marie de Saussure reproduzida anteriormente). Não existem registros que explicariam como ele acabou trabalhando com Bally. Há, em contrapartida, quem mostra que esse trabalho não esteve isento de tensões.

Há, de fato, uma série de cartas trocadas por Bally e Sechehaye, entre setembro e dezembro de 1913, que atestam as condições em que esse trabalho se desenvolveu. Sechehaye, que apresentava alguns problemas de saúde, foi descansar no campo, do outro lado do lago Léman, perto de Montreux. Bally, que acabara de ser nomeado para suceder a Saussure na universidade, permaneceu em Genebra para preparar sua aula inaugural[7]. O primeiro segmento do trabalho, que iria terminar na publicação do CLG, não pôde, portanto, ser realizado em conjunto, e os editores tentaram se entender por correio.

Aprendemos, lendo essas cartas, que Bally e Sechehaye não parecem estar sempre de acordo sobre os métodos a serem favorecidos no projeto. Aprendemos até que esse "projeto" não parece ter sido *um*: diríamos que Bally tinha seu próprio projeto, *contra* o qual Sechehaye teria conseguido impor suas ideias.

Apresento, aqui, na sequência, a transcrição, sem maiores comentários, das três cartas de Sechehaye e da única de Bally conservada sobre esse assunto. Essas cartas – das quais algumas passagens serviram para ilustrar as observações de Redard em um artigo de 1982 e que foram parcialmente citadas por Fryba-Reber em 1994[8] – permaneceriam desconhecidas para o público em geral, e ainda não tinham sido publicadas na íntegra[9].

Esses documentos ocupam um lugar importante na história da constituição do *Curso de linguística geral* (1916), que desenvolveremos, mais exaustivamente, em outro lugar, como introdução à edição do manuscrito de Sechehaye que, relido por Bally, representa, *de fato*, o primeiro rascunho da grande obra póstuma de Ferdinand de Saussure[10].

Carta de Albert Sechehaye para Charles Bally
15 de setembro de 1913
BGE. Ms. Fr. 5004, ff. 183-184

" Les Rosiers" En Crétaz
Ormont-Dessous
5 / IX 1913

Caro amigo,
Para colocar em prática suas exortações, eu tentei trabalhar rapidamente, mas empreendi um trabalho que, por definição, é muito lento. Estou fazendo uma redação do curso combinando os 3 documentos que tenho em mãos.
Neste trabalho, eu vejo as 3 seguintes vantagens:
1º/ Esta é, para mim, a única maneira de realmente me familiarizar com o conteúdo do curso de Saussure e de formar uma opinião definitiva e pessoal sobre esse curso.
2º/ Sempre será, para mim, proveitoso e prazeroso deixar esse texto inteligível e legível.
3º/ Sempre será uma tentativa estabelecer um texto; e, ao criticá-lo, poderemos, se for o caso, ~~estabelecer~~ fixar um método para estabelecer o texto definitivo.
Estou terminando uma primeira parte deste trabalho, que inclui os primeiros capítulos, Introdução e questão da diversidade geográfica, suas causas, ondas linguísticas etc. Isso me rendeu mais de 100 páginas de manuscrito. Em relação à escrita da fonologia, renderá o mesmo. E a parte dedicada à "língua" ocupará mais espaço do que essas duas primeiras juntas. Se tudo correr bem, eu termino isso no Ano Novo.
Relembro o convite que lhe fiz. Se o tempo melhorar, se você puder tirar uns dias de folga, venha – para nós, isso será um grande prazer – e veremos esse trabalho juntos, mas sem nos cansarmos, e você ainda ~~poderá~~ terá uma pequena ilusão de férias, antes da grande retomada. Se, para você, isso não for possível, eu farei chegar até você meu texto com seus respectivos originais, acrescentando a isso todos os recentes cadernos, com os quais eu não sei o que fazer no momento.
Aguardo uma palavra sua na esperança de que me anuncie sua chegada – você está, sem dúvida, trabalhando muito, e eu estou certo de que o interesse que você encontra nisso compensa um pouco o esforço muito especial que você é obrigado a fazer.
Cordiais saudações,
De minha esposa e minhas,

Seu devoto amigo,
AlbSechehaye

*

Carta de Charles Bally para Albert Sechehaye[11]
18 de setembro de 1913
BGE. Ms. Fr. 5004, f. 198

Para Sechehaye 18/9/13

Caro amigo... Há algum tempo, estou esperando impacientemente notícias dos cadernos de Dégallier-Joseph. Você não ficará zangado comigo se eu lhe disser que eles estão me fazendo muito falta; e você me assusta um pouco ao me informar que iniciou um trabalho pessoal a partir deles que só será concluído no Ano Novo. É difícil, para mim, entender seus pontos de vista, porque seu modo de ~~exam~~ colação não corresponde em nada ao meu. Achei que sua útil colaboração consistiria, sobretudo, em repertoriar rapidamente as variantes contidas nas notas da Sra. Sechehaye. Eu espero, caro amigo, que compreenda as razões que me fazem querer ter de volta, o mais rápido possível, os cursos de Dég.-Jos. Tenho que aproveitar, para essa tarefa, meus mínimos momentos de lazer; sobrecarregado de trabalho como estou, tenho que aproveitar esses momentos quando eles aparecem; mas, se me faltam os materiais, eu perco um tempo precioso. O tempo urge. Sobre o desejo da família de Saussure e de vários colegas meus, eu assumi o compromisso moral de realizar esse trabalho de análise para ver se ele pode chegar a ser publicado. Isso não pode permanecer em elaboração por tempo ilimitado. Já se espera por essa publicação. Eu falei sobre isso em conferências, em cursos, em um de meus livros[12]; eu preciso dar um retorno disso a meus alunos. Em minha aula inaugural, eu pretendo esboçar a obra e o método de S. e, para isso, eu preciso das notas. Peço, assim, por favor, que me devolva os cadernos, em um envelope como carta registrada, o mais tardar na última semana de setembro e, se possível, imediatamente. Em seu retorno, poderemos combinar melhor a maneira como podemos dispor, você e eu, dos manuscritos. A parte não compilada por você (a língua) é justamente aquela que eu preciso com mais urgência...

*

Carta de Albert Sechehaye para Charles Bally
19 de setembro de 1913
BGE. Ms. Fr. 5004, ff. 187-188

"Les Rosiers" En Crétaz
19 / IX1913

Caro amigo,
Estou devolvendo seus cadernos, mantendo, porém, dois ou três que estou usando no momento. Você encontrará, no pacote, todos aqueles relacionados à língua; eu lamento que você não tenha concordado em guardá-los quando eu os ofereci a você, já que você sentiu falta deles.

Eu também estou chateado com o fato de que você não possa vir até aqui. As circunstâncias me fazem compreender claramente esse fato, e o mau tempo me impede de muito lamentá-lo por você. No entanto, eu teria adorado revê-lo e conversar com você sobre as questões levantadas por sua carta e sobre as quais chegou a hora de me posicionar claramente.

Você me diz que assumiu um compromisso moral, junto à família de Saussure e diante de várias pessoas, de examinar esses cursos para ver como eles poderiam ser aproveitados e divulgados ao público. Esse compromisso moral eu também tenho. A Senhora De Saussure teve a amabilidade de me dizer que contava conosco, isto é, contava com você e comigo; e eu posso acrescentar que minha qualidade de substituto me dá um verdadeiro título a ser consultado aqui[13]. É por isso que empreendi, logo que pude, esse trabalho de colação que, por si só, me permitiria formar uma opinião bem fundamentada.

Creio que estamos, ambos, atualmente, em um período de trabalho preparatório, trabalho que cada um desenvolve de acordo com seu método pessoal, e que nos permitirá emitir, em conjunto ou separadamente, uma prévia sobre a questão da publicação. Após essa prévia, você ou eu, ou ambos, nós receberemos, da única família competente, um mandado de execução.

É aqui que estamos neste momento. Se você não vê as coisas da mesma maneira, por favor, me diga com franqueza. Se não levantei essa questão antes foi porque ela me pareceu totalmente resolvida; e acho que sempre falei com você nesse sentido – mas, já que a questão se coloca agora, vamos tratá-la com toda amizade e clareza, como condiz.

Quanto à questão do prazo, que eu estabeleci um pouco ao acaso, ao dizer até o Ano Novo, não me parece nem assustador nem exagerado. Se a publicação ocorrer durante o próximo ano, é justamente aquilo que se pode esperar. Além disso, se necessário, eu também posso me apressar; eu pretendo voltar a Genebra com metade do trabalho feito.

Meu retorno, agora, está marcado para o dia 7 de outubro, e eu não teria, em Genebra, senão lazer. Como tive a oportunidade de lhe dizer, minha situação atual está muito longe de ser satisfatória. Apontamentos, com os quais eu estava contando, me faltaram.

Você sofre muito mais do mal oposto; eu espero, no entanto, que você não se canse muito; eu estou certo de que você chegará a chefe com honra.

Meu irmão, que, a propósito, está aqui, e minha esposa agradecem suas mensagens e eles lhe enviam cordiais saudações.

Com toda minha afeição,
Seu verdadeiramente devoto amigo,
AlbSechehaye[14]

P.S.: Estou lhe devolvendo, ao mesmo tempo, suas duas brochuras Meillet-Naville, pelas quais agradeço novamente – e já não sei se você ainda tem, em mãos, a brochura Stöcklein "Bedeutungswandel"[15].

*

Carta de Albert Sechehaye para Charles Bally
10 de outubro de 1913
BGE. Ms. Fr. 5004, ff. 185-186

" Les Rosiers " En Crétaz
10 / X 1913

Caro amigo,
Eu ~~vou~~ acabei de enviar, por correio, para seu endereço, um pacote contendo os cadernos Dégallier 2 e 3 e o caderno Joseph 2, mais a sequência de meu manuscrito, até a página 213. Se, desta vez, não trabalhei muito rápido, foi porque eu estava doente e isso me causou todo tipo de embaraço, além dos muitos dias em que eu não consegui fazer nada. Eu anuncio hoje que, contrariando os desejos que você tão gentilmente proferiu em sua última missiva, me vejo obrigado a prolongar minha estadia aqui e a renunciar a meu ensino neste inverno. Trata-se de uma fatalidade, e só resta se resignar e fazer o que for possível para garantir uma saúde melhor no futuro.

Vou, portanto, continuar aqui o trabalho empreendido e, para isso, eu precisaria que me enviasse, o mais rápido possível, os primeiros cadernos de Joseph e de Dégallier que tratam da língua, ou seja, os cadernos N° 4 de Joseph e N°6 de Dégallier. Ao me entregar esses cadernos, um por um, você não ficará, creio eu, privado deles por muito tempo.

Agora, já que, por muito tempo, não poderemos nos ver (no entanto, não está descartado que eu passe por Genebra uma vez ou outra), poderíamos começar a escrever a questão levantada entre nós? Você teria uma opinião ou uma impressão sobre isso? Seja qual for, diga-me com franqueza.

Para mim, eu tenho a impressão de que, uma vez ~~uma ideia q~~ decididos um plano e um método de comum acordo, eu poderia muito bem – tendo sido forçado ao lazer, o que você não foi – me encarregar dos trabalhos de redação; ficando entendido que o texto final seria acertado entre nós através de uma troca de observações análoga àquelas que já fizemos em várias ocasiões em relação a nossos trabalhos.

Apresento, aqui, para seu conhecimento, a impressão que tenho do trabalho até agora:
1° O trabalho de De Saussure deveria ser publicado primeiro para que o público possa julgar o que seus alunos devem a ele;
2°... já que De Saussure possui um método original, bem dele, que eu qualificaria como intelectual e que consiste, sobretudo, em analisar bem os problemas, em distinguir. É uma excelente disciplina que só pode ter uma boa influência sobre os linguistas e sobre a linguística;
3°... para certas doutrinas mais especiais, que trazem a marca original de sua personalidade e que são extremamente engenhosas e felizes (intercurso – sua fonologia). De minha parte, não me importaria se alguém viesse dizer, com mais autoridade do que eu poderia ter, que há um problema da língua que é distinto do problema da linguagem, único considerado hoje em dia.

4° A parte do curso vista até agora pode ser publicada como está (não estou falando do quadro geográfico-histórico), excetuando algumas abreviações e um estilo que lembra menos o curso – excetuando também acréscimos que poderiam vir dos cadernos Riedlinger (que você me passará depois), notas que você tem sobre a sílaba ou sobre outra questão. (Eu tenho, em um curso de gótico, várias lições sobre implosão e explosão – mas não sei se há algo que se aproveite disso).

Desculpe-me por essa apresentação improvisada e bastante apressada. Eu preferiria ter discutido isso pessoalmente com você. Provavelmente, você está sobrecarregado de trabalho, então, responda sobre tudo isso conforme sua disponibilidade. Mas ficarei muito feliz em receber, em tempo hábil, os cadernos que estou lhe pedindo. Desde já[16], eu lamento profundamente não estar presente em sua aula inaugural.

Minhas mais cordiais saudações.
Seu bem devoto amigo,
Alb. Sechehaye

*

Carta de Albert Sechehaye para Charles Bally
23 de novembro de 1913
BGE. Ms. Fr. 5004, ff.189-191

Alb. Sechehaye[17]

La Comballaz, 23 / XI 1913

Caro amigo,
Se eu não lhe agradeci prontamente <u>pelo envio de sua aula inaugural</u>[18] foi porque eu queria escrever para você com um pouco mais de tempo, seja sobre essa aula, como você queria, seja sobre outros pontos do assunto do qual você me perguntou; e eu esperei até domingo para pegar a pena, como se diz.

Antes de mais nada, muito obrigado e meus parabéns por essa substancial aula. Li tudo com grande interesse, mas duas partes me impressionaram particularmente. Em primeiro lugar, a resenha que você faz da doutrina de De Saussure em linguística geral e a parte final dedicada à expressão de suas ideias pessoais. A resenha me interessou muito porque, preocupado com minha escrita página por página e, algumas vezes, linha por linha, ainda não tive tempo de ter uma ideia de conjunto.

O que você apresenta é, creio eu, muito preciso e, em todo caso, dá uma boa ideia do que é essa doutrina; vemos aí um corpo de princípios tão decisivos, luminosos e de longo alcance. Eu diria que você está em melhor posição do que eu para apresentar o pensamento de De Saussure com sua fisionomia própria. Eu fico naturalmente tentado a vê-lo sempre um pouco através de minhas ideias e de meu sistema.

Justamente porque há muitos pontos de contato, com algumas diferenças de certa importância, fica bastante difícil fazer a separação exata entre os dois sistemas e não misturar sub-repticiamente um com o outro. De Saussure tinha em relação mim, entre outras vantagens, a de estar menos pronto para tirar conclusões e a de ser menos doutrinário. Com todo seu intelectualismo tão exigente (você o caracteriza muito bem), ele tinha um pensamento muito mais simples; e é uma boa escola para mim ser forçado a me submeter a isso.

Uma pequena observação: você parece atribuir a De Saussure também a paternidade de todas as partes da teoria de modo igual (distinção entre a língua escrita e a língua falada – a comparação só se aplica à reconstituição[19]), ao passo que as peças-chave – que me parecem dar ao sistema sua originalidade e sua potência – são, a meu ver, as distinções entre língua e fala e a separação entre o estático e o evolutivo. Essa é, aliás, somente uma pequena crítica. Quanto à última parte de seu trabalho, eu vi ali, com prazer, uma teoria que me parece muito mais *correta, tanto que publiquei uma muito semelhante*[20]. Sua fortaleza da língua sitiada pela fala é uma comparação muito bonita, que representa algo análogo à penumbra da qual falei em meu livro e no artigo publicado em *Mélanges*[21]. Há, em torno da língua bem constituída e feita de regras suficientemente evidentes, uma auréola de fatos em formação. A questão é a de saber se esse fenômeno é de origem puramente afetiva[22]. E é disso que não estou convencido. É verdade que tudo aquilo que está claro na língua tem um caráter estritamente intelectual; mas aquilo que o cerca não é necessariamente afetivo. Pertence ao intelectual em formação. Isso implica o afetivo, mas também implica outra coisa, o imaginativo[23], por exemplo; e também a simples imprecisão[24]. Chamaria sua atenção também para o fato de que o próprio De Saussure reservou espaço para uma parte daquilo que você chama de estilística[25], no sentido de língua ainda não fixada o suficiente. Ele disse em algum lugar que, no domínio da sintaxe, língua e fala se confundem, se encontram em um limite impreciso. Para mim, estou convencido de que limites imprecisos desse tipo são encontrados onde quer que haja um limite na linguística – especialmente no domínio da lexicologia; todas as palavras têm um sentido mais ou menos indeterminado e há casos bem em que é impossível dizer se tal emprego de uma palavra está em conformidade com a regra da língua ou se o sujeito falante inovou em virtude do direito inerente à fala.

Isso me leva a falar sobre meu trabalho pessoal. Trata-se de uma reformulação completa de meu curso do ano passado, mas reduzido essencialmente ao que diz respeito à linguística estática e à organização da língua – aquilo que, na linguística teórica, precede esse capítulo está colocado na introdução; se eu chegar ao final, o que vier depois será considerado como um esboço de conclusão. É a famosa morfologia estática prevista mais a questão fonética, pois a organização da língua também inclui regras relativas à escolha dos fonemas etc. Se eu conseguir fazer isso esse livro, que é uma obra de longo prazo, darei o título simples e expressivo de: O problema gramatical[26]. No momento, eu escrevi (em 145 páginas) uma introdução teórica em que, basicamente, eu refaço meu primeiro livro e em que, baseando-me na mesma teoria do encaixe, chego a conclusões que são as mesmas, mas muito aperfeiçoadas.

Eu vou fazer um esboço da teoria da linguagem pré-gramatical que, no momento, prefiro chamar de linguagem improvisada. Eu gostaria de ter informações sobre a ordem dos signos na linguagem dos gestos que ~~preench~~ completam aquilo que Wundt diz sobre esse assunto. Há uma ordem natural que é encontrada, quase em toda parte, de modo igual. Você teria alguma obra[27] em que esse ponto[28] seja abordado?

Ficarei feliz se você me indicar ou ~~me dizer~~ me fornecer informações bibliográficas que você teria disponíveis sem precisar procurá-las, pois eu posso, com minhas fichas, fazer aqui algumas pesquisas sobre esse assunto. Vou pedir a você para fazer apenas uma pequena pesquisa sobre esse assunto, ocasionalmente. A biblioteca pública teria o livro de Garner, *The Speech of the Monkeys* [A fala dos macacos] (em inglês ou na tradução alemã)[29]? Terei feito somente a metade ou um quarto desse trabalho quando eu voltar a Genebra?

Quanto ao trabalho de Saussure, ele continua avançando com a mesma lentidão. Estou lhe enviando um grande fragmento[30] através de meu irmão, que está de visita hoje aqui. Você encontrará meu pacote, que será deixado no Escritório dele (rua Petitot, número 6), a partir de quarta-feira de manhã (8h30-12h e 13h30 às 17h). Eu escolhi essa rota como a mais cômoda (para mim) e a mais segura. Eu sinto que é bastante necessário que meu texto seja verificado. Nessa última parte, mais do que em outras, muitas vezes, eu precisei interpretar e completar. Meu método fica completamente a seu critério. Em muitos casos, o estado das notas é muito ruim para que se possa tentar reconstituir aquilo que De Saussure disse ou teria escrito. Devemos traduzir seu pensamento da melhor maneira possível, sem acrescentar nenhuma opinião nossa, mas com nosso estilo. Meu texto precisará ser podado, estou aumentando-o ~~com riquezas~~ com os menores fragmentos possíveis de serem usados – porque, depois, será mais fácil cortar do que acrescentar. Coloquei junto, no pacote, minhas notas do curso I[31]; o que, talvez, seja útil para comparar com as notas de R. É uma caderneta fina que estou lhe remetendo. Você também encontrará, no pacote, o caderno V de Dégallier. Se não se importa, estou ficando com o caderno III de Joseph para que, quando tiver tempo, eu possa terminar de reconstruir o quadro geográfico-histórico. Por isso, mais tarde, eu vou novamente lhe pedir os cadernos III e IV de Dégallier. Eu também guardei, aqui, a última parte de meu manuscrito, contendo aquilo que já fiz do capítulo sobre a linguística estática e sobre a linguística evolutiva. Esse é o capítulo fundamental, ele é absolutamente o protagonista.

Você me pergunta sobre minha saúde. Esta carta lhe mostrará que não sou um paciente lânguido. Muitas vezes, até eu me pergunto se estou doente. Isso me dá uma boa esperança para o futuro. E como minhas aulas precisaram ser interrompidas, estou muito feliz por ter essa oportunidade de trabalhar de forma tão proveitosa para mim. De fato, estou muito bem instalado em um canto encantador, quase solitário; e este inverno, na casa de campo, está bastante agradável e idílico. No momento, estamos no meio da temporada da neve derretida: mas, quando o vento frio e seco do Norte soprar e o verdadeiro inverno chegar, será muito bonito. Você também não me conta nada sobre seu trabalho, sobre seus alunos, sobre suas primeiras impressões.

> Espero que sejam excelentes e que enquanto sofre[32] um pouco na tarefa você desfrute da nova situação que você[33] se encontra. O que diz o seminário[34]? Minha esposa envia-lhe seus melhores cumprimentos. Fica entendido que você não deve se preocupar em demasia com os pequenos pedidos que fiz a você acima. Estou ansioso para ler seu texto e, cordialmente, aperto sua mão.
>
> Seu devoto amigo,
> AlbSechehaye

Notas

[1] Cf. os testemunhos de Léopold Gautier (2006; Godel, 1957: 30), de Albert Riedlinger (cf. Godel, 1957: 29-30), de Alfred Juvet (cf. adiante), de Jean-Elie David (cf. Mejía, 2006: 44), de Antoine Meillet (cf. Amacker, 2007: 182) ou ainda de Charles Bally (cf. Amacker, 2007: 184). O próprio Bally havia insistido, junto a Saussure, a quem mostrava a correção de um "estenograma bastante fiel" das conferências sobre a teoria da sílaba ministradas nos cursos de férias de 1897, sobre a importância de uma tal publicação. Saussure, primeiramente, hesitou, depois "se encheu de escrúpulos" e se recusou categoricamente a publicá-los (cf. Bally, 1913 [ver Marie de Saussure, 1915: 56]).

[2] A anedota é contada por Joseph (2012: 281). A carta de Saussure para sua irmã foi transcrita e publicada na íntegra por Claudia Mejía Quijano (2008: 376).

[3] Esta situação não surgiu por si só com a morte de Saussure. Várias pistas sugerem que essas "lendas" já existiam muito antes, "porque as personalidades excepcionais estimulam a imaginação", arriscava, como hipótese, Léopold Gautier em 1916. "Estávamos falando de obras inteiras prontas para impressão, obras em que ele teria deixado faltando somente a conclusão; outros diziam que faltava apenas a última página" (cf. Gautier, 1916). Um último exemplo? "Uma pergunta antes de terminar", escrevia Alfred Juvet, em 29 de dezembro de 1905, em carta enviada de Paris para Bally: "Você, que está um pouco por dentro do segredo, não poderia me dizer se De Saussure publicará em breve algumas das grandes obras que ele tinha, creio eu, em preparação [?]" (BGE, Ms. Fr. 5002, f. 404v.).

[4] O original dessa carta foi publicado por Amacker e Bouquet (1990: 102-3).

[5] Esse aluno era, sem dúvida, Albert Riedlinger, que fez os cursos de linguística geral de 1907 e 1908-1909 e cujos cadernos seriam usados por Bally e Sechehaye para a redação do CLG. Os cadernos de Constantin, que também acompanhou dois cursos de Saussure (os de 1908-1909 e 1910-1911), não eram conhecidos dos editores em 1913 (cf. Godel, 1959: 24).

[6] De acordo com Juvet, essa teria sido uma maneira habitual para Bally.

[7] Bally foi eleito sucessor de Saussure em 20 de junho de 1913. A aula inaugural ocorreu em 27 de outubro do mesmo ano, e foi publicada em Genebra, "edição do autor", também em 1913 (cf. Bally, 1926: 4). O texto dessa aula foi incluído, a partir de 1965, na terceira edição (revista e ampliada) de *Le langage et la vie* [A linguagem e a vida] (cf. Bally, 1965: 147-60). A segunda edição de 1926 e a terceira edição de 1935 (diferente da edição de 1965 que, no entanto, também é anunciada como "terceira") ainda omitiam esse texto.

[8] Fryba-Reber reproduz até mesmo um fragmento (uma folha) da carta de Sechehaye do dia 15 de novembro de 1913 (Ms. Fr. 5004, f° 191; cf. Fryba-Reber, 1994: 26).

[9] Markus Linda havia transcrito essas cartas em uma dissertação de mestrado, apresentada na Universidade de Essen em outubro de 1995 (cf. Linda, 1995: 175-84). Mas essa dissertação permaneceu inédita e é de muito difícil acesso.

[10] O primeiro rascunho do que seria publicado, em 1916, sob o título de *Curso de linguística geral* foi preparado por Albert Sechehaye entre setembro e dezembro de 1913, com base nos três conjuntos de notas dos ouvintes do terceiro curso (1910-1911) disponíveis na época: os cadernos de Georges Dégallier, Francis Joseph e Marguerite Sechehaye-Burdet. O trabalho de Sechehaye consistiu em combinar esses três documentos, tentando fazer um texto homogêneo e legível, passível de ser publicado em forma de livro. Esse texto, que é conhecido como a "Colação Sechehaye" (BGE, Cours Univ. 432-433), mas que também foi revisado e

11. corrigido por Charles Bally, está em vias de ser publicado por mim, em edição facsimilar com transcrição diplomática ajustada, publicada pela Lambert-Lucas (cf. Sofia, 2013, no prelo).
11. Apresento, aqui, a transcrição da cópia guardada por Bally de sua carta para Sechehaye. Não encontrei a correspondência original de Sechehaye, recebida na BGE em 2002 e ainda não catalogada.
12. Provavelmente, trata-se de *Le langage et la vie* [A linguagem e a vida], que Bally havia publicado durante o verão de 1913 (cf. carta de Bally para Meillet do dia 7 de abril (Amacker, 1990: 101, n. 11)).
13. Em setembro de 1912, Albert Sechehaye havia sido nomeado pela Universidade de Genebra para substituir Saussure em seu ensino de linguística geral. O cargo correspondente à gramática comparada havia sido confiado a Bally.
14. Sechehaye inverte a folha e termina sua carta na margem da primeira página (f°. 187).
15. Trata-se, provavelmente, do opúsculo (77 páginas) escrito em 1898 pelo linguista alemão Johann Stöcklein, *Bedeutungswandel der Wörter. Seine Entstehung und Entwicklung* [Mudança de sentido das palavras. Sua origem e desenvolvimento], Munique, Lindauersdche.
16. Sechehaye inverte a folha e termina sua carta na margem da primeira página (f°. 185).
17. O acréscimo do nome de Sechehaye é feito a lápis preto de desenho, presumivelmente por Bally, que costumava marcar e classificar sua correspondência dessa maneira.
18. Essa passagem está sublinhada com um lápis vermelho grosso, muito provavelmente de Charles Bally, que costumava usar esse instrumento, bem como um lápis azul grosso. Esse hábito é comum a vários intelectuais genebrinos da época, incluindo Ferdinand de Saussure, e ainda está em uso hoje. Os frequentadores da Sala Senebier da BGE terão notado que os funcionários os utilizam diariamente em seu trabalho, por exemplo, para marcar os bilhetes que se apresentam quando se pretende consultar um documento.
19. Redard (1982: 19) lê, incorretamente, "restituição".
20. Essa passagem, aqui em itálico, é destacada, no manuscrito, por meio de duas linhas verticais desenhadas a lápis na margem esquerda, provavelmente por Charles Bally.
21. A comparação de Bally, referida por Sechehaye, se encontra na página 158 da edição que estou consultando de *Le langage et la vie* [A linguagem e a vida] (Bally, 1965). A imagem da penumbra – a qual Sechehaye faz alusão – se encontra em Sechehaye (1908a: 121) e Sechehaye (1908b: 182).
22. Sublinhado, a lápis preto de desenho, provavelmente por Charles Bally.
23. Sublinhado, a lápis preto de desenho, provavelmente por Charles Bally.
24. Sublinhado, a lápis preto de desenho, provavelmente por Charles Bally.
25. Sublinhado, a lápis preto de desenho, provavelmente por Charles Bally.
26. Nenhum livro de Sechehaye foi publicado com esse título. Seria, então, o *Essai sur la structure logique de la frase* [Ensaio sobre a estrutura lógica da frase], publicado em 1926 pela Honoré Champion?
27. Sublinhado, a lápis preto de desenho, provavelmente por Charles Bally.
28. Acréscimo na margem: "ou sobre a linguagem das crianças".
29. A obra, publicada em 1892, está disponível hoje (e, provavelmente, já estava disponível na época) na biblioteca pública e universitária da Universidade de Genebra (cota BGE, Sp 229). Mais sortudos do que Sechehaye, no momento, nós temos esse título também em versão online: http://www.gutenberg.org/files/33421/33421-h/33421-h.htm (acesso em: 03 maio 2013).
30. Na margem, a lápis: "M/214-333". A letra "M" provavelmente se refere ao "Manuscrito" de Sechehaye. Grande parte das páginas que ele envia para Bally naquele dia foi perdida. No manuscrito que foi conservado até hoje, não encontramos, de fato, as páginas 198 até 260.
31. Sechehaye não foi ouvinte do primeiro (nem de nenhum) curso de linguística geral. Essa alusão a "*minhas notas do curso I*" permanece um mistério para mim.
32. Já que a página chega a seu final, Sechehaye continua sua carta na margem.
33. Sechehaye inverte a folha e termina sua carta na margem da primeira página.
34. Leitura incerta. Primeiramente, fiquei tentado a ler "la semaine" [a semana], em referência à revista *La Semaine littéraire*. Porém, o manuscrito não autoriza essa leitura. Sechehaye parece ter escrito "le séminaire" [o seminário], como, aliás, Markus Linda (1995: 183) também entendeu. Mas a qual seminário Sechehaye estaria se referindo?

Bibliografia

AMACKER, René; BOUQUET, Simon. "Correspondance Bally-Meillet (1906-1932)". *Cahiers Ferdinand de Saussure*, Genève, v. 43, 1990, p. 95-127.
_____. "Antoine Meillet et Charles Bally. Allocutions prononcées le 14 juillet 1908 à l'occasion de la remise à Ferdinand de Saussure des Mélanges de linguistique". *Cahiers Ferdinand de Saussure*, Genève, v. 59, 2007, p. 179-185.
BALLY, Charles. "Ferdinand de Saussure". *La semaine littéraire*, 1er mars 1913, 1913. [reproduzido em M. de Saussure, 1915: 51-7].
_____. *Le langage et la vie*. Genève-Heidelberg: Atar-Winter, 1913.
_____. *Le langage et la vie*. Genève: Payot, 1926.
_____. *Le langage et la vie*. Zurich: Max Niehans, 1935.
_____. *Le langage et la vie*. Genève: Droz, 1965.
BENVENISTE, Émile. "Lettres de Ferdinand de Saussure à Antoine Meillet". *Cahiers Ferdinand de Saussure*, Genève, v. 21, 1964, p. 92-130.
FRÝBA-REBER, Anne Marguerite. *Albert Sechehaye et la syntaxe imaginative*. Genève: Droz, 1994.
GAUTIER, Léopold. "Entretien avec M. de Saussure". *Cahiers Ferdinand de Saussure*, Genève, v. 58, 2006, p. 69-70.
_____. "Linguistique générale de F. de Saussure". *Gazette de Lausanne et Journal Suisse*. Lausanne, 13 ago. *1916*. Disponível em: <http://www.letempsarchives.ch/Default/Skins/LeTempsFr/Client.asp?Skin=LeTempsFr&enter=true&AW=1366375941653&AppName=2>. Acesso em: 27 abr. 2013.
GODEL, Robert. *Les sources manuscrites du* Cours de linguistique générale *de F. de Saussure*. Genève : Droz, 1957.
_____. "Nouveaux documents saussuriens: les cahiers E. Constantin". *Cahiers Ferdinand de Saussure*, Genève, v. 16, 1957, p. 23-32.
JOSEPH, John E. *Saussure*. Oxford: Oxford University Press, 2012.
LINDA, Markus. "Zur Verstellunf Ferdinand de Saussures im Cours de linguistique générale – Ein Beitrag zur Rekonstruktion der Genese Des CLG". Hausarbait zur Erlangung des akademischen Grades des Magister Artium im Fachbereich 3 – Literatur – und Sprachwissenschaften an der Universitat – Gesamthochschule – Essen, Hagen, 1995.
MEILLET, Antoine. "Ferdinand de Saussure". *Bulletin de la Société de linguistique de Paris*, Paris, v. XVIII, n. 61, 1913, p. clxv-clxxv
MEJIA QUIJANO, Claudia. "Sous le signe du doute. Présentation des textes de. E. Constantin". *Cahiers Ferdinand de Saussure*, Genève, v. 58, 2006, p. 43-67.
_____. *Le Cours d'une vie*. Nantes: Editions Cécile Défaut, 2008.
MURET, Ernest. "Ferdinand de Saussure". *Journal de Genève*, Genève, 26 février 1913 [reproduzido em M. de Saussure, 1915 : 40-8].
REDARD, Georges. "Charles Bally disciple de Ferdinand de Saussure". *Cahiers Ferdinand de Saussure*, Genève, v. 36, 1982, p. 3-23.
SAUSSURE, Marie [Faesch] de. *Ferdinand de Saussure* (1857-1913). Genève: Kundig, 1915.
SECHEHAYE, Albert. *Programme et méthodes de la linguistique théorique*. Paris: Honoré Champion, 1908a.
_____. La stylistique et la linguistique théorique. In: AA.VV. *Mélanges de linguistique offerts à Ferdinand de Saussure*. Paris: Honoré Champion, 1908b. p. 155-87.
SOFÍA, Estanislao (Ed.). *Collation Sechehaye du cours de linguistique générale de Ferdinand de Saussure*. Limoges: Lambert-Lucas, 2013. No prelo.

Cem anos de filologia saussuriana II: complemento à correspondência entre Charles Bally e Albert Sechehaye durante a elaboração do *Curso de linguística geral* (1913)

Estanislao Sofía

INTRODUÇÃO

Em 2013, no número 66 desses *Cahiers* (Sofía, 2013), eu publiquei um fragmento da correspondência mantida por Albert Sechehaye e Charles Bally entre setembro e dezembro de 1913, quando os dois linguistas iniciavam o trabalho de edição do que viria a ser publicado, em 1916, sob o título de *Curso de linguística geral*. Essa correspondência era, como acabei de dizer, fragmentária. Eu conhecia, na época, apenas quatro cartas de Sechehaye e uma resposta de Bally, cuja cronologia era a seguinte:

(a) 15 de setembro de 1913. Carta de Sechehaye para Bally.
(b) 18 de setembro de 1913. Resposta de Bally para Sechehaye.
(c) 19 de setembro de 1913. Resposta de Sechehaye para Bally.
(d) 10 de outubro de 1913. Carta de Sechehaye para Bally.
(e) 23 de novembro de 1913. Carta de Sechehaye para Bally.

Nessas circunstâncias, foi fácil seguir o fio do diálogo dos editores através das três primeiras cartas, mas, não tendo acesso às respostas de Bally às três últimas mensagens de Sechehaye, ficamos limitados a adivinhar, da melhor forma possível, através das reações de Sechehaye, quais as respostas que Bally poderia ter dado.

A partir de dezembro de 2013, essa situação evoluiu de maneira favorável. Quando eu estava terminando de escrever minha introdução à *Collation Sechehaye* [Colação Sechehaye] (cf. Sofía, 2015), Alessandro Chidichimo, que sabia que eu estava tomado por esse trabalho, descobriu, nos arquivos de Sechehaye – ainda não catalogados na época –, dois cartões postais de Charles Bally até então desconhecidos, cujos conteúdos e datas correspondiam à troca epistolar que eu havia publicado em 2013. Esses dois cartões estavam colados, no entanto, a um álbum grafológico em que Sechehaye guardava papéis de vários formatos contendo as assinaturas de seus contemporâneos, de modo que apenas um lado de cada cartão podia ser visto. Pedimos imediatamente à Biblioteca de Genebra que tentasse descolar esses dois cartões, bem como outros documentos interessantes. O procedimento, bastante delicado, deveria levar muito tempo; por isso, eu só consegui integrar uma parte (o lado visível) do conteúdo desses cartões em minha introdução à *Collation Sechehaye* (cf. Sofia, 2015: XXXVI-XXXVII). Uma vez terminado o trabalho dos restauradores da biblioteca, é tempo agora de publicar na íntegra essas duas peças, que completam a correspondência que se conhecia e que nos ensinam alguns pormenores interessantes aos quais voltarei no final deste pequeno artigo (cf. "Comentário").

As cartas que serão lidas foram, como acabei de dizer, descoladas de seu suporte de papel pela equipe da Biblioteca de Genebra. Esse trabalho teve consequências: já que a cola, usada por Sechehaye, resistiu bem a seus cem anos, algumas partes dos cartões foram irreparavelmente danificadas, tornando alguns fragmentos de seu conteúdo para sempre ilegíveis. Houve necessidade, portanto, de reconstruir, a partir do contexto, pedaços de palavras e de frases para restabelecer aquilo que acreditamos ter sido o texto original: esses fragmentos reconstruídos aparecem entre colchetes angulares "< >" e em itálico.

Antes de passar para as cartas propriamente ditas, eu gostaria de incluir, aqui, algumas palavras de agradecimento. Primeiramente, em relação a Alessandro Chidichimo, porque, sem sua generosidade, eu não teria tido acesso a esses cartões a tempo de incluí-los (ainda que parcialmente) em minha introdução à *Collation Sechehaye* e talvez não pudesse completar, hoje, a correspondência publicada em 2013. Agradeço também a Barbara Prout, que rapidamente entendeu a importância desses documentos e fez de tudo para que eu pudesse utilizá-los adequadamente. Por fim, gostaria de agradecer aos restauradores da Biblioteca de Genebra (BGE), que realizaram seu trabalho de descolamento em tempo recorde e de forma exemplar, sem o qual não teríamos acesso às faces "ocultas" desses documentos.

DOCUMENTOS

1. Carta de Charles Bally para Albert Sechehaye.
Carimbo de envio desde Genebra do dia 11 de outubro de 1913. BGE. Don 2002-26, f. 55.

> Senhor A. Sechehaye
> Les Rosiers
> en Crêtaz
> Ormonts Dessous
> Vaud – Suíça
>
> Caro amigo,
> Acabei de receber sua remessa contendo os cadernos 2 e 3 de Dégallier e o caderno 2 de Joseph, assim como o resto de seu manuscrito (p. 117-213). Você provavelmente não recebeu <*o*> cartão postal <*que*> lhe enviei uns trin<*ta*> dias atrás <*pelo menos, a propósito*> pensando que você estaria < *de v*>olta nesse momento. Eu estava muito ansioso para ter notícias suas, sem saber se você estava em perfeita saúde, e ainda estou esperando uma palavra sua. No entanto, o trabalho <*con*>siderável representado por seu segundo manu<*scrito*> me tranquiliza e me prova que você recuper<*ou*> suas forças.
> Seu muito devoto amigo,
> Ch.Bally
> P.S.: Caso você prolongue sua estadia, tenho à sua disposição os cadernos D. e J., que você queria consultar. Apesar de querer trabalhar nisso o mais rápido possível, eu percebo que preciso me afastar em outubro e em novembro, pelo menos!

2. Carta de Charles Bally para Albert Sechehaye.
Carimbo de envio a partir de Genebra de 28 de outubro de 1913. Carimbo de recebimento na Agência em Comballaz do dia 29 de outubro de 1913. BGE. Don 2002-26, f. 55.

> Senhor Albert Sechehaye
> La Soldanelle – La Comballaz
> Ormonts <Dess>ous
> Vaud
> 28 de nov.[1] de 1913
>
> Meu <caro> amigo,
> Uma <carta com bastante> pressa para <dizer que> o Sr. Léop. Gautier <me> pediu para poder consultar, por alguns dias, os cadernos 6, 7 e 8 de Dégallier e 4, 5 de Joseph. Assim que ele <os tiver> lido, ele mesmo os en<viará a você>. <Vo>cê, por favor, me confirme o recebimento. De minha parte, eu enviarei a você um resumo do terceiro curso, que fiz há algum tempo, e um panorama sumário dos dois cursos anteriores. Assim, teremos uma visão geral de tudo. Poderei, nos dois últimos meses do ano, passar a limpo os textos de Riedlinger, na medida em que haja motivos para levá-los em consideração, e tentarei estabelecer correspondências entre os cursos I-II e seu manuscrito. Ontem, eu escrevi minha aula inaugural, em que tentei caracterizar a obra de F. de S.; talvez eu a publique[2]. Acabei de ouvir notícias suas vindas do senhor seu pai. Todos meus melhores votos de pronto restabelecimento e minhas cordiais saudações à senhora Sechehaye. Seu devoto amigo, Ch. Bally

COMENTÁRIO

Esses dois documentos completam, portanto, a correspondência publicada em 2013 e contribuem para a compreensão de alguns detalhes do trabalho realizado pelos editores do *Curso de linguística geral*. Porém, eles também estão envoltos em alguns pequenos detalhes enigmáticos.

A primeira carta, datada de 11 de outubro de 1913, é sem dúvida a resposta à carta enviada por Sechehaye em 10 de outubro de 1913. Ao anúncio de Sechehaye, "Eu vou <acabei de> enviar, por correio, para seu endereço, um pacote contendo os cadernos Dégallier 2 e 3 e o caderno Joseph 2" (Sofía, 2013: 190), Bally responde de maneira simétrica: "Acabei de receber sua remessa contendo os cadernos 2 e 3 de Dégallier e o caderno 2 de Joseph" (cf. anteriormente). Quanto à segunda carta, ela parece não ser uma *resposta* de Bally a uma carta anterior de Sechehaye, mas, sim, a abordagem de um novo assunto no diálogo epistolar entre eles. De modo incorreto, Bally registra a data de "28 de nov. de 1913", mas essa carta foi escrita e enviada, sem a menor sombra de dúvida, em 28 de outubro de 1913, conforme indicado pelo carimbo postal e como se pode entender a partir da afirmação de Bally que diz ter feito "ontem" sua aula inaugural na Universidade de Genebra, que ocorreu em 27 de outubro de 1913 (cf. Sofía, 2015: XXXVII).

Visto que Bally não anuncia o envio do texto de sua conferência inaugural, envio que Sechehaye agradece em sua resposta a Bally do dia 23 de novembro de 1913 (cf. Sofía, 2013: 192), podemos supor que ainda teria, pelo menos, uma troca entre os dois colegas; duas cartas, portanto, até agora desconhecidas, mas que hipoteticamente podemos colocar em nossa reconstrução, entre os dias 28 de outubro e 23 de novembro de 1913. Apresentamos, a seguir, o inventário ordenado cronologicamente dos documentos que se conhece, contendo as cinco cartas publicadas em 2013 (documentos [a] até [e]; cf. Sofía, 2013) e as duas cartas que publicamos neste artigo (documentos [1] e [2]), incluindo, em itálico, as duas peças epistolares *supostas*:

(a) 15 de setembro de 1913. Carta de Sechehaye para Bally
(b) 18 de setembro de 1913. Resposta de Bally para Sechehaye
(c) 19 de setembro de 1913. Resposta de Sechehaye para Bally
(d) 10 de outubro de 1913. Carta de Sechehaye para Bally
(1) 11 de outubro de 1913. Carta de Bally para Sechehaye
(2) 28 de outubro de 1913. Carta de Bally para Sechehaye
[*Resposta de Sechehaye para Bally, não conhecida*]
[*Carta de Bally para Sechehaye, contendo a aula inaugural na Universidade de Genebra, não conhecida*]
(e) 23 de novembro de 1913. Carta de Sechehaye para Bally

A comparação dessa cronologia com o conteúdo da primeira das duas cartas de Bally aqui publicadas revela um primeiro enigma. Bally se pergunta, em sua correspondência de 11 de outubro de 1913, se Sechehaye havia recebido o cartão "que lhe enviei uns trinta dias atrás", como se não houvesse recebido notícias de seu colega desde então ("Eu estava muito ansioso para ter notícias suas [...] e ainda estou esperando uma palavra sua"). Ora, eles mantiveram uma correspondência bastante extensa durante esse período (cartas [a] até [d] e cartão [1]). Como, então, devemos compreender essas linhas? Se não houvesse um carimbo do correio, confirmando a data de maneira incontestável, poderíamos ter nos inclinado para uma data dos primeiros dias de novembro: isso explicaria o mês transcorrido sem trocas epistolares e a falta de notícias que Bally lamentava. Ora, o carimbo está lá e, além do carimbo, o fato de que esse cartão é uma resposta direta de Bally à carta enviada por Sechehaye em 10 de outubro de 1913, ou seja, na véspera. É possível supor que Bally esperava especificamente notícias sobre um tema pontual, que ele teria tratado em um cartão cerca de trinta dias antes e que Sechehaye não teria acusado recepção. Mas qual assunto?

Deixando isso de lado, essa primeira carta nos dá informações valiosas. Temos a confirmação de que, de fato, como já se suspeitava (cf. Sofía, 2015: XXVII ss.), Bally recebeu o segmento da *Collation Sechehaye* da página 117 até a página 213, contendo parte do "quadro geográfico-histórico das famílias mais importantes das línguas do globo", ou seja, o "capítulo V" do terceiro curso dado por Saussure em Genebra (cf. curso III: 92-214) que não foi conservado e que parece ter sido descartado ou perdido muito cedo (cf. Sofía, 2015: XXXVII e LVII). Isso confirma que Sechehaye realmente fez a colação desse capítulo do terceiro curso e que Bally o leu muito bem, o que levanta algumas questões que analisamos em outro momento (cf. Sofía, 2015: XLIV ss.).

A segunda carta de Bally também contém revelações importantes, bem como a solução do que, até agora, para mim, era um segundo pequeno mistério. A revelação mais importante consiste no fato de Bally confirmar que fez resumos dos cursos I, II e III, o que explica as referências feitas por Sechehaye em sua colação a "seu texto" (cf. Sofía, 2015: XXXVII). Isso também esclarece as palavras de Bally quando se queixa, para Sechehaye, confidenciando-lhe que seus métodos de trabalho eram radicalmente diferentes (cf. Sofía, 2013: 188): enquanto Sechehaye fazia a *colação* das diferentes notas dos alunos, Bally fazia *resumos* delas. Para onde foram esses resumos? Nós não sabemos. Parece que não foram preservados. Temos cópias dos cursos I e II (BGE. Cours Univ. 435), mas eles não parecem ter sido feitos por Bally, aliás, nem por Sechehaye, como se acreditava até muito recentemente (cf. Sofía, 2017). Esses documentos pertencem a uma mão *diferente* da dos editores. Levantamos a hipótese (Sofía, 2017) de que essas cópias teriam sido encomendadas pelos editores a algum de seus colaboradores ou talvez a alguém próximo a eles. Mas a quem? A caligrafia não é a de Léopold Gautier, que, na época, era próximo de Bally (cf. a seguir), nem a de Riedlinger, nem a de Marguerite Sechehaye. Revisei os documentos de todas as pessoas próximas de Bally e de Sechehaye, dos quais eu possuo cópias, sem ter conseguido identificar uma caligrafia semelhante. A mais próxima é a de Adolphe Juvet, mas, ao que se sabe, Juvet não estava em contato com Bally nessa época.

Quanto às "correspondências" estabelecidas entre essas cópias e a colação de Sechehaye, elas foram, de fato, feitas, como prometido, por Bally, mas também por Sechehaye: encontramos vestígios disso nas margens do manuscrito; nós os estudamos em outros lugares (cf. http://saussure.hypotheses.org/author/saussure e Sofía, 2017).

Outro elemento, nesse segundo cartão de Bally, tem algumas informações interessantes. Em minha introdução a *Collation Sechehaye* (Sofía, 2015: XLIII), eu me perguntei sobre o significado de alguns pedaços de notas de Dégallier, oriundos do terceiro curso, que haviam sido copiados e *anotados* por Léopold Gautier em "outubro de 1913" (BGE Ms. fr. 1599/7, f. 3). Eu dizia, então, que, ainda que se soubesse que Bally estava, naquele momento, em contato com Gautier, não conhecíamos uma indicação direta de uma colaboração entre o professor e seu aluno que tivesse como objeto a edição do *Curso de linguística geral*. O acesso de Gautier às notas de Dégallier, no exato momento em que Bally e Sechehaye faziam uso delas, permaneceria, portanto, inexplicável. Esse segundo cartão de Bally confirma que foi ele quem passou esses cadernos, junto com os de Joseph, para Gautier. Permanece intacta, porém, a questão de saber qual era o interesse de Gautier em ler essas notas naquela época. O fato de Bally ter consentido em divulgar esses documentos, naquele momento específico, quando ele trabalhava junto a Sechehaye, com tanto zelo e urgência, na edição do CLG, sugere que Gautier teria tido alguma ligação com essa empreitada. A natureza dessa colaboração, no entanto, que permanece hipotética de qualquer modo, não está esclarecida. Esse é o quarto pequeno enigma, portanto, contido nesses documentos, e com o qual terminarei este artigo.

Notas

[1] O carimbo postal mostra que esse cartão foi enviado em 28 de outubro de 1913. Foi, portanto, provavelmente escrito em 28 de outubro, e não em 28 de novembro de 1913, como Bally anota aqui. Um segundo carimbo, colocado em La Comballaz, provavelmente pela filial do correio que recebeu esse cartão, exibe a data de 29 de outubro de 1913.

[2] Bally publicou sua aula de abertura muito rapidamente, em uma edição "do autor", publicada em Genebra antes do final do ano e, portanto, tendo a data de 1913 (cf. Bally, 1926: 4; Reverdin, 1959: 108; Sofía, 2015: XXIX).

Bibliografia

BGE = Biblioteca de Genebra
Ms. fr. = Manuscritos franceses
CLG = SAUSSURE, Ferdinand de. *Cours de linguistique générale*. Paris-Lausanne: Payot, 1922 [1916].
Cours III = CONSTANTIN, Émile. "Linguistique générale, Cours M. le Professeur de Saussure, 1910-1911". *Cahiers Ferdinand de Saussure*, Genève, v. 58, 2006, p. 83-290.

BALLY, Charles. *Le langage et la vie*. Genève: Payot, 1926.
REVERDIN, Henri. "Charles Bally (1865-1947), Albert Sechehaye (1870-1946), Adrien Naville (1845-1930)". In: BORGEAUD, Charles; MARTIN, Paul-Edmond (Org.). *Histoire de l'Université de Genève*. Annexes: Historique des Facultés et des Instituts, 1914-1956. Genève: Georg, 1959, p. 108-12.
SOFÍA, Estanislao. "Cent ans de philologie Saussurienne. Lettres échangées par Ch. Bally et A. Sechehaye en vue de l'édition du Cours de linguistique générale". *Cahiers Ferdinand de Saussure,* Genève, v. 66, 2013, p. 181-97.
_____. La *"Collation Sechehaye" du "cours de linguistique générale" de Ferdinand de Saussure*. Leuven – Bristol – Paris: Peeters, 2015.
_____. "Présentation et examen de la 'copie Sechehaye': une étape dans la genèse du *Cours de linguistique générale* (1914-1915)". *Langages*, 2017. No prelo.

Cem anos de filologia saussuriana III: Albert Riedlinger (1883-1978) e sua "colaboração" com os editores

Anne-Marguerite Fryba e *Estanislao Sofía*

INTRODUÇÃO

O *Curso de linguística geral*, cujo centésimo aniversário se celebrou em 2016, foi editado e publicado por Charles Bally e Albert Sechehaye "com a colaboração de Albert Riedlinger, mestre no Colégio de Genebra", conforme indicado na capa do livro. Até o momento, no entanto, pouco se sabe sobre a natureza e sobre o alcance dessa colaboração. No prefácio de julho de 1915, os editores mencionam os cadernos de Riedlinger como uma de suas principais fontes, especialmente no que diz respeito aos cursos de (1906-)1907 e 1908-1909. Entretanto, Léopold Gautier, Louis Caille e Paul F. Regard – entre outros – também emprestaram seus cadernos sem que, por isso, tivessem sido considerados como "colaboradores". O mero empréstimo das anotações de aula não era, portanto, motivo suficiente para figurar na capa do livro. Obviamente, deve ter havido uma cooperação mais estreita entre Riedlinger e os editores do que entre estes e o restante dos ouvintes que cederam seus cadernos. Isso é confirmado – infelizmente de forma elíptica – no prefácio, em que Riedlinger é nomeado, ao lado de Sechehaye, como tendo prestado uma ajuda essencial na reconstrução do "pensamento" de Saussure:

> [...] para cada curso, e para cada detalhe do curso, era necessário, comparando todas as versões, chegar ao pensamento do qual tínhamos apenas ecos, por vezes discordantes. Para os dois primeiros cursos, contamos com a colaboração do Sr. A. Riedlinger, um dos discípulos que acompanharam com maior interesse o pensamento do mestre; seu trabalho neste ponto foi muito útil para nós. Para o terceiro curso, um de nós, A. Sechehaye, fez **o mesmo** trabalho meticuloso de colação e arranjo. (CLG: 8, grifo nosso)

De acordo com essa passagem, o trabalho realizado por Riedlinger teria sido comparável ao de Sechehaye: ambos teriam feito um "trabalho meticuloso de colação" em dois *corpora* diferentes: (a) as notas oriundas do primeiro e do segundo curso (Riedlinger); (b) as notas oriundas do terceiro curso (Sechehaye), do qual um de nós publicou recentemente uma edição (cf. Sofía, 2015). Esse esclarecimento apenas dá visibilidade à questão da colaboração: se as contribuições de Sechehaye e de Riedlinger eram comparáveis, por que um deles foi considerado "editor" enquanto o outro teve direito apenas ao título de "colaborador"?

A disponibilidade dos documentos permitiu abordar essa questão de forma periférica (cf. Sofía, 2015: XLII-XLIV). A descoberta de nove peças epistolares trocadas por Bally, Sechehaye e Riedlinger, entre dezembro de 1913 e dezembro de 1915, permite, agora, tratar dessa questão de maneira frontal.

Esses documentos complementam (sem dúvida de modo parcial) a correspondência apresentada em duas contribuições publicadas nestes *Cahiers* (cf. Sofía, 2013 e 2016a), razão pela qual optamos por manter o título de "Cem anos de filologia saussuriana". O subtítulo é ditado pelo conteúdo das cartas que publicamos: elas permitem compreender melhor, de fato, o lugar concedido a Riedlinger no projeto de edição do *Curso de linguística geral* e, assim, redefinir o(s) papel (papéis) das personagens que contribuíram para essa publicação.

Nas origens da filologia saussuriana: três projetos sem Riedlinger

O projeto de publicação das ideias contidas nos manuscritos de Saussure é quase contemporâneo de seu falecimento, ocorrido em 22 de fevereiro de 1913. Já em março, documentos comprovam que colegas (na maioria, ex-alunos) se dirigiram à viúva, Marie de Saussure, para falar sobre isso[1]. Existem vestígios tangíveis de, pelo menos, três projetos: o primeiro foi concebido por Meillet-Regard (cf. Amacker; Bouquet, 1989: 103-4), o segundo, por Bally, e o terceiro, cuja natureza é, todavia, desconhecida, por Sechehaye e por Gautier (cf. Ms. fr. 5009, f. 63)[2]: é possível que estes dois últimos tenham, até mesmo, vislumbrado projetos diferentes e que, portanto, originalmente, não haveria três, mas, sim, quatro projetos.

Seja como for, atualmente, não conhecemos os detalhes do percurso que levou Sechehaye a se associar a Bally. Parece que o primeiro, selecionado pela Universidade de Genebra como substituto de Saussure para a linguística geral (1912-1913), teve mais ou menos que impor sua colaboração ao colega (cf. Sofía, 2013: 186, e 2015: L).

Quanto às ideias de Léopold Gautier sobre esse assunto, admitimos estar em total ignorância. Filho de Lucien, um antigo companheiro de Saussure em Leipzig, Léopold havia sido muito próximo do mestre, sobretudo na aventura dos anagramas, em que o jovem linguista tinha atuado como uma espécie de secretário. Essa função foi capaz de lhe dar os créditos necessários para participar na edição das notas dos cursos de linguística geral ou, pelo menos, para atuar como consultor nesse trabalho; talvez tenha sido por isso que seu nome foi evocado por Marie de Saussure. Tirando essa menção relatada por Bally a Meillet, em 29 de maio de 1913, perdemos todos os vestígios de uma possível participação de Gautier no projeto. Somente será encontrado um sinal disso no final de 1913, quando se descobre, em algumas notas mantidas em seus próprios arquivos, folhas datadas de "outubro de 1913", nas quais Gautier copiou e anotou trechos dos cadernos de Dégallier, curso III (cf. BGE. Ms. fr. 1599/4, ss. 1-3; cf. Sofía, 2015: XLIII). Uma troca epistolar recentemente recuperada (cf. Sofía, 2016b) confirma que Gautier teve acesso a esses cadernos na mesma época em que Bally e Sechehaye estavam explorando esse material e correndo contra o tempo na elaboração do CLG: portanto, não é impossível pensar que também Gautier tenha podido colaborar com os editores.

Quanto ao projeto que Meillet havia vislumbrado com Regard, muito rapidamente foi abandonado, seguindo a apreciação negativa de Bally[3].

A entrada em cena de Riedlinger

E quanto a Riedlinger? Até o final de 1913, seu nome não é mencionado nas correspondências entre os editores. Sabe-se que Bally já conhecia, desde maio de 1913, talvez até mesmo desde fevereiro ou março, as notas de Riedlinger (cursos I e II), que eram, então, sua principal fonte de acesso (talvez a única) ao ensino de Saussure sobre linguística geral[4]. Também se sabe que esses cadernos de Riedlinger foram quase inteiramente copiados por alguém próximo aos editores. Por muito tempo, acreditou-se que eles tivessem sido copiados por Sechehaye, provavelmente porque essas cópias estão conservadas na Biblioteca de Genebra (BGE) juntamente com uma cópia de alguns manuscritos de Saussure que realmente foi feita por Sechehaye (cf. BGE. Cours Univ. 435). Contudo, fica evidente que o autor da citada cópia não é nem Sechehaye, nem Bally, muito menos Riedlinger, visto que suas caligrafias não se assemelham à do copista – que não conseguimos identificar. Pode ter sido um colaborador – ou um secretário – de Bally, de Sechehaye ou (por que não?) de Riedlinger.

Nas margens dessa cópia dos cadernos de Riedlinger, os editores introduziram observações, comentários e referências muito interessantes, pois revelam sua maneira de trabalhar (cf. Sofía, 2017). Tudo isso, porém, não demonstra uma participação ativa de Riedlinger, que mereceria o título de "colaboração". A primeira pista dessa colaboração, que tínhamos até agora, data das primeiras semanas de 1914. No dia 15 de janeiro daquele ano, Bally havia escrito para Marie de Saussure, a fim de mantê-la informada sobre o andamento dos diversos projetos editoriais[5] e para avisá-la sobre o fato de que ele "havia obtido a colaboração do Sr. Riedlinger, que [...] tinha pedido e recebido um mês de licença do Collège, visando o arranjo do *Curso de linguística geral*" (AdS 391, f. 1)*. Graças aos documentos, aqui publicados, vários detalhes dessa colaboração – que, em janeiro de 1914, já estava, como veremos, bem adiantada – aparecem com mais clareza. As cartas também elucidam vários assuntos superficialmente abordados na correspondência já publicada (cf. Sofía, 2013 e 2016b) e ajudam a esclarecer que lugar foi concedido a (ou ocupado por, conforme o caso) Bally, Sechehaye e Riedlinger, no projeto de edição das notas do mestre.

Cronologia e descrição dos documentos

As nove peças epistolares publicadas dizem respeito a abordagens relacionadas com a elaboração do *Curso de linguística geral*, mas pertencem a dois períodos distintos e tratam de questões diferentes.

O primeiro período compreende cinco cartas, todas de Bally para Sechehaye. Datadas de 21 de dezembro de 1913 até 12 de março de 1914 (1-5), elas continuam e (parcialmente) completam o diálogo já conhecido entre os dois editores, cuja cronologia recordamos agora (cf. Sofía, 2013 e Sofía, 2016b):

- 15 de setembro de 1913. Carta de Sechehaye para Bally
- 18 de setembro de 1913. Resposta de Bally para Sechehaye
- 19 de setembro de 1913. Resposta de Sechehaye para Bally
- 10 de outubro de 1913. Carta de Sechehaye para Bally
- 11 de outubro de 1913. Carta de Bally para Sechehaye
- 28 de outubro de 1913. Carta de Bally para Sechehaye
- 23 de novembro de 1913. Carta de Sechehaye para Bally

---
* N. O.: AdS = Arquivos de Saussure.

O segundo período começa em julho de 1915, após a conclusão do trabalho de edição e no momento da redação do prefácio. Foi durante os meses seguintes que os editores se viram confrontados com problemas técnicos com a Editora Payot, por um lado, e com as reivindicações de Riedlinger, quanto a sua colaboração, por outro (6-9).

Escrita em dois tempos, nos dias 21 e 24 de dezembro de 1913, a primeira carta de Bally para Sechehaye que publicamos a seguir (1) é, provavelmente, a resposta à carta – de longe, a mais longa – enviada por Sechehaye em 23 de novembro de 1913 (BGE. Ms. Fr. 5004, ff. 189-191; cf. Sofía, 2013: 192-6). De fato, Bally pede desculpas pela demora em sua resposta e se refere a um fragmento do manuscrito que Sechehaye lhe havia enviado em 23 de novembro de 1913. Em contrapartida, ele não reage aos aspectos teórico-conceituais evocados por Sechehaye nessa mesma carta – aspectos que, aliás, o tinham deixado mais ou menos incomodado; e ele comunicou as razões desse incômodo a Léopold Gautier em carta de 17 de dezembro de 1913 (cf. Sofía, 2015: XL, n. 37). As quatro cartas seguintes (2 até 5) se referem a aspectos específicos e diversos do trabalho de edição do CLG, com considerações, em particular, sobre a pertinência de uma eventual colaboração de Riedlinger (em diferentes configurações possíveis).

Datada de 11 de julho de 1915, a carta seguinte (6.1) é redigida quando a maior parte do trabalho de edição estava concluída. Ficamos sabendo, no entanto, que Bally ainda está trabalhando em modificações de conteúdo, enquanto o prefácio já tinha sido escrito ou estava sendo escrito (ele foi assinado em julho de 1915; cf. CLG, p. 11) e um ano depois de anunciar, a Max Niedermann (cf. Redard, 1982: 16-7), que o livro estava pronto para impressão. De acordo com as reclamações feitas pela Editora Payot, em dezembro de 1915 (cf. Sofía, 2016a: 15, n. 7), esse tipo de modificação deve ter continuado a ocorrer – para grande pesar da Payot e prejuízo financeiro dos editores, pois a editora começou, em dado momento, a cobrar pela produção dos conjuntos de provas – e isso se deu até a publicação da obra em maio de 1916. Paralelamente a isso, ainda é questão, nessa carta, o *status* a ser concedido à colaboração de Riedlinger; um assunto que parece ter preocupado os editores durante muito tempo. No verso desse documento, Sechehaye fez anotações – que poderiam ser um rascunho de resposta a Bally (6.2) – em que adota, como de costume, uma posição diplomática de mediador.

Os três últimos documentos (7 até 9) são cartas de Riedlinger para Sechehaye, em que o primeiro deixa transparecer a amargura sentida ao longo de sua "colaboração" (sobretudo com Bally) e transmite suas lamentações para o colega. No verso de uma delas (8.2), Sechehaye, uma vez mais, rabiscou elementos que podem, talvez, ter sido usados para escrever uma eventual carta para Bally.

Antes de passarmos à transcrição dos documentos[6] em si, apresentamos, a seguir, para facilitar, uma visão de conjunto, a cronologia das cartas publicadas:

- 1. Carta de Bally para Sechehaye. 21 e 24 de dezembro de 1913.
- 2. Carta de Bally para Sechehaye. 9 de janeiro de 1914.
- 3. Carta de Bally para Sechehaye. 20 de janeiro de 1914.
- 4. Carta de Bally para Sechehaye. 28 de janeiro de 1914.
- 5. Carta de Bally para Sechehaye. 12 de março de 1914.
- 6.1. Carta de Bally para Sechehaye. 11 de julho de 1915.
- 6.2. Anotações de Sechehaye (rascunho de resposta para Bally?) rabiscadas a lápis no verso da carta de Bally do dia 11 de julho de 1915.
- 7. Carta de Riedlinger para Sechehaye. 17 de junho de 1915.
- 8.1. Carta de Riedlinger para Sechehaye. 7 de julho de 1915.
- 8.2. Anotações de Sechehaye (rascunho de resposta para Bally?) rabiscadas a lápis no verso da carta de Riedlinger de 7 de julho de 1915.
- 9. Carta de Riedlinger para Sechehaye. 31 de dezembro de 1915.

DOCUMENTOS

1. Carta de Charles Bally para Albert Sechehaye. 21 e 24 de dezembro de 1913

[Folha de 27 x 21cm, dobrada ao meio, papel bege, frente e verso, manuscrita, tinta preta]

Domingo, 21 dez. 1913

Caro amigo,

Mais uma vez, uma resposta precisou esperar; mas, finalmente, as férias chegaram e posso respirar. Fica cada vez mais difícil para mim passar alegremente de um assunto para outro, e a mera necessidade de transitar, em minhas aulas, entre a linguística geral e a indo-europeia é, para mim, um verdadeiro tormento[7]. Somam-se a isso outras obrigações: resenhas prometidas, que me forçam a mudar, duas ou três vezes, de cérebro (Wyplel: *Wirklichkeit und Sprache* [Realidade e linguagem]; Vossler: *Frankreichs Kultur im Spiegel seiner Sprachentwicklung* [Cultura francesa refletida em seu desenvolvimento linguístico])[8]; por fim, e sobretudo, o projeto, sugerido pela senhora Saussure e por outras pessoas, de reimprimir tudo aquilo que F. de Saussure publicou[9] – para não falar da brochura[10] em que estão reunidos os artigos e os discursos para seu jubileu e após sua morte. Você pode ver que trabalho não falta; isso explica a aparente lentidão de meus passos.

No entanto, consegui datilografar (em papel de mesmo formato de seu manuscrito e com o mesmo *layout*, em meias-colunas) a parte do curso I (Riedlinger) referente às evoluções fonéticas (75 páginas datilografadas)[11]; nesse momento, Riedlinger está relendo o que eu fiz; após retoques, enviarei esse capítulo a você. Convenci, praticamente, Riedlinger a nos prestar sua assistência: ela será, para nós, inestimável. Eu gostaria de poder dizer, a Riedlinger, que ele será remunerado: isso é algo a que, talvez, poderemos nos comprometer sem grande risco; a família nos apoiará sem dúvida

Eu li, de seu manuscrito, as páginas 261-333 e anexei, em folha separada, minhas anotações[12]. Eu admiro sinceramente a consciência escrupulosa e a engenhosidade[13] que você trouxe para esse difícil trabalho de colação, em que você revelou qualidades de filólogo que me causam inveja. O resultado é bastante animador; tenho a impressão, lendo você, que o pensamento de Saussure floresce; mais do que nunca, o valor do curso transborda e a necessidade de imprimi-lo se impõe. Mas não devemos demorar. Com a autorização da senhora De Saussure, vou atrás de um editor. Niedermann, da Basileia, me aconselha a me dirigir a Winter e não a Champion. É certo que o primeiro nos dará condições muito melhores e nos assegurará uma publicidade superior. O que você acha?

Quarta-feira 24

As férias me dão um pouco de paz; eu pude continuar meus trabalhos. Eu vi a senhora De Saussure na segunda-feira, a quem contei o grande papel que você desempenha na colaboração; ela me pediu para dizer que é grata a você. Anteriormente, ela já havia me pedido para deixar separado, em relação aos livros de seu marido, aqueles que pudessem interessar a você; eu indiquei todas as obras que se enquadram no âmbito de sua pesquisa; no entanto, são poucas obras e quase tudo diz respeito ao indo-europeu; a linguística geral está muito mal representada. Mas, com medo de ter lhe prejudicado, eu vou sugerir, à sra. De Saussure, a ideia de lhe enviar as fichas do inventário e você mesmo poderá escolher[14].

Depois de conversar com a sra. De Saussure, eu escrevi a Winter, na segunda-feira, pedindo a ele que fosse nosso editor; estou esperando uma resposta dele.

Terça-feira, eu consegui terminar de ler seu manuscrito p. 1-260[15]; acrescentei anotações em folhas separadas e assinalei, na margem, algumas passagens em que a redação pode ser revisada. Você tinha razão em dizer[16] que seu modo de proceder era a melhor base de operação; eu percebo muito bem agora[17].

2. Carta de Charles Bally para Albert Sechehaye. 9 de janeiro de 1914

[Folha de 27 x 21cm dobrada ao meio, papel bege, frente e verso, manuscrita, tinta preta]

Genebra, 9 de janeiro de 1914

Meu caro amigo,

Seu pai[18], que vi na terça-feira, talvez tenha escrito a você que eu recebi dele os cadernos 4 e 5 de Joseph; e 5, 6, 7, 8 de Dégallier; e que, de você, eu recebi o final de seu manuscrito p. 334-478[19]. Eu não estou encontrando o caderno 3 de Joseph e não sei se você ainda o tem.

Eu li cuidadosamente e anotei o final do manuscrito; minha impressão do todo foi confirmada; anexei minhas anotações, que, aliás, só se referem a detalhes; sublinhei a lápis, assim como na primeira parte, as passagens passíveis de serem retocadas quanto à forma.

Eu falei com Riedlinger sobre uma possível colaboração, com remuneração, sem especificar que essa colaboração poderia ser "nominada", ficando essa questão provisoriamente reservada. Riedlinger só vê possibilidade de se envolver nisso caso peça licença do Collège: por enquanto, ele vai estudar a questão e vai fazer um teste com parte de seu manuscrito, que está atualmente com ele.

Falando nisso – e por essa razão – ficaria extremamente difícil, para mim, enviar de volta para você seu manuscrito; seria paralisar toda uma série de operações; seu trabalho, tão útil, perderia toda razão de ser, caso não pudéssemos imediatamente aproveitá-lo na sequência. Você sabe que, agora, tudo vai incidir na comparação dos diferentes cursos, e que, por causa de seu afastamento, sou eu, sobretudo (junto com Riedlinger), que fico, praticamente, com a incumbência dessa parte das operações.

Peço, por favor, que me devolva o texto datilografado das 3 conferências fonológicas de Saussure, bem como o resumo (ou os resumos?) que lhe enviei; devemos ter à mão tudo aquilo que possa facilitar a comparação.

Sobre essa questão, só me resta agradecer o grande empenho que você teve em tudo isso. Além disso, na medida em que uma parte esteja definitivamente elaborada, eu a enviarei a você, e o manterei informado sobre aquilo que será feito.

Em relação a seu artigo da revista *GRM*, não é nenhuma surpresa que ele esteja enterrado nas caixas de Schröder[20]; ele não parece ser um administrador de primeira linha; eu precisei submeter meu texto quatro vezes antes de ser publicado: não tenha receio de fazer o mesmo.

Em relação a mim, estou sempre dividido entre meus dois ensinos, meus projetos de trabalho pessoal, o Curso de linguística de Saussure, a reimpressão de sua obra, sem contar outras ocupações menores, as resenhas a serem feitas etc. Seu pai me deu notícias animadoras sobre você, por isso, espero vê-lo novamente em breve.

Na esperança de lhe ver, envio-lhe, para a sra. Sechehaye, também, minhas afetuosas lembranças []

Ch. Bally

3. Carta de Charles Bally para Albert Sechehaye. 20 de janeiro de 1914

[Folha de 27 x 21cm dobrada ao meio, papel bege, frente e verso, manuscrita, tinta preta]

Genebra, 20 de janeiro de 1914

Meu caro amigo,

Com bastante atraso, estou acusando o recebimento de sua carta e de sua remessa registrada. Minhas ocupações me impediram de fazer isso até hoje, e estou me obrigando a lhe responder de modo muito breve.

Como lhe escrevi anteriormente, Riedlinger está trabalhando comigo agora; ele solicitou e obteve uma licença do Collège: de 7 de fevereiro até 7 de março; os exames não permitem que ele comece mais cedo. Mas, desde já, ele está trabalhando e nós nos vemos com bastante regularidade. Seu trabalho consiste essencialmente, nesse momento, em fazer, para os cursos I e II, aquilo que você fez para o III[21], com base em suas notas e nas de Gautier e de Caille. Ele é bem indicado para esse trabalho e o fará muito bem. Manterei você informado daquilo que será feito, sempre que necessário e que for possível, e, da mesma forma, você será comunicado sobre as partes do manuscrito para as quais sua opinião será desejável; mas, por outro lado, devo aproveitar a liberdade necessária para evitar atrasos lamentáveis.

Pediremos sua colaboração assim que pudermos separar, para você, uma parte do conjunto do trabalho a ser feito. Além disso, você trabalhou muito e é justo que, agora, seja nossa vez; esteja certo de que aquilo que você fez será levado em consideração.

Pelo mesmo correio, eu lhe envio seu manuscrito, páginas 206-260[22], mais o caderno II de Joseph; e os cadernos III e IV de Dégallier.

Quanto a mim, estou, por ora, deixando de lado os outros cursos de Ferdinand de Saussure para reunir as notas de linguística geral que podem ser usadas em nossa publicação. Separei para mim, principalmente, a colação das notas fonológicas.

Além disso, vou <u>compartilhar a tarefa de Riedlinger</u>[23].

Para a reimpressão dos trabalhos de Saussure estamos em tratativas com Kundig e com Champion. Ainda não se trata da brochura, mas fará bem em enviar, à sra. De Saussure, o obituário e, aproveitando a ocasião, você poderá falar com ela sobre o caso Sadag[24]: eu tenho dúvida, no entanto, se isso é apropriado; essas coisas são sempre delicadas e podem ser interpretadas de diferentes maneiras: cabe a você encontrar o "caminho"!

Muito apressadamente, envio a você e à sra. Sechehaye minhas saudações mais cordiais,

Ch. Bally

P.S.: Não se esqueça de acusar recepção.

Eu direi a Riedlinger para que envie a você seu quadro das línguas indo-europeias (curso II).

4. Carta de Charles Bally para Albert Sechehaye. 28 de janeiro de 1914

[Folha de 13,5 x 21cm, dobrada ao meio, papel bege, frente e verso, manuscrita, tinta preta]

28 de janeiro de 1914

Meu caro Sechehaye,

Em anexo está seu manuscrito; eu falei dele para Tojetti[25], eu mesmo o li com interesse; você encontrará, sublinhadas a lápis, as passagens suscetíveis de serem retocadas quanto à forma.

Tojetti não tem certeza se Bérard frequentou o 1º curso como aluno[26]. Consultei os programas; surpreendentemente, o nome de F. de Saussure não aparece lá, nem em 1891, nem em 1892; os primeiros cursos anunciados são os de 1893: 1) Língua sânscrita, 2) Etimologia grega e latina, 3) Verbo grego.

No meu caso, eu acompanhei as aulas de Saussure somente a partir de 1892 (Língua sânscrita, Fonética do grego e do latim)[27].

p. 9 É melhor não falar de oposição de signos em matéria de evolução; a mudança fonética, em todo caso, consiste, para De Saussure, naquilo que um signo substitui em um outro, uma vez que os dois não podem, de modo algum, coexistir na mente do mesmo sujeito falante e ser vistos em suas diferenças.

Absorvido pelas preliminares da 2ª publicação projetada[28], eu não pude ver Riedlinger[29] esses dias, mas não tenho dúvidas de que seu trabalho seguirá seu curso normal.

Muito apressadamente, envio-lhe, caro amigo, meus melhores cumprimentos,

Ch. Bally

5. Carta de Charles Bally para Albert Sechehaye. 12 de março de 1914

[Folha de 17 x 23,6cm, papel bege, datilografada, frente e verso]

Genebra, 12 de março de 1914

Meu caro Sechehaye,

Pelo mesmo correio destas linhas, envio-lhe o capítulo: fonologia do curso de linguística geral. Ele não está completamente redigido; e isso intencionalmente, já que algumas questões ainda estão pendentes. Os pontos que me parecem causar maior pro= blema dificuldade são: a do ponto vocálico constituído pela primeira implosiva; esse último termo poderia ser mantido, e em um grupo como -*lac*- -la -*la*- etc., e, em suma, em qualquer grupo, seria possível dizer que a vogal é a primeira implosiva? Isso me parece questionável, principalmente, quando a vogal termina uma palavra (-*la*), mas, em suma, a meu ver, em todos os casos; seria tão simples dizer que a vogal é o fonema da sílaba que tem a abertura máxima! Outra questão é de terminologia: as definições dos termos consoante e vogal, por um lado, de sonante e consonante, por outro (ver, em particular, p. 48 e ss.). Terceira questão: escala dos sons de acordo com seu grau de abertura; esse grau corresponderia exatamente a seu efeito vocálico?; veja, em particular, o caso das nasais, que se torna mais complicado (sem que haja qualquer questionamento explícito sobre isso, do caso das sibilantes e, em geral, das fricativas, conforme sejam surdas ou sonoras). Finalmente, os pontos particulares do final dão origem à discussão. O conjunto dessas questões suscita aquela que resume todas elas: as dificuldades elencadas, caso elas fiquem sem solução radical, impediriam a publicação do capítulo?[30]

Durante todo esse período, trabalhei, de sol a sol, com Riedlinger para montar toda a parte evolutiva; analogia, aglutinação, etimologia popular, sobretudo, fonética, sem contar os capítulos relativos à escrita, que coincidem, em parte, com sua obra, e o panorama sobre a história da linguística. Infelizmente, Riedlinger precisou retomar o Collège, e estou ligado a ele por causa de algumas questões interpretativas que estão tornando mais lenta a correção[31].

Diga-me se vale a pena enviar outras partes a você em La Comballaz ou se é melhor esperar pelo seu retorno. Se for muito necessário, a parte fonética pode ser finalizada para ser enviada a você.

Faz muito tempo que não tenho notícias suas; eu espero que você esteja decididamente melhor. Precisamos muito de sua ajuda e de sua presença, pois, em breve, Riedlinger estará chegando ao final de sua colaboração. As férias começam amanhã. Para a compilação das obras de Saussure, as preliminares com Winter estão quase terminadas; eu espero que a impressão possa começar em breve[32].

Por favor, cumprimente a senhora Sechehaye em meu nome e aceite, caro amigo, minhas mais cordiais saudações.

Ch. Bally

P.S.: Estou anexando, ao manuscrito (60 p.), o resumo das conferências sobre a sílaba e suas notas do gótico.

6.1 Carta de Charles Bally para Albert Sechehaye. 11 de julho de 1915

[Folha de 26,2 x 21,4cm dobrada ao meio, papel bege, frente e verso, manuscrita, tinta preta]

Genebra, 11 de julho de 1915

Meu caro amigo,

Outra carta confusa em que lhe comunicarei desordenadamente aquilo que tenho para lhe dizer.

Eu escrevi para Ziegler[33] e dei, a ele, seu endereço; em relação a mim, ainda não recebi nenhum cronograma. Também acabei de escrever para Léopold Gautier, seguindo aquilo que você me havia indicado[34].

Minha remessa contém, como você verá:

As notas pessoais de Ferdinand de Saussure sobre a fonologia;

Minha revisão do § sobre as subunidades, com sua primeira redação (você verá que propus muitas mudanças, nos detalhes, e que o todo ainda não está pronto);

O § da VI³ parte que trata das duas perspectivas, lá onde a dúvida sobre a síntese e sobre a análise ainda perdura; o § 7 do capítulo (?) de fonologia, referente às grafias de Sievers, caso você queira ver sobre o que possíveis críticas podem se relacionar (+ uma pequena nota relativa a essa questão)[35].

Você não especifica as passagens da linguística externa e interna que devo lhe enviar. Isso fica para uma próxima vez.

Obrigado pelos detalhes que você me dá sobre a carta de Riedlinger[36]. Só poderemos tratar bem disso pessoalmente. O que me interessa é saber se ele aceita, expressamente, nossas últimas condições e se sua carta não deixa nenhuma dúvida quanto a isso; se esse não for o caso, não haveria razão para lhe pedir uma garantia disso por escrito? De resto, trataremos de defender nossa forma de agir, que continuo a considerar razoável e imparcial. Seremos obrigados, creio eu, a informar a senhora De Saussure sobre o incidente, em particular, para saber o que devemos pensar das cartas mencionadas por Riedlinger[37] e que interpretação ela própria dá para isso. Também será necessário estabelecer algumas datas aproximadas em relação a tudo isso; comecei a esboçar todas as fases de nosso trabalho em minha cabeça, e talvez você possa me ajudar a reconstituí-las.

Será que devemos lamentar não ter dado valor ao argumento, muito sério, da saúde de Riedlinger? Eu disse a você que não me agradaria falar sobre isso, mas, se Riedlinger insistir, teremos que tratar dessa questão, e isso pesará na balança.

Eu espero que, quando vier a Genebra, você consiga me dar alguma atenção. Enquanto isso, mande lembranças para a senhora Sechehaye de nossa parte.

Sua estadia é favorecida pelo bom tempo em uma época em que geralmente ele brilha pela sua ausência: estou muito feliz por você.

Um cordial aperto de mão de seu devoto amigo,

Ch. Bally

6.2 Anotações de Sechehaye (rascunho de resposta para Bally?) rabiscadas a lápis no verso da carta de Bally do dia 11 de julho de 1915

Recebi 2 envios
Corrigi a parte 4, exceto 3 páginas.
Corrigi [e] revisei as subunidades – e não su
Mantive meus pontos de vista em + de um lugar como você vai ver
Estou com a 6ª parte – em breve, falarei com você sobre o verbo (segunda-feira, 10h)
Em pouco tempo, terça-feira, 9h.
Vamos falar também sobre Riedlinger

7. Carta de Albert Riedlinger para Albert Sechehaye. 17 de junho de 1915

[Folha de 27 x 18cm dobrada ao meio, papel vergê cinza claro, frente e verso, manuscrita, tinta preta]

Rua Colombier, 12

17 de junho de 1915

Prezado senhor,

Estou lhe devolvendo o manuscrito de linguística com todos meus agradecimentos, mas sem ter feito nele a menor anotação: a carta de Bally, recebida após sua visita, torna impossível qualquer colaboração minha a partir de agora. Bally ratifica as propostas que você não teve dificuldade em me fazer aceitar. No entanto, será necessário que a nota do prefácio, a meu respeito, seja justa; eu não vou permitir que diminuam minha colaboração a tão somente uma simples colação de minhas notas. É isso que Bally está fazendo, ao diminuir, tanto quanto ele consegue, a qualidade de meu trabalho. Ao responder a ele sobre o restante do trabalho, eu vou lembrá-lo também, já que ele esqueceu de tudo aquilo que nós fizemos juntos. Eu só quero fazer uma reclamação nesse momento. Eu teria "persistido em manter pontos de vista notoriamente errôneos (cf. consoante e consonante etc...)" estorvando, assim, Bally em seu trabalho e o impedindo de avançar. Confesso que já não me lembro desses erros. É absolutamente necessário que eu releia minhas duas cartas que tratam do referido ponto[38]. Peço, por favor, então, que me enviem essas cartas, caso Bally ainda as tiver. Como são dissertações puramente científicas, ele não pode se recusar a devolvê-las a mim, a menos que sua consciência o repreenda e que o texto contradiga sua acusação.

Quaisquer que sejam minhas desavenças com Bally, quero lhe dizer que eu separo nitidamente a causa dele da sua. Fiquei irritado com a falta de palavra de um homem que eu considerava um amigo; em última instância, a/ sua maneira insolente de inverter os papéis me revolta. Com lealdade, lhe teria sido fácil para ele evitar essas histórias que não lhe darão honra. Quando ele me contratou, eu não esperava ser associado a ele em pé de igualdade; a tarefa que ele me ofereceu já tinha bastante interesse e atrativos para mim sem isso. Enfim, a despeito da promessa espontânea de Bally, eu teria tomado minha decisão mais tarde, sobre as novas condições que se estabeleceram para mim, se tivessem me avisado a tempo. Bally está se empenhando em provar, agora, que eu já tinha concordado tacitamente com o rebaixamento que ele preparava para mim. Para infelicidade dele, eu tenho cartas que ele ignora e que provam exatamente o contrário.

Não pense, prezado senhor, que busco sua aprovação. Essas linhas não são suficientes para estabelecer aquilo que estou propondo e o acerto de contas com Bally ainda não chegou. Eu queria simplesmente mostrar ao senhor que nada nos separa e que pode acreditar em meus sinceros sentimentos.

A. Riedlinger

8.1 Carta de Albert Riedlinger para Albert Sechehaye. 7 de julho de 1915

[Folha de 25 x 16,9cm dobrada ao meio, papel bege, frente e verso, manuscrita, tinta preta]

Rua Colombier, 12

7 de julho de 1915

Prezado senhor,

Eu estou lhe enviando minha resposta para Bally, primeiramente, para que o senhor a leia e, depois, se achar útil, faça com que seu destinatário a leia. Essa carta foi enviada a ele duas vezes e retornou para mim sempre lacrada. O senhor já tinha me avisado sobre as disposições dele, mas eu não havia levado isso em consideração. Quer ele leia ou não essa carta, o resultado é o mesmo, pois seria pretensioso esperar convencer Bally de que ele fez mal a quem quer que seja. Ao se recusar a me ler, ele simplesmente admite que tem medo... senão de estar errado, pelo menos, de encontrar uma resposta adequada depois. É conveniente demais se fechar, assim, em sua dignidade ferida e se fingir ofendido quando recusa, aos outros, aquilo que deve a eles.

Considero essa carta para Bally uma carta aberta. Ela não será publicada, mas aqueles que conhecem nossos assuntos têm o direito de saber sobre isso.

Desculpe-me, prezado senhor, por tê-lo aborrecido novamente com essa história e aceite meus melhores cumprimentos,

A. Riedlinger

8.2 Anotações de Sechehaye (rascunho de resposta para Bally?)
rabiscadas a lápis no verso da carta de Riedlinger de 7 de julho de 1915.

Não[39] é verdade que tenha faltado tempo a ele
para colocar a nossa disposição, ~~uma vez que ele~~ *A partir*
~~da busca~~ *das férias de 1914, ele estava pronto para colaborar*
nós que pedimos a ele para nos deixar terminar sozinhos e
prometendo a ele que o trabalho lhe seria submetido
na sequência: "tenho o direito de afirmar que, tirando o
mês de junho de 1914, eu jamais neguei aos senhores
minha colaboração e que os senhores mesmos, até esses últimos
dias, sempre me ~~deixaram~~ *(fizeram ou) deixaram acreditar*
que eu estava trabalhando com os senhores nos termos antigos"
Ele ~~apoia~~ *descarta a ideia de que, ao aceitar uma*
remuneração, ele reconhecia que sua leitura havia
terminado, e ele argumenta, a partir de 2 cartas de Marie de Saussure, que dizia,
em 30 de julho, "Eu sei que esses senhores contam
ainda com sua colaboração, de modo que você
ainda terá de lidar com isso" – e do dia 14
de julho "O sr. Bally, que eu vi ontem, me disse o quanto
sua colaboração foi, para ele, inestimável; eu também sei
que ele ainda conta muito com ela para a conclu-
são da obra que vocês empreenderam juntos"
Ele mantém seus pontos de vista supostamente errôneos "Eu
darei explicação sobre isso em outro momento, se eu quiser", – ele
termina ~~protestando~~ *reclamando novamente contra o procedimento que temos*
usado em relação a ele. O acordo
aceito por ele não o priva desse direito. Ele se propõe
~~a fazer de novo a reclamar de novo~~ *a usar isso*
~~novamente~~ *(perante terceiros) se houver*
oportunidade – evitando fazer escândalo

9. Carta de Albert Riedlinger para Albert Sechehaye. 31 de dezembro de 1915

[Folha de 24,7 x 17,1cm dobrada ao meio, papel bege, frente e verso, manuscrita, tinta preta]

Genebra, 31 dez. 1916/5[40]

Prezado senhor,
Com todo meu pesar por ter perdido sua visita, eu envio ao senhor uma pequena retificação que precisa ser feita no texto de seu prefácio:
"Cadernos muito completos nos foram dados: para o primeiro curso pelo sr. Louis Caille e Albert Riedlinger, para o segundo curso pelos srs. Léopold Gautier etc.". A verdade é que somente meu texto serviu de base para a elaboração do 1º curso, mas o sr. Caille, tendo enviado seu curso, tem direito a uma menção, assim como Léopold Gautier, cujos cadernos quase não foram abertos.
O julgamento que o senhor faz de mim não corre o risco, em todo caso, de me dar dor de cabeça! Nosso mestre, da última vez que me viu, estava menos reservado, menos neutro! Provavelmente, uma questão de simpatia.
Não acho que eu esteja insultando Bally ao agradecer, ao senhor, aquilo que há de amável na redação do Prefácio que me submete.
Aceite também a expressão de meus sinceros sentimentos,

A. Riedlinger

Notas

[1] "E agora *vários de seus alunos* me perguntaram se não haveria algo, em suas notas, para publicar" (Carta de Marie de Saussure para Meillet de 25 de maio de 1913 (grifo nosso); cf. Benveniste 1964: 124; Amacker; Bouquet, 1989: 104-5).

[2] "A senhora De Saussure, que visitei na semana passada para informá-la, me disse que os senhores Sechehaye e Léopold Gautier já haviam falado com ela sobre suas ideias sobre esse assunto..." (Carta de Bally para Meillet de 29 de maio de 1913; BGE. Ms. fr. 5009, f. 63). Amacker e Bouquet (1989: 102, n. 13) especificam que esse rascunho de carta de Bally para Meillet contém variantes em relação à carta recebida por Meillet.

[3] "Como escrevi à senhora De Saussure, o projeto que eu tinha esboçado com o jovem Regard está abandonado; esse projeto sempre esteve sujeito a sua aprovação, e, assim que você tiver outras opiniões, ele não deve estar em questão" (Carta de Meillet para Bally de 31 de maio de 1913; BGE. Ms. fr. 5003, f. 160; cf. Amacker; Bouquet, 1989: 103-4).

[4] "Eu mesmo não segui o ensino de Saussure sobre linguística geral e o conheço apenas pelas notas – admiravelmente estabelecidas – de um de seus alunos que frequentou suas aulas por dois anos" (cf. Rascunho de carta para Meillet de 29 de maio de 1913; Ms. fr. 5009, f. 63). Além de Albert Riedlinger, que participou dos cursos I e II, apenas Emile Constantin fez dois dos cursos de linguística geral de Saussure. Mas essas notas, tiradas dos cursos II e III, não eram conhecidas pelos editores: elas só foram descobertas em 1957 e dadas a Robert Godel por ocasião de sua defesa de tese (cf. Godel, 1958-1959). O aluno do qual fala Bally para Meillet, em sua carta de 29 de maio de 1913, portanto, só pode ser Riedlinger. Devemos notar também que, no obituário, publicado em 1º de março de 1913, Bally já fazia alusão à existência de notas dos alunos: "Quem participou de seus cursos de linguística geral, enriquecidos, a cada ano, com novas visões, tem para sempre um guia seguro nas pesquisas sobre a linguagem. *Essas aulas foram cuidadosamente coletadas por seus alunos*; o livro que seria lançado a partir disso seria um belo livro, mas ele nunca será publicado? (Marie de Saussure, 1915: 53, grifo nosso). Essa passagem também mostra, por sua vez, a precocidade do interesse de Bally em editar o *Curso de linguística geral* de Saussure.

[5] Lembremos que havia pelo menos três projetos: a "brochura" com homenagens publicada em 1915 por Marie de Saussure sob o título de *Ferdinand de Saussure. 1857-1913* (cf. Marie de Saussure, 1915), o

Recueil des publications scientifiques de Ferdinand de Saussure [Coletânea das publicações científicas de Ferdinand de Saussure], publicado em 1922 por Charles Bally e Léopold Gautier (cf. Saussure, 1922), e o *Curso de linguística geral*, publicado por Bally e Sechehaye "com a colaboração de A. Riedlinger" em 1916 (cf. Saussure, 1916).

[6] Os documentos (1-9) são mantidos em um acervo privado em Berna. Eles serão entregues à BGE quando a catalogação do acervo Sechehaye for concluída.

[7] Em uma carta a Max Niedermann, datada de 17 de dezembro de 1913, Bally também reclamou do "fardo esmagador de [seu] novo ensino; há aí matéria para duas *grandes* cátedras, pelo menos" (citado por Redard, 1982: 15).

[8] Bally não cumprirá suas promessas e não fará a resenha nem de Vossler (*Frankreichs Kultur im Spiegel seiner Sprachentwicklung*, Heidelberg: Carl Winter, 1913), nem de Wyplel (*Wirklichkeit und Sprache. Eine neue Art der Sprachbetrachtung*, Viena-Leipzig: Deuticke, 1914). Em uma carta de Ronjat para Bally em 11 de novembro de 1916, descobrimos que Bally, que havia tomado emprestado o Vossler da biblioteca do Collège, pede para Ronjat pegar novamente o livro em seu nome, mudando a data do empréstimo. Ronjat, por sua vez, publicará uma resenha incisiva de Vossler na *Revue des langues romanes*, 66, 1922, 406 (cf. Chambon; Fryba, 1995-1996: 28-9). Lembremos que os arquivos Ms. fr. 5027 e 5046 dos papéis de Bally contêm uma série de observações críticas sobre Vossler e sobre a filologia idealista (cf. Forel, 2008). Publicada em 1914, a obra do germanista e romanista austríaco Ludwig Wyplel (1855-1926) não parece ter tido um eco significativo além do mundo germanófono. Seu nome aparece em uma carta de Spitzer para Schuchardt (28 de janeiro de 1918) e em uma troca de correspondências entre Schuchardt e Karl Luick de 22 e 23 de abril de 1912 (cf. Hugo Schuchardt, arquivo *on-line*).

[9] Provavelmente a *Recueil des publications scientifiques de Ferdinand de Saussure* [Coletânea das publicações científicas de Ferdinand de Saussure] (cf. Saussure, 1922).

[10] Cf. Marie de Saussure, 1915.

[11] Esse manuscrito não foi conservado.

[12] Em 23 de novembro de 1913, Sechehaye havia enviado a Bally o fragmento de sua colação, da página 214 até a 333. Bally começou sua leitura, no entanto, só a partir da página 261, onde começa a "Parte II" intitulada "A língua". As duas folhas contendo as observações de Bally sobre este último fragmento do manuscrito de Sechehaye são reproduzidas e transcritas em Sofía (2015: XCII-XCV).

[13] Bally não deixou de expressar em público sua admiração por esse aspecto do trabalho de Sechehaye. Em 1946, no funeral de Sechehaye, ele fez que fosse lida (através do diretor da Faculdade de Letras, Victor Martin, porque, impedido por razões de saúde, ele não havia podido estar presente) a seguinte mensagem: "É necessário ter trabalhado em estreita colaboração com Albert Sechehaye para saber até que ponto esse estudioso, absolutamente apaixonado, foi dotado de um espírito requintado. Com tato infinito, ele depreendia o sentido oculto de determinada expressão, resolvia uma aparente contradição, combinava os elementos dissociados [...]. Se o *Curso de linguística geral* de imediato chamou atenção [...] foi porque ele é coerente e luminoso em todas as suas partes; e Sechehaye contribuiu muito para este resultado" (cf. Martin; Bally, 1946-1947: 65; citado por Redard, 1982: 16).

[14] Essa observação de Bally implica que Sechehaye não estaria interessado no indo-europeu. No entanto, Sechehaye fez, devemos destacar, cursos de sânscrito e de indo-europeu com Saussure em Genebra, depois, com Sievers em Leipzig (cf. Fryba-Reber, 1994: 190). O próprio mestre não tinha escrito uma recomendação para Brugmann em 1893 apresentando seu aluno como alguém interessado em seguir e completar seus estudos de sânscrito? "A única língua indo-europeia conhecida pelo sr. Sechehaye, além do grego e do latim, é o sânscrito; ele gostaria de continuar e completar seus estudos de sânscrito – como um ponto fora das línguas clássicas – sem ter que percorrer toda a família." (nota de Saussure publicada por Marchese, 2007: 218).

[15] Essa menção de Bally confirma ainda que o segmento da página 198 até 260 da "Colação Sechehaye", perdido, realmente existiu e foi até mesmo lido por Bally (cf. Sofía, 2015: XXXVII, XLI, XLV, LVII; Sofía, 2016b: 250).

[16] Bally provavelmente está se referindo a uma carta de 15 de setembro de 1913, em que Sechehaye enumera as vantagens de sua maneira de trabalhar (cf. Sofía, 2013: 187).

[17] O final dessa carta não foi conservado.

[18] Jean François Sechehaye (19.03.1841–08.08.1931) foi o cofundador, em 1872, da Agência "Pilet Bouvier & Sechehaye". Ele assinou o relatório do presidente da Sociedade das agências genebrinas em 1893-1894. A sede da Agência ficava, então, na rua Petitot, número 6 (como indica, aliás, Sechehaye para Bally em uma carta de 23 de novembro de 1913 (cf. Sofía, 2013: 195); antes de se mudar para o boulevard Georges Favon, número 24, onde está atualmente localizado. Devemos essa informação à bondade do sr. Claude Pilet da Agência Pilet-Renaud, que generosamente nos disponibilizou documentos sobre a fundação da Agência.

[19] Ou seja, o final da "Colação Sechehaye" (cf. Sofía, 2015: 566-878).

[20] Fundador da *Germanisch-Romanische Monatsschrift* (GRM) em 1909, o linguista Heinrich Schröder foi o editor da revista na época em que Sechehaye publicou "Les règles de la grammaire et la vie du langage"

["As regras da gramática e a vida da linguagem"] (GRM 6, 1914: 288-303 e 341-51). Após a Primeira Guerra Mundial, foi seu filho, o germanista Franz Rolf Schröder (1893-1979) que dirigiu a revista até os últimos anos de sua vida. Bally encorajou Sechehaye a submeter novamente para o editor, como ele mesmo havia feito com seu artigo "Le style indirect en français moderne" [O estilo indireto em francês moderno] publicado na GRM 4, em 1912. No dia 29 de junho de 1914, Bally compartilhou com Sechehaye suas observações sobre as provas da segunda parte do artigo (cf. Fryba-Reber, 2001: 436).

[21] Ver o fragmento do prefácio do CLG reproduzido anteriormente.

[22] Uma parte desse fragmento do manuscrito foi descartada ou perdida. O manuscrito da "Colação Sechehaye", conservado na BGE, não contém as páginas 198 até 261 (cf. Sofia, 2015: LVII ss.).

[23] Essa passagem está sublinhada por lápis vermelho grosso. A redação do que seria o anexo "Princípios de fonologia" foi preparada, de fato, junto com Albert Riedlinger. As discussões teóricas suscitadas durante essa colaboração parecem ter sido uma das razões para a deterioração da relação entre Bally e Riedlinger. Ver, a seguir, a carta de Riedlinger para Sechehaye de 17 de junho de 1915 (7).

[24] Sadag era um impressor e editor genebrino cujo lema era "*Artibus promovendis*". Mais tarde, rebatizada como Roto-Sadag SA, a empresa se especializou em heliocromia e em artes gráficas. Em liquidação desde 2005, a empresa foi retirada do registro comercial em 3 de junho de 2016. Não sabemos a que caso Sadag Bally está se referindo aqui: haveria uma conexão com a brochura reunindo artigos escritos em memória de Saussure, cuja primeira edição é impressa por Kundig em Genebra (1915) e sua reimpressão, por F. Trabaud em Morges (1962)?

[25] Virgile Tojetti, juntamente com Albert Sechehaye, foi um dos dois (*sic*) alunos presentes no primeiro curso ministrado por Saussure, em 1891, na Universidade de Genebra. O resto dos ouvintes, uma dezena, de acordo com John Joseph (2012: 375), teria sido do grupo de Saussure. A participação de Tojetti no projeto de publicação do CLG, até hoje, era desconhecida.

[26] À esquerda dessa passagem, na margem, Sechehaye escreveu a lápis: "Senhora Bérard". Mas o nome "Bérard" não aparece, de fato, na lista de alunos genebrinos enviada por Bally para Marie de Saussure em 28 de abril de 1913 (AdS 369/15; cf. Amacker 2006: 205-6), nem na lista elaborada por Léopold Gautier em 1958 (Ms. fr. 1599/8, ff. 4-15), provavelmente a pedido de Godel. Não sabemos a quem Bally se referia. A menção de Sechehaye ao fato de que se tratava de "Senhora Bérard" sugere que a aluna em questão poderia figurar com seu nome de solteira em quaisquer dessas listas.

[27] Na margem, invadindo parcialmente o texto escrito por Bally, Sechehaye escreveu a lápis: "Você fez o curso sobre o verbo grego? Eu teria os cadernos a sua disposição".

[28] Provavelmente a "brochura" de 1915 (cf. Marie de Saussure, 1915).

[29] Sublinhado com um lápis vermelho grosso.

[30] O conjunto das dificuldades listadas por Bally foi objeto de discussões bastante animadas com Riedlinger. Para contrabalançar o que eles acreditavam ser problemas (ou, até mesmo, erros), os editores finalmente resolveram apelar para fontes externas ao *corpus* saussuriano, em especial, para a segunda edição do *Lehrbuch der Phonetik* [Manual de fonética] de Jespersen (1913) (ver CLG: 66, n. 2). Eles também se referem à quinta edição dos *Grundzüge der Phonetik* [Noções básicas de fonética] de Sievers (1902) e aos *Éléments de phonétique générale* [Elementos de fonética geral] de Roudet (1910).

[31] Cf. a carta de Riedlinger para Sechehaye do dia 15 de junho de 1915 (7).

[32] Como sabemos, esse desejo de Bally não ia ser realizado: o *Recueil des publications scientifiques de Ferdinand de Saussure* [Coletânea das publicações científicas de Ferdinand de Saussure] só seria publicado em 1922, seguindo os passos (e graças a eles) iniciados por Léopold Gautier junto ao editor Winter após a guerra, ou seja, a partir de 1919 (sobre essa questão, ver Amacker; Bouquet, 1989; cf. Sofia, 2015: XXV).

[33] Seria Henri de Ziegler (1885-1970)? Mestre no Collège de Genève desde 1911, Ziégler foi nomeado professor de língua e literatura italianas em 1937. Após ter obtido seu doutorado na Basileia sobre Giacomo Leopardi, em 1944, ele foi nomeado, no ano seguinte, professor extraordinário e, em seguida, professor ordinário de língua e literatura italianas na Faculdade de Letras de Genebra, da qual será diretor em 1946, antes de ocupar o cargo supremo de reitor da Universidade (1954-1956). Cf. Fryba-Reber (2013: 298).

[34] Na margem esquerda, Sechehaye escreveu a lápis: "obrigado".

[35] Os editores finalmente decidiram incluir, no final do anexo "Princípios de fonologia", na sequência do famoso § 7, onde é abordada a crítica ao sistema de notação de Sievers, uma "Nota dos editores" que trata das questões aqui levantadas por Bally (cf. CLG, p. 93-5).

[36] Bally provavelmente está se referindo à carta de Riedlinger para Bally do dia 17 de junho de 1915, reproduzida a seguir (7).

[37] Ver, a seguir, a carta de Riedlinger para Sechehaye do dia 17 de junho de 1915 (7).

[38] As duas cartas às quais Riedlinger faz alusão não foram encontradas, mas conhecemos duas cartas de Bally que podiam ter sido respostas às cartas de Riedlinger: uma sem data, outra do dia 7 de março de 1914.

Nessas cartas, Bally evoca, de fato, problemas teóricos relativos aos princípios de silabação e ao papel silábico dos elementos fonológicos (vogal/consoante; sonante/consonante etc.) que deveriam ser tratados na segunda parte do anexo "Princípios de fonologia" do CLG, intitulada "O fonema na cadeia falada" (cf. CLG, p. 77-95). Essas cartas, que em breve serão publicadas (cf. Sofía, em preparação), sugerem – como Godel (1957: 97) já havia apontado e como aparece na correspondência que publicamos aqui – que havia diferenças de interpretação bastante substanciais entre Bally e Riedlinger. Na versão publicada do CLG, a maioria dos pontos discutidos foram resolvidos – a nosso ver, justificadamente, a partir de um ponto de vista filológico ou até mesmo teórico – adotando a visão de Bally.

[39] Passagem escrita a lápis por Sechehaye no verso da última página da carta de Riedlinger.
[40] Sechehaye corrigiu a data com lápis vermelho: 1915.

Bibliografia

AMACKER, René; BOUQUET, Simon. "Correspondance Bally-Meillet (1906-1932)". *Cahiers Ferdinand de Saussure*, Genève, v. 43, 1989, p. 95-127.

_____. "Notules IV. Une liste des étudiants genevois de Ferdinand de Saussure datant de 1913". *Cahiers Ferdinand de Saussure*, Genève, v. 59, 2006, p. 205-6.

BENVENISTE, Émile. "Lettres de Ferdinand de Saussure à Antoine Meillet". *Cahiers Ferdinand de Saussure*, Genève, v. 21, 1964, p. 89-130.

CHAMBON, Jean-Pierre; FRYBA-REBER, Anne-Marguerite. "Lettres et fragments inédits de Jules Ronjat à Charles Bally (1912-1918)". *Cahiers Ferdinand de Saussure*, Genève, v. 49, 1995-1996, p. 9-63.

FOREL, Claire. *La linguistique sociologique de Charles Bally*. Étude des inédits. Genève: Droz, 2008.

FRYBA-REBER, Anne-Marguerite. *Albert Sechehaye et la syntaxe imaginative*. Contribution à la linguistique saussurienne. Genève: Droz, 1994.

_____. "De la cohésion et de la fluidité de la langue. Textes inédits (1908-1943) de Charles Bally et d'Albert Sechehaye". *Cahiers Ferdinand de Saussure*, Genève, v. 54, 2001, p. 429-87.

_____. *Philologie et linguistique romane*. Institutionnalisation des disciplines dans les universités suisses (1872-1945). Leuven-Paris-Walpole, MA : Peeters, 2013.

GODEL, Robert. *Les sources manuscrites du* Cours de linguistique générale *de Ferdinand de Saussure*. Genève/Paris: Droz/Minard, 1957.

_____. "Nouveaux documents saussuriens. Les Cahiers E. Constantin". *Cahiers Ferdinand de Saussure*, Genève, v. 16, 1958-1959, p. 23-32.

JOSEPH, John E. *Saussure*. Oxford: Oxford University Press, 2012.

MARCHESE, Maria Pia. "Tra biografia e teoria: due inediti di Saussure del 1893 (AdS 377/8 e 377/13)". *Cahiers Ferdinand de Saussure*, Genève, v. 60, 2007, p. 217-35.

MARTIN, Victor; BALLY, Charles. "Paroles prononcées aux obsèques du professeur Albert Sechehaye". *Cahiers Ferdinand de Saussure*, Genève, v. 6, 1946-1947, p. 63-7.

REDARD, Georges. "Charles Bally disciple de Ferdinand de Saussure". *Cahiers Ferdinand de Saussure*, Genève, v. 36, 1982, p. 3-23.

SAUSSURE, Marie de (Ed.). *Ferdinand de Saussure. 1857-1913*. Genève: Kundig, 1915.

SAUSSURE, Ferdinand de. *Cours de linguistique générale*. Publié par C. Bally et A. Sechehaye avec la collaboration de A. Riedlinger. Lausanne- Paris: Payot, 1916. [= CLG]

_____. *Recueil de publications scientifiques de Ferdinand de Saussure*. Edité par Charles Bally et Léopold Gautier. Genève-Heidelberg: Sonor-Winter, 1922.

SOFÍA, Estanislao. "Cent ans de philologie Saussurienne. Lettres échangées par Ch. Bally et A. Sechehaye en vue de l'édition du Cours de linguistique générale". *Cahiers Ferdinand de Saussure*, Genève, v. 66, 2013, p. 181-97.

_____. *La "Collation Sechehaye" du "Cours de linguistique générale" de Ferdinand de Saussure*. Leuven: Peeters, 2015.

_____. "Quelle est la date exacte de publication du CLG ?". *Cahiers Ferdinand de Saussure*, Genève, v. 69, 2016a, p. 9-16.

_____."Cent ans de philologie saussurienne II. Complément à la correspondance entre Charles Bally et Albert Sechehaye au cours de l'élaboration du Cours de linguistique générale (1913)". *Cahiers Ferdinand de Saussure*, Genève, v. 69, 2016b, p. 45-252.

_____. "Aux prises avec les prises de notes sur les prises de notes sur les prises de notes. Retour à la genèse du *Cours de linguistique générale* de Saussure". *Langages*, 2018. (número em curso de preparação sob a organização de P.-Y. Testenoire e G. D'Ottavi).

Os autores

Albert Sechehaye (1870-1946), linguista suíço, professor na Universidade de Genebra. Juntamente com Charles Bally, editou o *Curso de linguística geral* (1916), livro póstumo atribuído a Ferdinand de Saussure. Também discutiu e esclareceu as ideias principais da reflexão saussuriana.

Anamaria Curea, pesquisadora da Faculdade de Letras da Babes-Bolyai University, Romênia. Pesquisa e escreve sobre história da linguística, em especial sobre a Escola de Genebra e a linguística europeia do século XX. É autora de *Entre expression et expressivité: l'école linguistique de Genève de 1900 à 1940. Charles Bally, Albert Sechehaye, Henri Frei* (ENS Éditions, 2015), entre outros.

Anne-Marguerite Fryba, professora emérita de linguística francesa na Université de Berne, Suíça, é especialista na obra de Albert Sechehaye. Publicou *Albert Sechehaye et la syntaxe imaginative: contribuition à l'histoire de la linguistique saussurienne* (Droz, 1994) e *Philologie et linguistique romanes. Institutionnalisation des disciplines dans les universités suisses (1872-1945)* (Peeters, 2013), entre outros.

Estanislao Sofía, doutor em *Langues et Lettres* pela Facultés Universitaires Notre-Dame de la Paix em *Linguistique et Phonétique Générales* pela Université Paris-Ouest Nanterre la Défense. Publicou *La "Collation Sechehaye" du Cours de linguistique générale de Ferdinand de Saussure, édition, introduction et notes* (Peeters, 2015). É professor visitante da Universidade Federal de Santa Maria (UFMS).

Gabriel Othero, professor de linguística, nos níveis de graduação e pós-graduação, da Universidade Federal do Rio Grande do Sul (UFRGS). Atua nas áreas de sintaxe (e sua interface com semântica, morfologia, estrutura informacional e prosódia), gramática do português brasileiro e história da linguística.

Pierre-Yves Testenoire, professor de linguística na Universidade Paris-Sorbonne em Paris. Trabalha com história da ideias linguísticas. É autor de *Ferdinand de Saussure à la recherche des anagrammes* e da primeira edição dos cadernos de anagramas de Saussure: *Anagrammes homériques* (Lambert-Lucas, 2013).

Valdir do Nascimento Flores, professor titular de língua portuguesa, nos níveis de graduação e pós-graduação, da Universidade Federal do Rio Grande do Sul (UFRGS), e pesquisador PQ-CNPq. Nos últimos anos, suas pesquisas têm buscado desenvolver uma perspectiva antropológica de abordagem da enunciação.

CADASTRE-SE
EM NOSSO SITE,
FIQUE POR DENTRO DAS NOVIDADES
E APROVEITE OS MELHORES DESCONTOS

LIVROS NAS ÁREAS DE:

História | Língua Portuguesa | Educação
Geografia | Comunicação | Relações Internacionais
Ciências Sociais | Formação de professor
Interesse geral | Romance histórico

ou
editoracontexto.com.br/newscontexto

Siga a Contexto
nas Redes Sociais:
@editoracontexto

GRÁFICA PAYM
Tel. [11] 4392-3344
paym@graficapaym.com.br